U0445196

# 项目资助

中共江苏省委党校、江苏省行政学院学术著作出版资助项目

江苏省委党校重点委托课题"社会流动理论与流动人口社会治理研究"（2016XQNXM05）成果

# 家庭迁移决策及其社会效应研究

崇维祥 / 著

Family Migration Decision and Its Social Effect Research

中国社会科学出版社

## 图书在版编目（CIP）数据

家庭迁移决策及其社会效应研究/崇维祥著.—北京：中国社会科学出版社，2019.10
ISBN 978 – 7 – 5203 – 5310 – 6

Ⅰ.①家… Ⅱ.①崇… Ⅲ.①家庭—人口迁移—研究—中国 Ⅳ.①D669.1②C922.2

中国版本图书馆 CIP 数据核字(2019)第 221819 号

| 出 版 人 | 赵剑英 |
| --- | --- |
| 责任编辑 | 赵　丽 |
| 责任校对 | 王秀珍 |
| 责任印制 | 王　超 |

| 出　　版 | 中国社会科学出版社 |
| --- | --- |
| 社　　址 | 北京鼓楼西大街甲 158 号 |
| 邮　　编 | 100720 |
| 网　　址 | http://www.csspw.cn |
| 发 行 部 | 010 – 84083685 |
| 门 市 部 | 010 – 84029450 |
| 经　　销 | 新华书店及其他书店 |
| 印　　刷 | 北京明恒达印务有限公司 |
| 装　　订 | 廊坊市广阳区广增装订厂 |
| 版　　次 | 2019 年 10 月第 1 版 |
| 印　　次 | 2019 年 10 月第 1 次印刷 |
| 开　　本 | 710×1000　1/16 |
| 印　　张 | 14.75 |
| 插　　页 | 2 |
| 字　　数 | 220 千字 |
| 定　　价 | 69.00 元 |

凡购买中国社会科学出版社图书，如有质量问题请与本社营销中心联系调换
电话：010 – 84083683
**版权所有　侵权必究**

# 目 录

第一章 导论 ……………………………………………………（1）
  第一节 研究背景和问题提出 ………………………………（1）
  第二节 研究意义 ……………………………………………（11）
  第三节 研究创新和不足 ……………………………………（13）

第二章 文献回顾 ………………………………………………（16）
  第一节 理论视角及评述 ……………………………………（16）
  第二节 相关研究及评述 ……………………………………（26）

第三章 研究设计 ………………………………………………（51）
  第一节 核心概念界定 ………………………………………（52）
  第二节 研究思路与框架 ……………………………………（59）
  第三节 研究命题 ……………………………………………（65）
  第四节 数据、变量与方法 …………………………………（70）

第四章 乡城家庭迁移的基本状况 ……………………………（82）
  第一节 样本总体特征 ………………………………………（82）
  第二节 家庭迁移状况 ………………………………………（90）

第五章 乡城家庭迁移的决策分析 ……………………………（106）
  第一节 迁移类型的选择 ……………………………………（106）
  第二节 迁移批次的选择 ……………………………………（115）
  第三节 批次间隔的选择 ……………………………………（122）

## 第六章 乡城家庭迁移的社会效应 …………………………… (129)
### 第一节 家庭迁移的正向社会效应 ………………………… (131)
### 第二节 家庭迁移的负向社会效应 ………………………… (161)

## 第七章 结论与讨论 …………………………………………… (174)
### 第一节 结论 ………………………………………………… (174)
### 第二节 讨论 ………………………………………………… (178)

## 附录 调查问卷(部分) ………………………………………… (209)

## 参考文献 ……………………………………………………… (215)

## 后 记 ………………………………………………………… (230)

# 第 一 章

# 导　论

　　作为20世纪末逐渐呈现并日益突出的中国人口迁移的特征，乡城家庭化迁移正在取代以往的个人迁移，在中国乡城人口迁移中占据主导地位。它对于新型城镇化、社会经济可持续发展等都具有重大的影响。但是，相对于以往迁移实践，乡城家庭迁移系统性的变化是否已经发生？家庭化迁移是否是未来的长期性社会事实？哪些因素会对这一社会事实的发生产生作用？它们的作用机制又是怎样的？这些都是本书所要尝试回答的问题。

　　对这一系列问题进行探索，是中国社会经济发展中产生的现实需要，同样也是推进中国人口迁移研究的一种学术努力。首先，在导论部分，笔者将详细阐述本书发生的社会背景，这些背景如何促使本书中问题的提出；其次，对本书可能具有的理论和现实意义进行简介；最后，在对背景、问题和已有研究反思的基础上，指出本书做出的贡献，并明确本书可能面临的局限。

## 第一节　研究背景和问题提出

### 一　研究背景

（一）乡城迁移规模巨大、家庭化迁移日趋明显

　　改革开放、制度宽松，重新引发了中国农民的乡城流动热情，以"农民工"个体为前兆的乡城流动基本上可以作为中国人口流动的代名

词。随着20世纪末"民工潮"的不断涌现①，在与社会经济的磨合互动中，乡城迁移者在数量和迁移模式上都发生了迅速而激烈的变化。近年来乡城迁移者的数量虽然增速有所放缓，但依然保持着持续增长的势头。中国的人口流动迁移规模不断扩大，已经由快速扩张期发展到了稳定增长期。从乡城迁移的模式结构上看，在20世纪90年代之后，乡城家庭迁移模式悄然发生了变化，由最初的个体式、分散式迁移流动向家庭化迁移转变，至今在全国范围内已经形成了明显的家庭化态势②。

从人口的宏观数据中可以发现这种规模与模式特征。全国人口普查显示，从1990年到2000年，全国范围内纯外户的流动人口③比例从7.44%上升到46.06%，提高了近5倍。④ 至2018年末全国人户分离人口为2.86亿人，其中流动人口为2.41亿人。⑤ 近年来，流动人口总量已经进入了平稳期，在巨大规模基础上持续稳定（如图1—1所示）。其中，大规模随迁子女不断涌现，2013年流动人口中0—15岁子女随同父母流动的比例已达到67.1%。⑥ 这种转变也在地方层次的调查中不断被印证，以北京市为例，1990年外来人口家庭户仅占1.98%，这一比例在2000年时就已经提高到了11.65%⑦，到2006年，71.9%的家庭户全部成员已经入京、完成了举家迁移⑧，家庭化的迁移在山东、湖北、浙江、上海等地也已经成为一种主要的流动模式。段成荣等依据流动人口流动模式四阶

---

① 朱力：《中国民工潮》，福建人民出版社2002年版。
② 杨菊华、陈传波：《流动人口家庭化的现状与特点：流动过程特征分析》，《人口与发展》2013年第3期；周皓：《中国人口迁移的家庭化趋势及影响因素分析》，《人口研究》2004年第6期。
③ 这里使用流动人口和农民工的数据来表示乡城迁移者及其家庭在全国范围内的水平和特征，有关乡城迁移者、流动人口、农民工等概念内涵之间的关系将在下文概念界定部分详细区分。
④ 段成荣、杨舸、张斐、卢雪和：《改革开放以来中国流动人口变动的九大趋势》，《当代中国人口》2008年第4期。
⑤ 中华人民共和国国家统计局：《中华人民共和国2018年国民经济和社会发展统计公报》，中华人民共和国国家统计局网站（http://www.stats.gov.cn/tjsj/zxfb/201902/长0190228_1651265.html）。
⑥ 国家卫生和计划生育委员会流动人口司：《中国流动人口发展报告2014》，中国人口出版社2014年版，第181页。
⑦ 郭志刚：《北京市家庭户的变化及外来人口影响》，《北京社会科学》2004年第3期。
⑧ 侯佳伟：《人口流动家庭化过程和个体影响因素研究》，《人口研究》2009年第1期。

段划分方法（第一阶段，单身外出为主，进行农闲时间利用的短距离流动，重心放在流出地家庭；第二阶段，开始倾向于夫妻共同外出，流动范围扩大，其他家庭成员留守，生活重心发生转移；第三阶段，子女随迁阶段，完成核心家庭城市团圆；第四阶段，进一步将父母纳入随迁考虑范围）和中国的流动人口宏观数据，认为中国的人口流动已经完成了第一、二阶段，正向第三阶段发生转变。[①]

家庭迁移是流动人口流迁模式转变的一个方向。

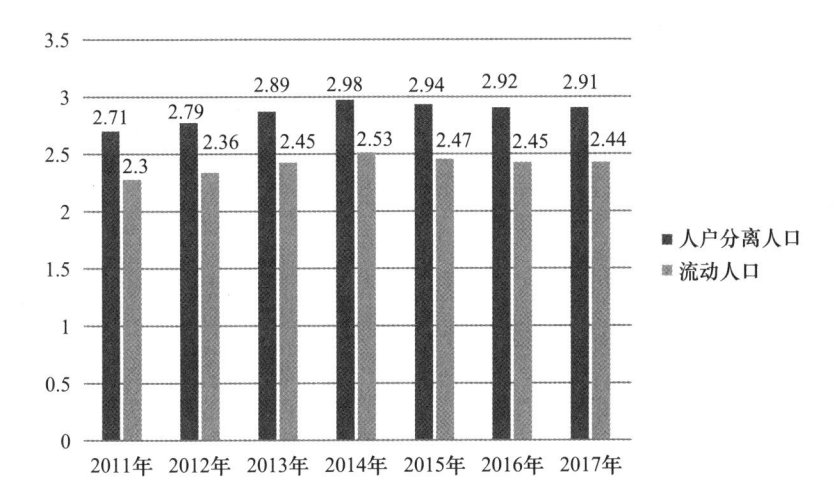

图1—1 2011—2017年中国流动人口总量（亿人）

数据来源：国家统计局，2011—2017年国民经济和社会发展统计年报。

农民工是乡城迁移者及其家庭的主体，他们的特征直接影响着乡城迁移者及其家庭。乡城迁移者的规模和结构的整体特征在近年来的农民工监测数据中可比较明显地展现出来。至2017年末，中国的农民工总量已经达到了28652万人，比上年增加481万人，增长1.7%，其中外出农民工17185万人。[②] 特别是举家迁移已经成为当前农民工迁移流动的典型

---

① 段成荣、杨舸、张斐、卢雪和：《改革开放以来中国流动人口变动的九大趋势》，《当代中国人口》2008年第4期。

② 中华人民共和国国家统计局：《2017年全国农民工监测调查报告》，中华人民共和国国家统计局网站（http：//www.stats.gov.cn/tjsj/zxfb/201804/t20180427_1596389.htmll）。

特征，它们的规模在持续不断扩大，在农民工总量增速连年放缓的同时，举家迁移农民工的数量正在稳步提升。"举家外出农民工"在国家统计局的农民工监测中被作为一项专门的指标加以研究，说明这一新的乡城迁移模式的重要性已经获得了国家层面的认可。如图1—2和图1—3所示，来自国家统计局的农民工监测调查报告显示，举家迁移农民工的数量在持续稳定地增长。

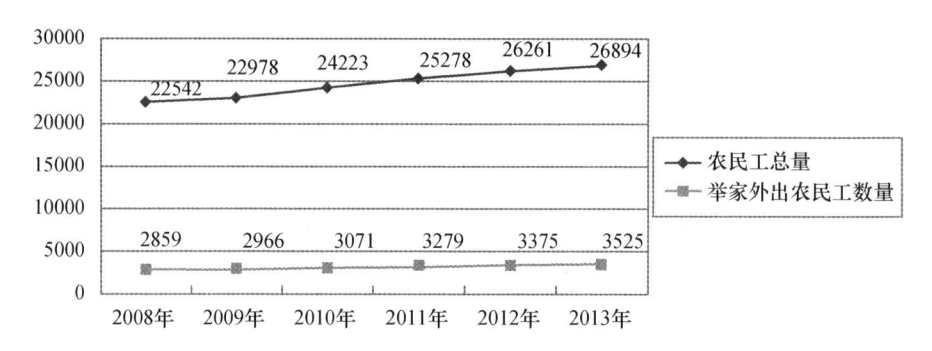

**图1—2 举家外出农民工规模（万人）**

数据来源：国家统计局，2013年全国农民工监测调查报告。

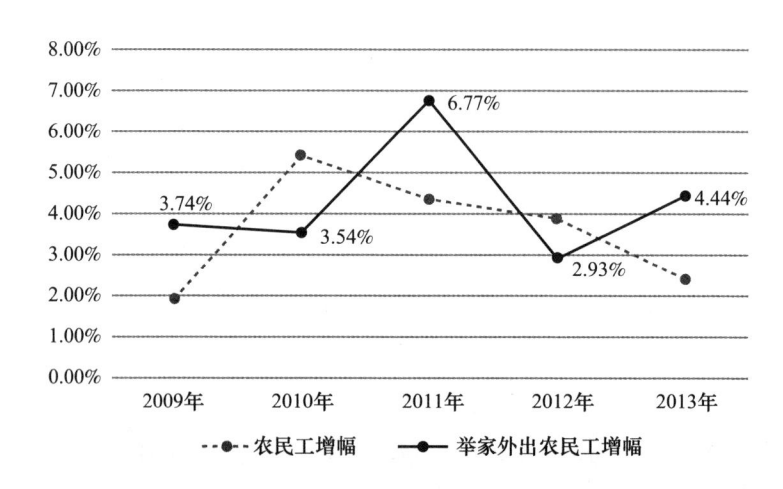

**图1—3 农民工及举家迁移人口增幅趋势图**

数据来源：国家统计局，2013年全国农民工监测调查报告。

在农民工监测调查中，由于农村调查点的存在，会造成举家迁移者样本的缺损,所以它实际上低估了举家迁移者所占的比重。尽管如此,庞大的规模本身已经致使国家对农民工迁移模式的变动不能不予以重视。家庭迁移模式变动所带来的社会效应使这种关注变得迫切而现实。家庭迁移意味着农民工社会生活空间场域重心的选择与转换,意味着追求更好社会生活需要的社会理性正在慢慢代替生存理性,成为农民工在城市生活需求考量的主要依据。[①] 家庭迁移模式的采用,将会影响到农民工的社会生活方式、风险应对和消费模式的变动,从而实现"农民工"由简单的劳动者市场配置向复杂的社会群体空间配置转变,从而引起对未来社会资源配置的需要和依据的变动。

乡城家庭迁移模式的变化依然在向前发展,而现有研究并没有及时跟进。相对于对个体性劳动力流动的研究,乡城家庭迁移研究无论是在数量上还是在质量上都处于相对匮乏的状态。所以,尽管在理论研究和实践中,乡城家庭迁移占据主导成为趋势并已经成为共识,但关于乡城家庭迁移的策略机制、社会经济影响和政策应对等问题却存在模糊性,少量研究认识中所产生的争议更是经常出现(如下文文献综述中所述)。所以,对乡城家庭迁移决策及其社会效应进行实证研究就存在着现实性和必要性。

(二)新型城镇化和社会经济可持续发展需要乡城家庭迁移

城市化和现代化的国家目标设定,要求现实中不能再仅仅将流动人口看作人口问题或者劳动力问题,而要将其作为新型城市化战略的重要组成部分来看待。[②] 但是长久以来,中国现代化过程中却倾向于将流动人口,特别是乡城迁移流动的农民工相关问题仅仅看作劳动力问题、经济(市场)问题。这种界定是建立在中国特有的为追求快速实现工业化、现代化发展所使用的一系列制度设计之上的。中国特有的制度设定使得中

---

① 文军:《从生存理性到社会理性选择:当代中国农民外出就业动因的社会学分析》,《社会学研究》2001 年第 6 期。

② 段成荣、杨舸、张斐、卢雪和:《改革开放以来中国流动人口变动的九大趋势》,《当代中国人口》2008 年第 4 期。

国的乡城迁移问题更为复杂和特殊。① 所以"流动人口""农民工""半城市化"等概念纷纷进入中国人口迁移研究，对乡城迁移的对象、状态和作用机制等进行解释。

而以往的人口迁移模式所导致的直接后果是，中国的人口城镇化远远滞后于土地的城镇化，2000—2009年，城市建成区面积增长了69.8%，城市建设用地面积增加了75.1%，但城镇常住人口仅增加了28.7%。② 无论解释路径存在多大的差异，中国以限制乡城迁移定居为特征的城市化在取得经济快速增长的同时，造成了严重的社会创伤并付出了沉重的社会代价。这些社会代价的承担者，多是处于城市社会边缘、弱势地位的乡城流动人口。

随着社会实践的发展，中国以往在城市化进程中所使用的人口迁移流动策略将难以维持。在这种情况下，新型城镇化建设被提了出来。党的十八届三中全会通过的《中共中央关于全面深化改革若干重大问题的决定》明确指出"推进以人为核心的城镇化"，要"推进农业转移人口市民化，逐步把符合条件的农业转移人口转为城镇居民"，在此背景下，加快农村人口（而不仅仅是劳动力）向城市转移和推动健康新型城镇化发展成为社会各界关注的焦点。新型城镇化的实现需要加快乡城家庭迁移步伐，而非仅仅是作为劳动力载体的农民工的市民化步伐，以此才能在未来形成稳定的劳动力市场和稳定的社会生态。家庭化迁移而不是劳动力的个人流动，将成为新型城镇化中人口城镇化的主导模式。

流动人口的家庭化为市民化的推进奠定了现实基础。来自底层的乡城迁移家庭的努力，使乡城迁移者从个人迁移到家庭迁移的转变，成为实现向城市迁居的重大突破③。如在广东、江苏两省的调查就发现家庭迁移农民工是最可能实现市民化的农民工④，在经历了2008

---

① [美]苏戴瑞：《在中国城市中争取公民权》，王春光、单丽卿译，浙江人民出版社2009年版。
② 李爱民：《中国半城镇化研究》，《人口研究》2013年第4期。
③ 唐震、张玉洁：《城镇化进程中农民迁移模式的影响因素分析——基于江苏省南京市的实证分析》，《农业技术经济》2009年第4期。
④ 商春荣、王曾惠：《农民工家庭化迁移的特征及其效应》，《南方农村》2014年第1期。

年的金融危机后,家庭型居住的农民工是更容易继续居留城市的群体。①

现代化进程从某种程度上来说就是农民进城并完成城市化的普遍过程。早期现代化国家,农村劳动力的转移与"农村人口"的城市化基本上是同一个过程,他们通常所采取的就是家庭迁移的形式,在这一过程中,大量农村家庭户减少并迁移至城市中。② 即使在韩国这样的后发国家,"农民工"城市化的过程中特别是高峰期内主要也是使用举家迁移的模式,让被抚养人同步迁移到城市中,使他们在一代人的时间里就解决了城市化问题,这种迁移模式被认为是解决城市化问题的有效经验。③ 乡城家庭化迁移是成功实现人口城市化的有效途径,是农民工"深度城市化"的开端。④

但是,家庭迁移是否是永久定居的过渡阶段,目前存在着争议。大多数研究的潜在假设都是家庭迁移可以促进永久定居的形成,家庭迁移因此是城市化、市民化的有效动力,以上研究和其他实证研究印证了这种预设。但是,另外一些研究认为家庭迁移并不是永久定居的过渡阶段,内部依然存在着多样变动性,它只是一种当前的家庭策略,和之前个体劳动力迁移为主导模式的家庭分离式迁移没有本质的区别。⑤ 这一争论需要被进一步的检验。

人口决定社会命运。中国整体的人口发展态势也促使笔者认为必须对以往"个体劳动者"式流动的城市化道路进行必要的反思。以往的"半城市化"之所以能取得巨大的社会经济发展效应,主要的原因是中国

---

① 如以下实证研究所展示的——刘靖:《农民工家庭迁移模式与消费支出研究——来自北京市的调查证据》,《江汉论坛》2013年第7期;绫田曾:《农民工定居性迁移的意愿分析——基于北京地区的实证研究》,《经济科学》2010年第3期。

② 高强:《日本美国城市化模式比较》,《经济纵横》2002年第3期。

③ 董向荣:《为什么韩国的"农民工"较快地融入了城市?》,《国际经济评论》2014年第3期。

④ 李强:《"双重迁移"女性的就业决策和工资收入的影响因素分析——基于北京市农民工的调查》,《中国人口科学》2012年第5期。

⑤ 如 Fan, C Cindy, M. Sun, and S. Zheng, "Migration and split households: a comparison of sole, couple, and family migrants in Beijing, China", *Environment and Planning A*, 43.9 (2011): 2164-2185。

存在着大量的人口红利，农村人口还是一个无限大的劳动力"蓄水池"①。但是，与乡城流动者规模稳定增长同时发生的人口结构的转变，将会越来越严重地影响到未来中国社会经济的可持续发展能力——中国的刘易斯拐点正在来临、老龄化迅速加剧、农村劳动力供给能力日趋低下。比如民工荒的出现正表明中国半城市化的模式已经走到尽头。②

家庭迁移是促进劳动力稳定持续供给的有效途径。在刘易斯拐点来临，农村剩余劳动力"蓄水池"逐渐干涸之势不可逆转的情况下，未来的劳动力供给压力就成了减少家庭迁移障碍、促进劳动力稳定供给和再生产的刺激因素。已有研究表明，在单个劳动力迁移障碍已经很小、城乡工资差距依然很大的情况下，农村迁移劳动力增长速度已经放缓，进一步促进农村劳动力转移的有效政策方式只有减少家庭迁移的障碍。③

（三）家庭迁移将重塑中国社会稳定的基石

乡城迁移者家庭迁移的实现，是乡城迁移者对现有制度和社会约束条件做出衡量后，基于社会理性做出的家庭策略性选择。家庭迁移特别是举家迁移的实现，最重要的现实价值是它的社会意义：它保障了正常家庭功能的实现，形成了社会稳定的新基础，给漂泊中的人和剧烈变动的社会以希望和慰藉。在一个日益流动变化的社会中，完整稳定的家庭将逐渐取代分离家庭，成为中国保持稳定和发展的社会细胞。

农村劳动力转移引发的热点问题是长期家庭分离策略实践所造成的社会问题：留守妇女、留守老人、留守儿童问题等。作为典型的社会学问题，相关研究可谓汗牛充栋，但这些研究真正从乡城迁移家庭的角度来讨论的仍然不多。从某种程度上来说，以上问题就是以往"劳动力迁移"模式的伴生性社会问题。所以，家庭迁移是否可以有效地解决这些

---

① 蔡昉：《城市化与农民工的贡献——后危机时期中国经济增长潜力的思考》，《中国人口科学》2010 年第 1 期。

② 蔡昉：《被世界关注的中国农民工——论中国特色的深度城市化》，《国际经济评论》2010 年第 2 期。

③ 纪月清、刘迎霞、钟甫宁：《家庭难以搬迁下的中国农村劳动力迁移》，《农业技术经济》2010 年第 11 期。

问题，也是本书所要关注的主要问题。

中国的家庭实践和家庭文化，以及由此而产生的家庭共同体意识和约束机制，使改革开放以来无数劳动者个体，为了家庭甘愿牺牲自己的利益和家庭生活需要。今天，这种大家庭文化正在转变，与个性、自由相伴的现代性核心家庭结构形态和观念正在被更多的人接纳。当整个社会进入耐用消费品时代，生存需要已经成为较低层次的需要的时候，对于亲密关系等高层次的需要就变得越来越迫切。在这种社会结构情境下，家庭作为稳定的基础越来越依赖于家庭整体的完整性和生活功能的满足情况，因此迁移家庭将越来越多地承担起社会"稳定器"的作用。

## 二 问题提出

各种形式的人类迁移从来都没有间断过，但从来没有哪个时代的人类迁移如今日这般纷繁复杂，中国的乡城迁移构成了这股洪流的重要部分。这种波澜壮阔的迁移，受到了无数研究者和管理者的关注。其实，迁移本身并不是问题和关注的焦点所在，不同的迁移模式是怎样形成的，以及在不同的迁移模式背后所反映的社会经济效应，才是学术研究和社会政策关注的焦点。

对西方国家中的社会学家、家庭治疗师们来说，家庭成员的分离是家庭解体的象征，需要加以纠正和治疗，如托马斯的波兰移民研究将分居视作社会解组和异化的典型主题[①]。分离式迁移在现代社会普遍被视作消极性的、成问题的。但是，中国改革开放以来以个体劳动力为迁移单元的"农民工流动"研究却很少被在社会价值上进行如此解读。相对于之前的隔离封闭时代而言，个体劳动力的流动往往被视作一种解放和进步，劳动力的流动既为城市的经济发展做出了巨大的贡献，也为农村家庭的增收和农村的发展（作为消费的场所）做出了突出的贡献。在经济学的分析中，个体劳动力流动被不断中性化和合法化。迁移中的乡城迁移者"家庭"的需要消失不见，只留下需要治理的"留守问题"，被社会

---

① ［美］W. I. 托马斯、［波］F. 兹纳涅茨基：《身处欧美的波兰农民》，张有云译，译林出版社2000年版。

学家作为对弱势群体的关怀形成了一系列"研究成果"。

家庭是社会的细胞,改革开放以来中国的稳定发展在某种程度上是中国农村家庭将社会变迁成本内化,以分离家庭为形式,家庭功能残缺和不健全等家庭代价为基础的。虽然对分离家庭本身而言,这也被视作为一种必要的生存策略。[1]

随着改革的进一步深入,中国的社会经济发展进入了新时代,改革的主动参与者——乡城迁移者(农民工)——对现有实践模式不断突破,使家庭化迁移乃至举家迁移成为20世纪末区别于之前的个体劳动力流动的典型迁移特征,逐渐成为一种具有社会影响力的迁移类型,迁移中的家庭逐渐走上了社会前台。在这些新的社会背景下,需要重新审视以往的乡城迁移研究中的经济学霸权并重视对乡城家庭迁移的研究。

相对于汗牛充栋的"农民工""流动劳动力"研究,乡城家庭迁移研究在最近十数年才逐渐开始,并由争议不断到被确认为一种社会事实。[2] 在迁移劳动力体制未发生根本改变的情况下,为什么乡城迁移的家庭化现在才被重视?乡城迁移家庭现状如何?乡城家庭迁移机制是怎样的?究竟哪些因素构成了它们转变的影响因子?乡城家庭迁移的社会事实又会带来怎样的社会效应?这些基本的描述性和解释性需要,在面对乡城家庭迁移这一社会事实时,是一组基础性的问题,但是目前已有的研究并未形成系统性成果,特别是专门针对乡城迁移家庭这一主体而言。

迁移类型的转变,对于未来的社会发展,又会带来哪些需要加以重视的社会需求、可能产生哪些社会问题(社会管理、子女教育、居住等),也是需要尽快回答的,这样才能避免新的社会问题的产生。但是,

---

[1] Bun, Chan Kwok, "A family affair: Migration, dispersal, and the emergent identity of the Chinese cosmopolitan", *Diaspora: A Journal of Transnational Studies*, 6.2 (1997): 195 – 213.

[2] 比较有代表性的文献包括:陈贤寿、孙丽华:《武汉市流动人口家庭化分析及对策思考》,《中国人口科学》1996年第5期;洪小良:《城市农民工的家庭迁移行为及影响因素研究——以北京市为例》,《中国人口科学》2007年第6期;盛亦男:《中国的家庭化迁居模式》,《人口研究》2014年第3期;杨菊华、陈传波:《流动人口家庭化的现状与特点:流动过程特征分析》,《人口与发展》2013年第3期。

以往的政策和研究焦点往往依然放在个体性的"劳动者"身上，忽视其背后的家庭。这就会导致对家庭迁移所形成的多元社会需要被人为忽视和压制，进而积累为社会问题。这两个维度的问题，也是本书所力图系统化回答的问题。

## 第二节 研究意义

### 一 现实意义

伴随社会结构条件和流动人口需求层次的变化，人口流迁模式已经发生了显著的变化，家庭式流动成为近几年越来越显著的一种流迁方式。它的影响力所涉及的领域范围将大大超过以前的个体劳动力流动。

乡城家庭迁移作为一种家庭策略，将满足迁移家庭的更多需要。对于乡城迁移家庭社会事实的考察与迁移家庭形成机制的分析，可以有助于理解乡城家庭迁移现象，预测其未来的发展趋势，为促进相关社会政策构建提供经验基础和着力方向。这也是诸多乡城家庭迁移研究的基本共识和愿景。

作为社会发展新阶段的自然产物，乡城家庭迁移是新群体对城市生活空间提出的新挑战，是中国城镇化进程中的一个阶段性重要现象，也是加快推进新型城镇化步伐和提高城镇化质量，进而有效完成深度城市化的必然要求。[1] 需要对家庭迁移及其机制及时形成认知，才能因势利导，实现符合乡城迁移者需要的高质量新型城镇化的国家规划目标，促进社会与经济的可持续发展，解决城市化社会转型的问题，实现家庭这一基本社会细胞的正常化，从而实现社会的正常化。总之，无论是对乡城迁移家庭自身的福利影响、对流入地和流出地公共资源的配置等社会制度安排、政府施政都将提供新思考基点。

---

[1] 蔡昉：《被世界关注的中国农民工——论中国特色的深度城市化》，《国际经济评论》2010年第2期；杨菊华、陈传波：《流动人口家庭化的现状与特点：流动过程特征分析》，《人口与发展》2013年第3期；张航空、李双全：《流动人口家庭化状况分析》，《南方人口》2010年第6期。

## 二 理论意义

当前有关"农民工"的研究预设的转变路径是：由"生存—经济"叙事模式的生存预设到"身份—政治"的公民权视角的权力预设。[①] 应该看到，这两种理论预设以及由此展开的理论范式在解释"农民工"（乡城迁移者）问题时存在合理合宜性，同时，它们也不可避免地存在着理论缺陷："生存—经济"的叙述模式是个体主义的，而"身份—政治"范式则是制度（结构）主义的，相对处于连接处的中层理论，这两种范式都是有限度的。而家庭策略视角下乡城迁移家庭的社会理性预设，则可以构成这样一种介于微观和宏观之间的中间层理论解释范式，它可以通过发掘家庭的主体实践，沟通个体与制度结构因素，同时又超越个体与结构。

受到传统文化价值的影响，中国的家庭更多地被作为私人领域来对待，加之我们的社会政策导向是非家庭化的劳动力需求，所以，以往中国的乡城迁移研究，多是从"劳动力"层面出发，研究劳动力人群的变动和移动规律，忽视劳动力所在的家庭单元，家庭框架也很少被涉及。乡城迁移者（农民工）相关的个体和体制结构已经在已有研究中被重视，但是相对而言，乡城迁移者的家庭迁移模式及其变动并没有被充分重视，只有作为家庭分离策略结果的"留守"等社会问题被社会学广泛关注。

这种关注是一种阶段性产物，同样，随着乡城迁移发展到了由个体迁移向家庭迁移演进的社会阶段，举家迁移成为中国农民工历史流变的下一个必然阶段的时候，学术研究必须从新的角度对乡城迁移决策形成新聚焦。本书的研究就将以乡城迁移家庭为单位，以家庭策略理论和社会网络理论为视角，对乡城迁移决策进行新的对焦与分析。这将进一步扩展乡城迁移（农民工）研究的视域，为乡城迁移研究提供一种新的进路，推动对中国人口流动迁移研究的深入。

中国农民家庭的变迁远比现代化理论预言的要复杂，需要在中国特

---

① 陈映芳：《"农民工"：制度安排与身份认同》，《社会学研究》2005年第3期。

有的制度和结构下所形塑的流动模式变化中去解读。① 同样的,作为后发展国家,中国的乡城家庭迁移虽然与国外相应时期的乡城家庭迁移或者其他家庭迁移形式有相似的共性,但是,由于中国特殊的隔离式社会制度的存在,中国的乡城家庭迁移必然会表现出中国特色。② 那么,在新的社会历史条件下,对乡城家庭迁移及其形成机制进行考察,可以检验西方理论视角在中国的适用性,这也具有重要的理论价值。

## 第三节 研究创新和不足

### 一 研究创新

(一) 研究视角改进

以家庭这一社会最小单元,完成落户城市,实现乡城迁移家庭城市化,是乡城迁移者市民化必经的发展阶段,是进入深度城市化发展阶段的特征,也是近几年及未来将持续影响中国经济、社会稳定发展的现实问题。

家庭迁移和个体迁移的差异性形成机制的分析为迁移研究提供了一个新的层次。家庭迁移已经成为一种多学科考察的研究领域。自 20 世纪 80 年代以来,家庭迁移作为移民研究的主要对象和途径在国外移民研究中成为一种共识。移民现象的复杂性已经让研究者们认识到只有家庭迁移研究才能突破个体迁移研究的局限。在具有浓厚家庭价值观的中国,更应该将家庭作为人口迁移流动的中心元素。家庭迁移应该走向前台并成为讨论人口迁移问题的中心。

目前中国的乡城迁移研究依然较少将家庭作为分析对象和分析单位。本书以乡城迁移家庭为分析单位,通过构建家庭迁移系统,系统性地对乡城迁移家庭的特征及其形成进行分析,将着眼点放在位于城市空间中的家庭迁移系统的形态特征和影响因素之上,发掘家庭迁移系统内部变

---

① 金一虹:《流动的父权:流动农民家庭的变迁》,《中国社会科学》2010 年第 4 期。
② 盛亦男:《中国的家庭化迁居模式》,《人口研究》2014 年第 3 期;[美] 苏戴瑞:《在中国城市中争取公民权》,王春光、单丽卿译,浙江人民出版社 2009 年版。

动所带来的社会效应。不同的家庭迁移类型内部之间是否真正存在社会性差异，是否会带来不一样的社会后果，这是相关理论和政策进一步研究的基础。如果没有差异，那么，家庭迁移类型内部之间的区分、举家迁移就没有必要被单独作为研究的主题并进一步在理论和政策上进行推进。

（二）研究内容创新

本书拓展了人口迁移和家庭迁移研究的主题。家庭迁移研究已经突破了建立在经济学效用基础之上的研究范式，它不仅仅关注家庭迁移的决策原因，同样也关注家庭迁移所带来的社会后果。建立在效用基础上的模型关注雇用状态和经济收入上的收益关系，却很少有人研究家庭迁移的社会后果和心理后果。[①] 已有的中国家庭迁移研究，主要是经济学领域的劳动力迁移研究、人口学和社会学领域的对于家庭迁移原因和影响因素的分析，对于家庭迁移社会后果的分析非常有限。所以，本书将以家庭迁移系统视角，不仅研究家庭迁移的影响因素，也同时注重分析家庭迁移的社会后果。

（三）构建理解家庭迁移的新概念和指标

为了充分理解乡城迁移状况，本书尝试构建了家庭迁移系统的概念，形成对乡城家庭迁移进行描述性分析的整体框架图示。同时，提出了衡量乡城家庭迁移水平的家庭迁移率和完整家庭迁移率两个指标，对以往的指标进行修正，能够准确地表达出乡城家庭迁移的水平真正达到的程度，为今后统一指标的构建和对比提供了基础。

## 二 研究不足

本书所使用的样本为南京市内城区的乡城迁移家庭，在职业分布上存在着与全国乡城迁移人口的差异。分析单位为迁入地的乡城迁移家庭，由于数据限制，对迁移家庭迁出地的综合影响等较少涉及。所以，本书对于乡城迁移家庭迁出地对其迁移的影响的推拉因素分析、迁移对迁出

---

[①] Magdol, Lynn, "Is moving gendered? The effects of residential mobility on the psychological well-being of men and women", *Sex roles*, 47.11 (2002): 553–560.

地的影响分析,都存在一定的局限性。

同时,迁移过程应该是一个时间序列,应该放在一定的时间空间线索内进行,但是本书使用横截面数据对乡城家庭迁移进行考察,对乡城家庭迁移的动态过程分析不是很充分,只能使用结果数据进行推导。受到研究数据资料的限制,只能在横向上将个体、部分和举家迁移作为比较参照的对象,而不是从纵向上对每个家庭单位的生命周期变动做考察,在因果关系探索上具有一定的局限性。

# 第二章

# 文献回顾

20世纪80年代家庭迁移成为研究热点，自那时起，家庭迁移研究走向西方人口迁移研究的前台。20世纪90年代开始，随着中国人口迁移（流动）阶段性的发展，如第一章研究背景中所展现的那样，家庭迁移也成为一种重要的研究转型关注点，从而成为中外研究者关注的焦点之一。已有的研究为本书提供了必要的研究经验和基础。这些经验和基础来自两个方面：一方面，理论的多元并举，为理解家庭迁移行为提供了多元化的视角和切入点；另一方面，对于家庭迁移的社会事实，中西方在不同的社会情境下纷纷展开了相应的实证研究，为理解相应的特点和机制提供了参照。

所以，作为必要的研究准备之一，笔者将在本章详细回顾以往家庭迁移的有关研究。讨论将分两节进行，第一节将从以往研究通常采用的理论路径及其评论出发，对本书所使用的理论视角——家庭策略理论和社会网络理论——进行讨论，确定本书的解释视角。第二节将对西方已有研究和有关中国特定社会情境中的家庭迁移研究文献进行综述。最后，进一步对这些研究进行评论，在此基础上确定研究的视角和可能与之对话、推进的空间。

## 第一节 理论视角及评述

人口迁移是一种常态，乡城之间的人口流动在世界范围内持续发生。但是，大规模的乡城迁移是现代性的产物，最早发生在工业革命下的欧美社会,这些现象及其在欧美社会中产生的问题引起了学者们的关注。不同的学科尝试从不同的视角去理解这一迁移行为。迁移研究中最初流行两种主要理论范式——个体主义的理论范式和结构主义的理论范式。[①]它们虽然都是建立在人口和资源空间分配不平等基础之上,但两种理论范式之间也存在着明显的差异。

个体主义范式在中国的流动人口研究特别是经济学分析中占有主流地位。个体主义范式包括推拉理论[②]、新古典理论[③]等。这一范式建立在经济理性人的假设之上,预设迁移流动是个体在经济考量中理性算计基础上做出的最优选择。它们更多地被用来指导个体迁移实践的研究。结构主义范式主要包括二元经济结构理论[④]、世界系统理论[⑤]、依附理论[⑥]等。结构主义范式开始将焦点由个人转移到地区、国家和国际的政治经济等结构性力量。在结构主义范式中,劳动力运动的原因和影响,皆源自地区和国家间的深度整合和不平等的发展,遵循着资本积累逻辑展开,它预示着整体性不平等的发展,不仅涉及经济方面,政治、社会方面同样刻画着不平等的标记。

随着移民研究的日益深入,研究者们意识到移民是一个纷繁复杂的现象,网络扩张、个体劳动力、移民汇款和地方收入分配之间的互动创造了一个有效的反馈机制,这些机制在宏观政治经济关系中被强化和形

---

[①] 研究中相似的理论分析又将这两种范式称为均衡范式与历史——结构范式(Equilibrium and Historical – Structural Perspectives),见 Wood,Charles H. ,"Equilibrium and historical – structural perspectives on migration",*International Migration Review*,16.2(1982):298 – 319;蔡禾、刘林平、万向东:《城市化进程中的农民工问题》,社会科学文献出版社 2007 年版。

[②] Lee,Everett S. ,"A theory of migration",*Demography*,3.1(1966):47 – 57.

[③] Borjas,George J. and Stephen G. Bronars,"Immigration and the Family",*Journal of Labor Economics*,9.2(1991):123 – 148.

[④] Lewis,W. Arthur,"Economic development with unlimited supplies of labour",*The manchester school*,22.2(1954):139 – 191.

[⑤] Portes,Alejandro,and John Walton,*Labor,class,and the international system*,New York:ACDEMIC Press,1981.

[⑥] Castells,Manuel,"Immigrant workers and class struggles in advanced capitalism:the Western European experience",*Politics & Society*,5.1(1975):33 – 66.

塑，迁移是一种可以自我推动的累积性因果机制①。所以，以上两种主要范式都存在着难以消除的理论缺陷，而寻求两种理论范式之间的融合，即结构——行动者范式开始被尝试运用于研究之中。

而家庭为这一理论综合提供了一个适宜的分析对象和层次。它既是个体选择的权衡背景，又是一个直接与宏观制度环境相联系的单位。所以将家庭作为一个综合性的分析单位使用，在分析人口流迁问题时更为适用。将家庭作为连接微观与宏观的主体，分析家庭化迁移的个体、家庭和社会层面的影响因素，考察它们是否及以怎样的方式作用于家庭迁移，可以较全面地检验乡城家庭迁移的选择及其社会后果。

### 一　家庭策略理论

策略作为概念和分析框架，为实现社会结构与行动者的综合性分析提供了一种可能的途径。② 家庭策略理论就成为一种理论综合努力的结果。无论是建立在人力资本基础上的经济学理论，还是历史——结构理论，都是在合理分析家庭的资源优势和不足，积极主动适应微观和宏观的社会结构条件、家庭主体的主动实践的条件下，才形成了现有的行动模式。研究表明，家庭的考量和策略是解释人口迁移类型和结果的关键。而在那些正在经历社会巨变，家庭遭遇到许多潜在危险和不确定，更多女性进入劳动力市场，迁移者所从事的更多是非正式经济的社会中，家庭策略尤为重要。③ 正如范芝芬所观察到的那样，家庭策略及其影响下的社会、权力关系

---

① Massey, Douglas S, "Social Structure, Household Strategies, and the Cumulative Causation of Migration", *Population Index*, 56.1 (1990): 3-26.

② 参见以下研究：Child, John, "Strategic choice in the analysis of action, structure, organizations and environment: retrospect and prospect", *Organization studies*, 18.1 (1997): 43-76; Crow, Graham, "The use of the concept of strategy in recent sociological literature", *Sociology*, 23.1 (1989): 1-24; Wallace, Claire, "Household strategies: their conceptual relevance and analytical scope in social research", *Sociology*, 36.2 (2002): 275-292.

③ Wallace, Claire, "Household strategies: their conceptual relevance and analytical scope in social research", *Sociology*, 36.2 (2002): 275-292.

和农民工的能动性，才是理解中国人口迁移的根本出发点。①

在经济学视野中，策略作为博弈论的核心概念之一，指参与者（player）在博弈（game）中考虑到所有可能情况下的一套完整行动计划，它完全决定了玩家的行为。② 它的主体被设定为完全理性的主体。而在社会学家眼中，策略就是行动者从小养成的，通过惯习表现出来的，为了扩大资本量和占有场域中的最有利位置而对游戏走向的一种判断。③ 从布迪厄的论述中，可以看出，策略包含了两个方面的含义：其一，策略是以利益定向的，寻求特定场域中的资本最大化；其二，策略指的是行动者的习惯在实践中的操作，策略就是惯习的外化④。策略是融合了客观的主观化和主观的客观化的一种实践，即既需要考虑、预见场域的结构条件，又需要参考其他成员的行动策略。这两个方面具有实质上的一致性。⑤

家庭策略（family stategy）就是将策略的主体或者层次放在家庭层面。家庭策略这个概念首先来自西方家庭史的研究，其目的是更好地理解工业化过程中家庭的作用，研究家庭面临新的外部环境时的决策过程。⑥ 家庭策略，有时又称作家庭适应性战略，指家庭在面对外部结构性障碍时，可以采取积极的和灵活的措施，对外部约束和机会进行加工和再造，而不是被动地适应和顺从，进而实现家庭目标函数的最大化。⑦ 布

---

① ［美］范芝芬：《流动中国：迁移、国家和家庭》，邱幼云、黄河译，社会科学文献出版社2013年版，第203页。
② 张维迎将其翻译为战略，但战略往往指向宏观层次的规划部署。张维迎：《博弈与社会》，北京大学出版社2013年版，第34页。
③ ［法］皮埃尔·布迪厄：《文化资本与社会炼金术》，包亚明译，上海人民出版社1997年版，第62页。
④ 宫留记：《布迪厄的社会实践理论》，河南大学出版社2009年版。
⑤ 苑国华：《从"规则"到"策略"：布迪厄的亲属与婚姻理论述评》，《黑龙江民族丛刊》2011年第1期。
⑥ Tilly, Louise A., "Individual lives and family strategies in the French proletariat", *Journal of Family History*, 4.2 (1979): 137–152；杨善华：《家庭社会学》，高等教育出版社2006年版，第131页。
⑦ Moen, Phyllis, and Elaine Wethington, "The concept of family adaptive strategies", *Annual review of sociology*, 18.1 (1992): 233–251; Tilly, Louise A., "Individual lives and family strategies in the French proletariat", *Journal of Family History*, 4.2 (1979): 137–152.

迪厄对家庭策略之一的婚姻策略进行了出色的分析。他在谈到缔结婚姻是一种社会策略的应用时就指出，婚姻策略是一种旨在获取最大物质和象征利益的策略系统。

家庭策略理论既突出了家庭作为策略的主体和最终考虑对象，同时也强调了迁移是一个家庭主动采取的实践形式。所以，它包含以下几个主要的预设：

1. 家庭策略的核心假定：有限社会理性主体

家庭策略认为作为策略行动的主体——家庭及其内部成员——是具有有限理性的。所谓"理性"，就是人类依据现实情境或某种理论通过预期和计算来选择与调节自我行为的能力，而这种行为的选择是为了目标实现的最大化。不同于经济学的一般假定，由于行动者（agency）自身能力水平、结构性约束等的存在，行动者的理性只能是有限性的存在，而不可能具备考虑一切可能的选择能力。这是对理性选择理论和博弈论中理性人假设的一种限制。理性所追求的目标，既包括经济效益的最大化，也包括价值等社会效果的最大化。在传统的经济学理论中，对人的行动持"经济人"的理性假设占据了主导地位，追求经济利益最大化是"经济理性"最基本的假设。这一理论已经经受了社会科学的批判，组织社会学中理性系统视角的衰落和行动中组织的挖掘已经将有限理性推到前台。这里对"理性"的理解，主要强调行动是一种目的性的、有意图的，是以追求"效益"最大化的，是基于习惯的外化。

根据理性追求的具体目标所涉及的层次水平，文军将理性区分为"生存理性""经济理性"和"社会理性"。[①] 他根据斯科特"生存伦理"（subsistence ethic）观点引入一个"生存理性"概念，这种理性首先考虑的是安全第一的生存原则，而不是效益的合理化和利益的最大化。而"社会理性"的最基本特点是在追求效益最大化的过程中寻求满足，寻求一个令人满意的或足够好的行动程序，而不是在"经济

---

[①] 文军：《从生存理性到社会理性选择：当代中国农民外出就业动因的社会学分析》，《社会学研究》2001年第6期。

理性"中寻求利益的最优。"社会理性"是在"经济理性"的基础上更深层次的"理性"表现，是"理性选择"的更高级表现形式。生存理性是最基础的层次，只有在生存理性得到充分表现和发挥的基础上，才能进一步产生和做出经济理性和社会理性的选择。以这种理性为基础的策略便是"生存策略"和"生活策略"。生存策略中选择一套应对行为和模式的主要目的是满足生存的需要，而生活策略则是在基本生存需要没有担忧的情况下，追求更具满足感的一套行为模式。

这种基本目的的判断需要从行动者的角度进行，而不能以整体社会环境的角度来理解。科尔曼主张必须从行动者自身的角度来理解行动者的行动。这样，社会学的理性选择不仅仅是关注作为个体的理性选择的结果，还关注作为个人行动结果的结构。社会学的理性选择更关注的是众多个人的理性选择后果，而不是某一个人的理性或非理性选择结果。[1] 所以，家庭策略，需要从家庭的角度，将其看作具有有限社会理性的主体，去理解它的由惯习外化，并且努力适应结构特征，追求特定家庭目标最大化的一种实践努力。

2. 家庭收入最大化是一项基本策略目标

无论家庭做出怎样的迁移抉择，都是一个选择家庭收益最大化的过程，一般而言都是符合经济理性的。[2] 家庭收入最大化的策略是最常被研究和确认的一种家庭策略。劳动力的迁移经常被解释为增加家庭收入和使收入多样化的一种策略。[3] 中国分离式家庭的临时性流动就是这一家庭策略的产物。[4]

劳动力的配置和家庭成员的配置，对家庭经济而言是一种最为重要

---

[1] Hechter, Michael, and Satoshi K., "Sociological rational choice theory", *Annual review of sociology*, 23.1 (1997): 191–214.

[2] 蔡昉:《迁移决策中的家庭角色和性别特征》,《人口研究》1997 年第 2 期。

[3] De Jong, Gordon F., "Expectations, gender, and norms in migration decision-making", *Population studies*, 54.3 (2000): 307–319; Stark, Oded, *The Migration of Labor*, Cambridge: Basil Blackwell, 1991.

[4] [美] 范芝芬:《流动中国:迁移、国家和家庭》,邱幼云、黄河译,社会科学文献出版社 2013 年版。

的家庭资源分配策略。新迁移经济学理论①是家庭策略理论范式中的一个具有代表性的理论。它尝试把作为迁移独特主体之一的劳动力放在家庭的框架内进行分析。新迁移经济理论首先实现了个人主义的突破，将家庭作为分析单位，认为家庭化迁移是为了实现家庭收益（这种收益包括实际上存在和预期之中）的最大化，根据家庭预期收入最大化和风险最小化原则，家庭将其成员的迁移和留守视作一种分散风险的多样化策略，决定家庭成员中劳动力迁移。

这样一种视角通常被用来分析发展中国家存在的原生家庭的迁移产生机制。如果以迁入地的家庭为基本单位，这种相同原则的行为策略是否依然在发挥作用，值得进一步的实证研究加以验证。

3. 家庭安全是家庭策略的另一个目标

以往的家庭策略视角下的研究，很多都一味强调它的经济原因，较少考虑作为家庭决策基础的社会关系等方面。在家庭决策之下还存在着降低社会关系风险、寻求家庭生活安全等目标要求。家庭策略更是为了获得家庭稳定和发展的保障。

乡城迁移者的家庭构成了他们经济和社会安全的基础，乡城迁移的家庭策略就是要使用和确保这种安全。② 迁移决策中的非经济因素逐渐被注意到，研究者们越来越强调非经济因素在人们迁移决策中的作用。③ 约翰·奥得兰和马克·埃利斯的研究就发现，迁移者为了能够保持家庭的完整，可以放弃迁移可能带来的经济收益。④

---

① Massey, Douglas S., "Social Structure, Household Strategies, and the Cumulative Causation of Migration", *Population Index*, 56.1 (1990): 3–26; Stark, Oded, and David E. Bloom, "The new economics of labor migration", *The American Economic review*, 75.2 (1985): 173–178.

② Fan, C. Cindy, and Wenfei Winnie Wang, "The household as security: Strategies of rural–urban migrants in China", *Migration and social protection in China*, 14 (2008): 205.

③ 如以下研究：Clark, William AV, and Youqin Huang, "Balancing move and work: women's labour market exits and entries after family migration", *Population, Space and Place*, 12.1 (2006): 31–44; Hugo, Graeme, "The new international migration in Asia: challenges for population research", *Asian Population Studies*, 1.1 (2005): 93–120; Zhao, Yaohui, "Leaving the countryside: rural–to–urban migration decisions in China", *The American Economic Review*, 89.2 (1999): 281–286。

④ Odland, John, and Mark Ellis, "Household organization and the interregional variation of out–migration rates", *Demography*, 25.4 (1988): 567–579.

本质上，对于中国乡城迁移家庭而言，家庭策略的目标就是确保家庭安全。安全的概念可以为理解农民工的决策和行为提供有效的分析框架——主要的目标是确保经济安全和社会安全。① 以往的研究认为，农村而非城市是农民工经济和社会安全的基础，流动策略所使用的就是这种安全性，所以家庭分离式劳动力配置和循环流动才会成为农民工家庭迁移的主要特征。但随着乡城家庭迁移系统的变化，特别是举家迁移成为一种重要的家庭迁移类型，农民工的迁移家庭有可能将经济和社会安全建立在新的基础上，乡城迁移家庭的安全也是重要的目标。

## 二 社会网络理论

家庭不仅仅是一个理性追求经济收益最大化的单位，它还是一个受到社会制度、文化等影响的单位，特别是在拥有浓厚家文化的中国，它是一个价值理性导向的初级群体，是与个体联系最为强烈的亲缘社会网络。乡城迁移家庭在迁入地形成的过程，就是在迁入地亲缘社会网络扩展的过程。所以，本书也综合使用社会网络理论（Social Network Theory）对乡城迁移家庭形成机制进行分析。社会网络理论也是一种在解释迁移机制时力图弥补宏观经济结构和微观个体决策分析这两种已有研究不足而产生的一种创新理论，是一种中观层面的理论。② 社会网络理论对个体主义范式和结构主义范式的挑战与融合在格兰诺维特有关"嵌入"的经典论述中被充分论述。③

社会网络理论认为社会资本对迁移行为产生的影响几乎可以在迁移的每一个环节中都得到体现。④ 社会网络理论重视从行动者所处的社会网络关系出发去解释社会现象，社会网络分析遵循两种基本的研究思路，

---

① Fan, C. Cindy, and Wenfei Winnie Wang, "The household as security: Strategies of rural-urban migrants in China", *Migration and social protection in China*, 14 (2008): 205.

② 孙晓芳：《劳动力流动理论的思路变迁与路径探索》，《中国人口资源与环境》2012 年第 11 期。

③ Granovetter, Mark, "Economic action and social structure: The problem of embeddedness", *American journal of sociology*, 91.3 (1985): 481–510.

④ 王雯菲、范芝芬：《西方国内人口迁移研究进展及趋势》，载梁在主编《人口学》，中国人民大学出版社 2012 年版，第 184 页。

即网络对个体的限制和个体对网络回报的关注。[1]

已有的研究多是从网络收益的角度出发,考虑社会网络对家庭迁移的作用机制。社会网络理论认为,随着第一批迁移者的迁入,他们会通过迁移纽带将自己的亲朋带入迁移中,因为随后的亲朋迁移会极大地降低流动的成本和风险,从而可以引起更多的迁移行为,在迁入地重构社会网络,增加网络收益。网络联系形成了一种社会资本,帮助人们在迁入地获得雇用等。[2] 社会网络理论将人口而非仅仅是劳动力的流动看作嵌入社会网络结构的一种"链式流动",这一系列联系所形成的迁移网络,可以为以后的迁移提供一种惯性,形成累积性的特征,从而自动地积累推进网络自身地不断扩大和发展,促使迁移持续进行和规模扩大。这解释了乡城迁移流动的持续性动态机制以及无法用收入因素解释的诸多流动行为。威廉·卡林顿等通过实证模型证实了劳动力流动成本随着时间的推移,由于社会网络的构建而呈现递减的趋势,迁移网络的建立会加速随后的迁移。[3]

家庭社会网络对人们的迁移决策起到了重要的作用,例如双职工家庭在居住地选择上对父母需求和父母所能提供的经济文化资源的考量,会影响到家庭迁移的范围。[4] 乡城迁移家庭,成为乡城迁移者最为在意和最先启动建立的社会网络。乡城迁移者的社会网络特点明显:以初级群体为主,规模小、紧密度高、一致性强等。[5] 已有研究证明,中国农

---

[1] 周雪光:《组织社会学十讲》,社会科学文献出版社 2003 年版,第 114—119 页。

[2] Hugo, Graeme J., "Village – community ties village norms and ethnic and social networks: a review of evidence from the third world", in *Migration decision making: multidisciplinary approaches to microlevel studies in developed and developing countries*, Edited by Gordon F. & Robert W. G, New York: Pergamon Press, 1981: 186 – 224; Portes, Alejandro, Julia Sensenbrenner, "Embeddedness and immigration: Notes on the social determinants of economic action", *American Journal of Sociology*, 98.6 (1993): 1320 – 1350; Taylor J. E., Differential Migration, Networks, Information and Risk, *Migration and Development Program*, Cambridge: Harvard University, 1984.

[3] Carrington, William J., Enrica Detragiache, and Tara Vishwanath, "Migration with endogenous moving costs", *The American Economic Review*, 86.4 (1996): 909 – 930.

[4] Bailey, Adrian J., Megan K. Blake, and Thomas J. Cooke, "Migration, care, and the linked lives of dual – earner households", *Environment and Planning A*, 36.9 (2004): 1617 – 163.

[5] 李晓燕、谢长青、杨翠迎:《中国农民工社会网络转型及制度诉求分析》,《学习与探索》2009 年第 2 期。

民工的社会网络建构的核心线索之一就是血缘的强关系,以乡城迁移家庭初级组织所形成的社会网,是乡城迁移者最基本的信任等社会资本的来源,它会影响到农民工生活世界的建构,赋予生活世界以意义。对亲缘的重视,没有因生活地点从农村到城市的变动或职业由农民变工人的变动而改变,家人仍然是进城农民工社会网络中的核心部分。[①] 所以,社会网络理论有助于理解乡城家庭迁移这一初级群体关系网的迁移流动机制。

### 三 简要评价

理论是关于社会事实之间的关系与作用的一种抽象概括,它们来自对特定对象特定角度的观察。家庭策略理论和社会网络理论这两种理论,在解释迁移机制时都努力尝试建立一种力图弥补宏观经济结构分析和微观个体决策这两种已有研究范式不足而产生的新理论,是一种中观层面的理论努力。作为对以往个体范式和结构范式地超越和融合的努力,它们为从中观层次考察家庭这一主体的迁移变动提供了合适的视角和理论工具,为理解、解释家庭迁移的作用机制提供了基本的分析视角。

需要注意的是,家庭策略理论以往进行分析的对象是迁出地家庭,即劳动力流出的家庭,关注它们的劳动力配置、性别分工等行为模式,如新迁移劳动理论聚焦于一种独特的劳动力流动:短期的和原生家庭有着强烈认同的工人,他们最终还是希望回到流出地而不是定居在迁入地;将迁移者原生家庭作为分析对象。这虽然相对于以往仅仅聚焦于孤立的迁移个体是一种进步,但是它失去了对变动中的家庭动态的考察,迁移者可以在迁入地重新组织一个家庭或者举家迁移。[②] 本书就是要将家庭策略理论应用于迁入地的乡城迁移家庭的策略行为分析,力图拓展家庭策

---

[①] 李培林:《流动民工的社会网络和社会地位》,《社会学研究》1996 年第 4 期;王汉生等:《"浙江村":中国农民进入城市的一种独特方式》,《社会学研究》1997 年第 1 期。

[②] Sana, Mariano, and Douglas S. Massey, "Household composition, family migration, and community context: Migrant remittances in four countries", *Social Science Quarterly*, 86.2 (2005): 509–528.

略理论的分析范围。

新迁移经济学等迁移理论的主要目标是解释最初的迁移决策是如何发生的,而对于持续性的迁移流,也就是为什么迁移会持续发生(家庭化迁移本身就是一个累积式持续进行的过程),并没有太多关注,而导致迁移持续发生的机制可能与最初的迁移决策并不完全一致。本书所关注乡城家庭迁移决策中很重要的一个方面就是批次迁移过程决策。上文也已经阐述,本书对家庭策略理论的拓展,就是对已经在迁入地的迁移家庭的迁移机制的考察。

纷繁复杂的迁移行为,使得任何仅仅尝试使用某一种单一的学科工具,或者聚焦于某一个单一的分析理论来获得对现代迁移过程的完全理解的努力,都注定是要失败的。所以对迁移因果关系的理解需要融合不同的视角、在不同的层次上,进行不同假设预设下的检验。[1] 所以,笔者认为,综合使用社会网络理论,可以对家庭迁移机制的分析更为透彻和全面。

从上面的讨论也可以看到,乡城迁移家庭构建自身这张社会网的努力,也体现出一种降低迁移成本和风险、取得更多网络收益的目标,它们同样是一种融合微观与宏观的理论努力,从而与家庭策略理论不谋而合,形成了共同的理论逻辑线索。不同于家庭策略理论的一点是,社会网络理论,更为强调非经济学特征和理论特色,更加注重网络收益的支持性力量的重要性,更为强调作为结构性力量的社会资本的作用。而且,从某种意义上来说,社会网络可以是家庭主动进行策略选择的一种条件和行为。这是两种理论共通的地方。

## 第二节 相关研究及评述

社会事实的发生嵌入在社会结构所提供的机会和结构约束之中,所以家庭迁移既具有共同性的基础机制,又因为发生在差异性的文化

---

[1] Massey, Douglas S., et al., "Theories of international migration: A review and appraisal", *Population and development review*, 19.3 (1993): 431–466.

和制度等社会场域中而具有各自的特色。相对于西方的家庭迁移,在中国社会中的乡城家庭迁移可能会具有更加鲜明的中国特色,与西方家庭迁移差异明显。但是,只有在比较研究的基础上,建立一定的标准,才能够相对准确地认识到中国乡城家庭迁移的特征、形成机制及其社会效应。

在已有对乡城迁移的研究中,对以个体为对象的人口迁移流动现象进行研究较多,但对迁移类型的研究比较空泛、缺乏系统性,而进行国际比较研究的几乎没有。[1] 如果说中国的乡城迁移是中国特色的制度条件下的特有产物,那么这种"独特性"需要与其他国家的情况进行比较,在参照对比的基础上,才能得出恰当的结论和判断。所以,本书首先考察家庭迁移研究在西方的焦点及其问题,然后以此进行对比、回顾、评述有关中国乡城迁移中的家庭迁移研究。

## 一 国外家庭迁移研究

家庭迁移研究最初于20世纪70年代在西方兴起。家庭迁移研究由经济学发轫,逐渐发展为多学科视角、考察多元主题的一个研究领域。家庭迁移研究的涌现说明,家庭迁移是比个体迁移更为复杂和更具超越性的概念。西方学者认为特别是发生在国内的移民研究应该更为强调将家庭作为核心要素,或者更为一般地,认为家庭迁移应该走向前台,成为思考迁移问题的核心。[2]

家庭迁移研究指向两个方向:一个完整的家庭单位从一个地点迁移到另一个地点[3];迁移决策是在一个家庭的背景下做出的,即使结果是只有一个人进行了迁移[4]。

---

[1] 当然,这一评论适用于本书写作时及其之前的时期,相关研究也得出类似结论,如盛亦男:《中国的家庭化迁居模式》,《人口研究》2014年第3期。

[2] Cooke, Thomas J., "Migration in a family way", *Population, Space and Place*, 14.4 (2008): 255–265.

[3] Ibid..

[4] Boyle, Paul J., et al., "Moving and union dissolution", *Demography*, 45.1 (2008): 209–222.

依据研究对象的差异，西方的家庭迁移研究大致可分为三类[①]：发达国家家庭是否发生举家迁移；发展中国家的举家迁移或者部分家庭成员迁移；发展中国家向发达国家的家庭迁移。研究主题虽然广泛，但主要集中在两个方向：一是家庭迁移的决策，即通常研究中对因果机制的影响因素的分析；二是家庭迁移的经济、社会影响，包括家庭迁移所带来的收入、职业、性别关系、家庭生命周期事件变化等。

在西方，早期的家庭研究关注发达国家内部的状况。最早进行有关家庭迁移研究的是经济学家和社会学家，他们主要关注于家庭迁移的决策及其结果，特别是对已婚女性的雇用和收入的影响。

最早的系统研究是由20世纪70年代的经济学家开始的，不同于中国对家庭迁移的研究是对家庭迁移率上升而被观察到的现象，当时对家庭迁移率的下降和女性劳动力参与状况之间关系的观察是基本的背景[②]。史蒂芬·桑德尔[③]和雅各·闵沙[④]都依据人力资本理论发展了有关家庭迁移的类似理论。迁移被视作是一种家庭投资，目标就是家庭收益的最大化。人力资本模型是中性的，人们考察的只是夫妻总体收益与损失，并不关心性别话题。

随后，社会学家关于家庭迁移决策及其迁移事件后果的调查又兴盛起来。如果说经济学关注的是劳动力迁移，那么社会学更应该关注社会人、最基本的社会单位——家庭的迁移。他们在数据基础上建立了一种挑战经济学家性别中性假设的性别模型解释范式。保罗·邓肯和卡洛琳·卡明斯·佩鲁奇[⑤]在1976年首次检验了人力资本模型的性别中性假设。他们使用一个20世纪60年代中期的具有大学教育程度的双职工夫妇的样本发现，那些丈夫的职业经常变动、拥有更高的职位或者有更高失

---

[①] 檀学文：《家庭迁移理论综述》，《中国劳动经济学》2010年第1期。

[②] Long, Jason, "Rural - urban migration and socioeconomic mobility in Victorian Britain", *Journal of Economic History*, 65.1 (2005): 1 - 35.

[③] Sandell, Steven H., "Women and the economics of family migration", *The Review of Economics and Statistics*, 59.4 (1977): 406 - 414.

[④] Mincer, Jacob, "Family migration decisions", *Journal of Political Economy*, 86.5 (1978): 749 - 773.

[⑤] Duncan, R. Paul, and Carolyn Cummings Perrucci, "Dual occupation families and migration", *American Sociological Review*, 41.2 (1976): 252 - 261.

业率的家庭会更倾向于迁移；相反，如果妻子具有这些职业特征，他们却很少选择迁移。其后的很多研究都基本上证实了这一家庭决策及其结果趋势，家庭迁移的决策及其结果与丈夫的职业地位更为相关和有利，对女性往往意味着收入能力的下降，即使是那些拥有较高人力资本的女性也是一样的。[1] 一种基于社会性别理论的替代性理论解释被提了出来，他们认为经济结果是以社会性别的角色信仰为中介的。[2]

地理学家同样考察了社会学家所关注的夫妻特征在形塑家庭迁移决策和后果上的相关影响[3]。他们的视域更为宽阔，将更广阔的社会和经济背景纳入考量。

家庭的社会网络中，亲属关系是影响家庭迁移决策的重要因素之一，家庭生命历程也会对家庭迁移模式产生影响[4]。吉利娅·卡斯蒂洛的研究发现，与家庭中同时拥有未婚和已婚子女，或有老年人的家庭相比，拥有未婚孩子的家庭更有可能整体迁居。[5]

---

[1] 比如 Lichter, Daniel T., "The migration of dual－worker families: does the wife's job matter?" *Social Science Quarterly*, 63.1 (1982): 48 – 57; Morrison, Donna Ruane, and Daniel T. Lichter, "Family migration and female employment: the problem of underemployment among migrant married women", *Journal of Marriage and the Family*, 50.1 (1988): 161 – 172; Spitze, Glenna, "The effect of family migration on wives' employment: How long does it last?", *Social Science Quarterly*, 65.1 (1984): 21.

[2] Bielby, William T., and Denise D. Bielby, "I will follow him: Family ties, gender－role beliefs, and reluctance to relocate for a better job", *American Journal of Sociology*, 97.5 (1992): 1241 – 1267; Shihadeh, Edward S. "The prevalence of husband－centered migration: employment consequences for married mothers", *Journal of Marriage and the Family*, 53.2 (1991): 432 – 444.

[3] 比如 Bielby, William T., and Denise D. Bielby, "I will follow him: Family ties, gender－role beliefs, and reluctance to relocate for a better job", *American Journal of Sociology*, 97.5 (1992): 1241 – 1267; Boyle, Paul J., Keith H. Halfacree, and Darren Smith, "Family migration and female participation in the labour market: moving beyond individual－level analyses", *Migration and gender in developed countries*, (1999): 114 – 135; Cooke, Thomas J, "Family migration and the relative earnings of husbands and wives", *Annals of the Association of American Geographers*, 93.2 (2003): 338 – 349 等研究所展示的。

[4] Root, Brenda Davis, and Gordon F. De Jong, "Family migration in a developing country", *Population Studies*, 45.2 (1991): 221 – 233.

[5] Castillo, Gelia, "Family and household: The microworld of the Filipino", *Department of Sociology－Anthropology*, Quezon City: Office of Research and Publications, Ateneo de Manila University, 1991: 244 – 246.

家庭迁移的文献已经不再仅仅聚焦于随迁妻子的效果，也开始关注家庭动态、生命历程事件和迁移决策之间的复杂互动。他们也已经认识到核心家庭的减少、同性婚姻、同居、单亲家庭等新的家庭结构形态涌现，这些变化使得迁移文献的假设产生了重大差异。[①]

这是在西方进入发达工业社会之后，已经基本上消除了二元劳动力市场结构，乡城迁移并不具有与城城迁移显著差异的社会结构背景，家庭的预设是核心家庭，男女同时具有劳动力市场资格宏观社会结构下的一种家庭迁移形态及其特定结果，比如关于家庭中性别差异的考察是西方学术的一个显著的兴趣点，他们所要观察和解释的是稳定社会中的家庭自由选择机制。这些家庭迁移研究是西方国家内部的，更多地指向举家迁移研究，即一个完整的家庭单位的迁移。

而跨国研究和发展中国家的家庭研究往往代表另外一重含义，多是指家庭框架下究竟是部分还是全部家庭成员进行迁移及其影响。[②] 随着全球进入一个流动性社会，跨国迁移者的家庭迁移成为研究热点，特别是那些由发展中国家向发达国家的家庭迁移。很多研究表明了对亚太地区和在美国和墨西哥、中美洲之间的日益复杂的迁移流动的兴趣，许多研究关注这些跨国家庭迁移的社会性别、共同迁移及其家庭形式、关系和策略。[③]

他们将发达国家背景下的相关理论应用于发展中国家，以进行不同国家背景下的检验。比如有关迁移决策、性别影响的研究。如阿皮塔·

---

[①] 如以下研究：Cooke, Thomas J., "Migration of same-sex couples", *Population, Space and Place*, 11.5 (2005): 401–409; Cooke, Thomas J., and Melanie Rapino, "The migration of partnered gays and lesbians between 1995 and 2000", *The Professional Geographer*, 59.3 (2007): 285–297.

[②] Boyd, Monica, "Family and personal networks in international migration: recent developments and new agendas", *International migration review*, 23.3 (1989): 638–670; Root, Brenda Davis, and Gordon F. De Jong, "Family migration in a developing country", *Population Studies*, 45.2 (1991): 221–233.

[③] Boyle, Paul, "Population geography: transnational women on the move", *Progress in Human Geography*, 26.4 (2002): 531–543; Creese, Gillian Laura, Isabel Dyck, and Arlene Tigar McLaren, *Reconstituting the family: Negotiating immigration and settlement*, Research on Immigration and Integration in the Metropolis, 1999; Yeoh, Brenda SA, Elspeth Graham, and Paul J. Boyle, "Migrations and family relations in the Asia Pacific region", *Asian and Pacific Migration Journal*, 11.1 (2002): 1–11.

彻陶培亚将针对发达国家的家庭迁移范式研究应用于马来西亚，以检验其结论在发展中国家是否仍然有效，并且得出了与发达国家类似的结论，即家庭迁移对妻子的就业状况有负面影响。[1] 但是正如中国这样的发展中国家，正处在社会经济结构巨变、人口流迁模式转型的过程之中，所以研究关注的兴趣点和机制解释就与发达国家存在着差异。发展中国家的家庭迁移研究主要关注举家迁移与部分家庭成员迁移的联系。[2]

有关发展中国家的家庭迁移研究，一般以家庭为分析单位，采取整体和比较的角度去对家庭迁移进行多维度的分析，布兰达·戴维斯·洛特和戈登 F. 德炅[3]的研究具有代表性和融合性。他们融合以往的理论和实证研究成果，提出家庭迁移系统的分析框架，力求从理论和实证角度确证选择部分成员迁移还是举家迁移的影响因素。他们发现，除了与迁移系统的联系可以同时促进举家迁移和部分迁移，家庭压力是举家迁移的重要机制，家庭结构和社会经济资源是解释部分成员迁移的关键变量，小家庭发生部分成员迁移的概率更低，而教育水平的提高和人均土地面积的缩小则会激励部分迁移。道格拉斯·S. 梅西认为，在特定宏观经济政策的规定和强化下，网络扩张、个体劳动力、移民汇款和地方收入分配之间的互动创造了一个有效的反馈机制，导致迁移的累积性因果动力机制发挥作用，使迁移成为一个自我推动的事情，个人倾向于不断在迁入地扩大自己的网络关系，以确保自己的安全。[4] 马里亚诺·萨那和道格拉斯·S. 梅西发现墨西哥和多米尼加迁移家庭组成方式和社区背景的差异促成了他们不同的迁移方式和汇款行为。[5] 墨西哥更倾向于符合新劳动

---

[1] Chattopadhyay, Arpita, "Family migration and the economic status of women in Malaysia", *International Migration Review*, 31.2 (1997): 338-352.

[2] 檀学文：《家庭迁移理论综述》，《中国劳动经济学》2010年第1期。

[3] Root, Brenda Davis, and Gordon F. De Jong, "Family migration in a developing country", *Population Studies*, 45.2 (1991): 221-233.

[4] Massey, Douglas S., "Social Structure, Household Strategies, and the Cumulative Causation of Migration", *Population Index*, 56.1 (1990): 3-26.

[5] Sana, Mariano, and Douglas S. Massey, "Household composition, family migration, and community context: Migrant remittances in four countries", *Social Science Quarterly*, 86.2 (2005): 509-528.

迁移经济学假设的以回乡为目标的个体性迁移。而基于生存需要，多米尼加则更倾向于长时间定居迁移，所以，它影响了汇款量。

兰德尔·S.库恩对孟加拉国国内在1983—1991年已婚男性的乡城迁移行为进行研究时，探索了家庭迁移和个体迁移在理论和实证上的差异性机制，他认为这种迁移模式差异性形成机制的分析为迁移研究提供了一个新的层次。[①] 研究发现，家庭迁移和个体迁移的差异与成年男性迁移所面临的农村发展、城市规划和老年的依赖性等事项相关，因为家庭迁移不仅关系到家庭生产的转变，也包括家庭消费的城市转移。那些缺乏城乡联系，长期性保障和配偶支持的男性更倾向于举家迁移。在乡城经济发展、老年人福利等方面均造成了不同的影响。个体迁移者与原生家庭的联系更为密切，举家迁移家庭则需要寻求新的保护性措施。家庭迁移的独特状况对孟加拉国的城市规划和公共服务提供提出了新的要求。

## 二 中国家庭迁移研究

中国的迁移研究主要集中在四个方面：(1) 户籍制度及其如何形塑人口流动；(2) 迁移模式，包括迁移的人口、空间与模式特征等；(3) 迁移的决定因素和人口经历；(4) 迁移人口的社会融合和返乡等。[②] 本书与这四个方面都有所关联，主要聚焦在迁移模式中的类型特征变化方面及其后果，考察乡城迁移中不同的家庭迁移是否存在差异，是否会对社会经济发展带来差异性的影响。而有关家庭迁移的研究，是在21世纪才随着家庭化迁移现象的出现，并随着规模的不断扩大，才越来越成为学者们关注的对象。使用家庭为分析单位对此进行分析更是比较晚的事情。

如前所述，由于家庭迁移研究在所使用概念上存在着较大的差异，尚无统一标准。所以，文中在评述不同的文章时使用的相应文章中的术语，尽量保持原有含义。

---

[①] Kuhn, Randall S., "The Logic of Letting Go: Family and Individual Migration from Rural Bangladesh", *Working Paper PAC2002 - 0004*, Population Aging Center.

[②] [美] 范芝芬：《流动中国：迁移、国家和家庭》，邱幼云、黄河译，社会科学文献出版社2013年版，第2页。

(一) 家庭迁移演进逐渐达成共识

乡城迁移者在迁移中所使用的家庭迁移模式的变化是制度变革下乡城迁移个体及其家庭的选择，由单一的"走单帮"式的个体劳动力流迁向个体迁移、部分家庭成员共同迁移、举家迁移的多元类型演进。家庭迁移中由个体向举家迁移的类型的系统演进[①]具有普遍性的规律。在欧洲的工业化和城市化初期，乡城流动也是以青壮年为主的，单身居多的常年频繁流动，呈现出季节性和循环性的特点，举家迁移只有在大城市中比较多地存在。[②] 但是，在中国一系列城乡二元制度建立并分割社会之后，中国的家庭迁移同时呈现出一系列不同于西方的中国特色。研究者们注意并讨论了这些人口流动类型转变的特点和机制。

乡城流动即使在户籍制度严格控制的时期也一直存在，但是直到1984年，中共中央有关文件规定自带口粮进城务工经商被允许，农民才具有了灵活支配自己劳动的权利，农民工开始大量出现并逐渐合法化。[③] 但是农民进城务工仍然受到政策的严格限制，加之迁移的诸多客观条件的约束，如交通费用，缺乏务工经验等，所以，直到1995年时，农民工依然主要采用"劳动力个人"外出的方式，家庭迁移基本上处于可以忽略的程度：夫妻共同流动的只占3.9%，与其他家庭成员或者亲属一起流入的仅占3.4%。[④] 李强认为迁移中的农民工的家庭关系模式的核心特征就是以分居家庭为主，分居的家庭迁移模式在未来几十年中将持续，并作为中国农民工家庭的主要模式。[⑤]

无论是农民工个人还是其家庭，在决定流动迁移的过程中都在随着时间、境遇的变化能动地调整自己的迁移方式。农民工的流迁慢慢地呈现出家庭化流动的趋势和特征。家庭成员团聚成为一种新的家庭基本需

---

[①] 这里强调系统演进，意在说明迁移的变化是"类型""社会群体"等规模意义上的相互联系的结构性比例变化。
[②] 梁茂信：《近代早期西欧国家人口流动的特征分析：1550—1750年》，《求是学刊》2008年第4期。
[③] 乔晓春：《关于户籍制度与外来人口权益的讨论》，《人口研究》1999年第5期。
[④] 蔡昉：《迁移决策中的家庭角色和性别特征》，《人口研究》1997年第2期。
[⑤] 李强：《关于"农民工"家庭模式问题的研究》，《浙江学刊》1996年第1期。

要，许多分离的家庭成员会再次迁移至迁入地，甚至会出现合家同时迁移。①

20世纪80年代以来，以夫妻二人共同外出为主的家庭化迁移成为城市化进程中的一个重要现象②，流动人口的家庭化迁移成为20世纪90年代不同于20世纪七八十年代人口迁移的重要特征之一③。这是农民工流动发展到新阶段的一种表征和必然现象，是农民主体在社会经济结构变革中实现职业转换后，对就业和生活空间提出进一步要求的结果。④ 家庭决策是面对制度变迁条件下所出现的机会和可能的一种策略性选择。⑤

家庭分离的个体化劳动力迁移在21世纪逐渐演变为家庭化的家庭迁移。外来民工的迁移类型变化由充满争议变得越来越倾向于达成共识：乡城家庭迁移系统将在变动中越来越倾向于家庭式。研究者们相信，非举家迁移，是一种被动和无奈的"选择"，是制度设计的结果⑥，即使是从经济角度而言也并非是对于家庭的最优选择，也是家庭社会效应的损失。

一系列的调查，特别是经济发达地区的调查，开始对这种新趋势作出反应。在对武汉市1995年1%人口抽样调查中，发现了流动人口家庭化程度有增高的趋势。⑦ 他们认为主要是因为流动到城市的农民工收入有所增加，具备了一定的经济实力。但作者当时主要还是强调农民迁移家庭化对城市造成的负面影响，并认为要抑制该趋势的发展。

---

① 郭志刚：《北京市家庭户的变化及外来人口影响》，《北京社会科学》2004年第3期。
② 黄祖辉、宋瑜：《对农村妇女外出务工状况的调查与分析——以在杭州市农村务工妇女为例》，《中国农村经济》2005年第9期。
③ 周皓：《中国人口迁移的家庭化趋势及影响因素分析》，《人口研究》2004年第6期。
④ 王培刚、庞荣：《都市农民工家庭化流动的社会效应及其对策初探》，《湖北社会科学》2003年第6期。
⑤ 罗小锋：《制度变迁与家庭策略：流动家庭的形成》，《安徽农业大学学报》（社会科学版）2010年第6期。
⑥ 相关研究包括：张咏梅、周亚平：《半工半农是农民家庭的最优选择吗？——对当代中国农民家庭生计的实证研究》，《兰州大学学报》（社会科学版）2011年第2期；朱海忠：《农村留守妇女问题研究述评》，《妇女研究论丛》2008年第1期。
⑦ 陈贤寿、孙丽华：《武汉市流动人口家庭化分析及对策思考》，《中国人口科学》1996年第5期。

北京市体改委信息处、北京市工商联调研室课题组的调查报告显示，1997年举家迁移前往北京的人口达到40万人，占到了迁移人口的17.6%，但是当时的政策还是清楚地表现出对农民工家庭化迁移的排斥和反对。[①] 他们只需要打工者和资本，"对外地务工人员及其用工单位要加强劳动监督执法力度，从严控制允许使用外地工的行业、工种……要注意依法保护外来经商人员，特别是投资者的合法利益……鼓励投资移民"。

2004年农民工新政对农民工的合法权益加以正视和推动，民工潮涨潮不断，家庭式迁移也迅速发展。2006年北京市几组不同的调查："城市化进程中的农民工问题研究"课题组数据[②]、"北京市1‰流动人口调查"数据[③]、2008年北京50个城中村的调查数据[④]，都发现了明显的家庭迁移特征。张展新、侯亚非通过对"北京市常住流动人口家庭户调查"的数据进行分析，得出中国的人口流动正在经历着从家庭成员分离向家庭成员团聚的转变，举家迁移的流动人口家庭数量正在不断增加，并认为流动人口家庭从分离走向团聚是大势所趋，举家迁移终将会成为一种常态。[⑤] 此外，江苏[⑥]、浙江[⑦]、贵州贵阳[⑧]等地方性城市和乡村调查也发现了同样的状况。

地域和国家水平上的抽样数据和普查，同样都表现出了乡城迁移家庭化的现状和趋势特征。2008年对山东、陕西、吉林和浙江4省的农户

---

[①] 北京市体改委信息处、北京市工商联调研室课题组：《关于外地来京人员经商活动的调查报告》，《经济研究参考》2000年第31期。

[②] 李强、毛学峰、张涛：《农民工汇款的决策、数量与用途分析》，《中国农村观察》2008年第3期。

[③] 侯亚非、洪小良：《2006年北京市流动人口家庭户调查报告》，《新视野》2007年第2期。

[④] Fan, C Cindy, M. Sun, and S. Zheng, "Migration and split households: a comparison of sole, couple, and family migrants in Beijing, China", *Environment and Planning A*, 43.9（2011）: 2164 – 2185.

[⑤] 张展新、侯亚非：《流动家庭的团聚：以北京为例》，《北京行政学院学报》2010年第6期。

[⑥] 尹勤等：《江苏农民工生活状况与家庭功能研究》，《宁夏农林科技》2012年第9期。

[⑦] 朱明芬：《农民工家庭人口迁移模式及影响因素分析》，《中国农村经济》2009年第2期。

[⑧] 王学义、廖煜娟：《迁移模式对已婚农民工家庭功能的影响——基于家庭亲密度与适应性的视角》，《城市问题》2013年第6期。

调查，虽然由于调查对象的选择造成举家迁移者没有被访问到，但这一调查依然发现从 2000 年至 2008 年，农民工迁移中配偶随同比例从 60% 上升到了 69%，小孩随同比例从 42% 上升到了 44%。① 2009 年长三角、珠三角、环渤海和成渝地区这四个主要的城市化地区②和 2011 年在广东珠三角与江苏常州③也发现了家庭化迁移成为主要迁移类型。周浩④最先使用普查数据确认了家庭化的发展趋势和特征，原计生委主持的 2010 年下半年全国流动人口动态监测数据成为最近研究家庭化迁移最常被使用和精耕的一个抽样数据⑤。正如前文所言，历年的农民工监测报告和流动人口监测报告也都将举家迁移作为重要的一项特征加以汇报。

由于数据来源和研究对象界定上的巨大差异性，不同的研究所给出的具体表征数据存在着较大的出入，但是家庭化迁移已经成为乡城迁移流动的一大特征却是一个基本的共识，家庭迁移系统中的多样性成为一种常态。中国的乡城流动总体上进入了家庭化和乡城迁移同时发生的"双重迁移"阶段，正在由数量快速增长的阶段向相对稳定增长阶段转变，农民工家庭化迁移的不断扩展成为农民工"深度城市化的开端"。⑥

(二) 家庭迁移的特征描述

随着乡城迁移家庭化趋势越来越成为具有规模意义的社会事实，乡城家庭迁移的研究获得了社会学、人口学和经济学等多个学科的关注，研究也越来越精细化。这种家庭迁移的特征及其变动机制在之后的研究中被不断地挖掘。

---

① 马瑞等：《农村进城就业人员的职业流动、城市变换和家属随同状况及影响因素分析》，《中国农村观察》2011 年第 1 期。
② 周敏慧、魏国学：《自我雇佣与已婚流动人口的家庭化迁移——基于 6 省 12 市调查数据的实证研究》，《中国人力资源开发》2014 年第 3 期。
③ 商春荣、王曾惠：《农民工家庭化迁移的特征及其效应》，《南方农村》2014 年第 1 期。
④ 周皓：《中国人口迁移的家庭化趋势及影响因素分析》，《人口研究》2004 年第 6 期。
⑤ 比如盛亦男、杨菊华、陈传波和王志理、王如松等都对此数据进行了精细的分析。盛亦男：《中国流动人口家庭化迁居》，《人口研究》2013 年第 4 期；杨菊华、陈传波：《流动人口家庭化的现状与特点：流动过程特征分析》，《人口与发展》2013 年第 3 期；王志理、王如松：《中国流动人口带眷系数及其影响因素》，《人口与经济》2011 年第 6 期。
⑥ 李强：《"双重迁移"女性的就业决策和工资收入的影响因素分析——基于北京市农民工的调查》，《中国人口科学》2012 年第 5 期。

夫妻及核心家庭是当今中国迁移家庭中主要的模式，迁移家庭呈现小型化。① 与西方家庭多为完整的家庭一次性迁移相比，中国的家庭迁居具有多样性的特点，家庭处于分居状态的分离家庭户作为一种策略依然在被广泛使用，家庭迁移逐渐发展为一个累积式的、多样态的迁移系统。现阶段流动呈现家庭式和非家庭式双峰并存的特点，且呈现出多批次梯次性。② 而且不同批次迁居对迁居人员具有选择性，批次间隔时间呈递减的趋势。③

（三）家庭迁移类型决策的考察

对于乡城家庭迁移类型决策的考察，即探讨哪些因素会对乡城迁移家庭选择某种家庭迁移类型时产生影响，以及产生什么样的影响，成为近期家庭迁移研究的热点。依据不同的理论和现有数据特点，研究者会从不同的角度使用不同的变量进行研究。概言之，这些决策因素主要涉及个人层面、家庭层面和社会结构层面的相应变量指标。

1. 个体层面的考察

个体层面的影响因素集中在个体特别是重要个体，如先行者和户主的特征方面，包括他们的性别、年龄等人口学因素以及他们在城市中的经济状况。

人口学因素是社会群组差异的基础，形成不同迁移决策的基础要素。人口由结构和数量构成，人口的结构包括性别、年龄结构等。它们是人力资本的基本变量。户主或者先行者这些具有典型代表性的个体通常被视作影响家庭变迁决策及其结果的重要主体。④ 同一个家庭中的先行者对

---

① 盛亦男：《中国流动人口家庭化迁居》，《人口研究》2013年第4期；张玮、缪艳萍、丁金宏：《大城市流动人口"带动迁移"特征分析——以上海市闵行区为例》，《人口与发展》2008年第2期；张文娟：《流动人口的家庭结构——以北京市为例》，《北京行政学院学报》2009年第6期。

② 杨菊华、陈传波：《流动人口家庭化的现状与特点：流动过程特征分析》，《人口与发展》2013年第3期。

③ 侯佳伟：《人口流动家庭化过程和个体影响因素研究》，《人口研究》2009年第1期。

④ 侯佳伟：《人口流动家庭化过程和个体影响因素研究》，《人口研究》2009年第1期；盛亦男：《中国流动人口家庭化迁居》，《人口研究》2013年第4期；周皓：《中国人口迁移的家庭化趋势及影响因素分析》，《人口研究》2004年第6期。

随后的家庭成员外迁具有参照意义，有能力的先行者更易形成家庭迁移。① 通常以这些重要个体的性别和年龄来代表个人层面对家庭迁移的影响因素。

有关中国家庭化迁移的考察中，性别对家庭迁移发生的影响具有差异性。有研究认为男性户主先行的家庭户更倾向于进行家庭化迁移②，而另一些研究却发现作为先行者的女性比男性更倾向于进行家庭化迁移③，相对个体迁移，迁移女性比男性更倾向于进行夫妻家庭和举家迁移④，有些研究也发现，母亲的迁移将极大地增加子女随迁可能性。另一些研究则认为，性别并不具有显著性影响。⑤

年龄是另外一个基本的人口结构性影响因素。年龄对家庭化迁移发生正向作用⑥，有研究发现，这种影响并不总是线性的，存在着年龄拐点⑦，范芝芬等研究同样认为年龄在不同的迁移类型中并不存在显著性差异⑧。

年龄的群体结构表现就是代际差异。特别是有关新生代农民工问题

---

① 徐艳：《家庭背景中的农民迁移行为——以湖北吴氏祠村为例》，《人口与经济》2003年第5期。

② 周皓：《中国人口迁移的家庭化趋势及影响因素分析》，《人口研究》2004年第6期。

③ 洪小良：《城市农民工的家庭迁移行为及影响因素研究——以北京市为例》，《中国人口科学》2007年第6期；侯佳伟：《人口流动家庭化过程和个体影响因素研究》，《人口研究》2009年第1期。

④ Fan, C Cindy, M. Sun, and S. Zheng, "Migration and split households: a comparison of sole, couple, and family migrants in Beijing, China", *Environment and Planning A*, 43.9 (2011): 2164 - 2185.

⑤ 朱明芬：《农民工家庭人口迁移模式及影响因素分析》，《中国农村经济》2009年第2期。

⑥ 洪小良：《城市农民工的家庭迁移行为及影响因素研究——以北京市为例》，《中国人口科学》2007年第6期；唐震、张玉洁：《城镇化进程中农民迁移模式的影响因素分析——基于江苏省南京市的实证分析》，《农业技术经济》2009年第4期；王志理、王如松：《中国流动人口带眷系数及其影响因素》，《人口与经济》2011年第6期。

⑦ 李强：《农民工举家迁移决策的理论分析及检验》，《中国人口资源与环境》2014年第6期。

⑧ Fan, C Cindy, M. Sun, and S. Zheng, "Migration and split households: a comparison of sole, couple, and family migrants in Beijing, China", *Environment and Planning A*, 43.9 (2011): 2164 - 2185.

的探讨,已经成为社会学考察农民工群体内部分化及其差异性社会需要和动因的一个重要方面。[1] 人口代际差异所形成的迁移能力和倾向也是影响家庭迁移的重要原因。这一方面表现在年龄的显著影响上,另一方面也表现在"新生代"这一社会群体与其他群体的差异性上。邵岑、张翼在比较了新生代与之前的流动人口的家庭迁移行为之后,发现社会代际之间对家庭化迁移具有显著影响的受教育程度、迁入年龄、职业身份等人力资本要素存在着显著差异。[2]

教育程度是衡量人力资本水平的重要指标。受教育程度是在城市中进行职业选择的基础,从而影响收入,进而影响流动者的迁移可能。但是,乡城迁移中教育的作用却存在着争议。有的研究认为受教育程度对男性迁移有正向作用[3],而其他人则认为正规教育对迁移并不产生影响[4],甚至劳动者家庭的平均受教育程度会对迁移呈负向作用[5]。这种争议性在流动家庭的迁移决策中同样存在。朱明芬[6]、王志理、王如松[7]、盛亦男[8]等的研究认为教育年限的增加对家庭化迁移具有正向作用,洪小良[9]却发现受教育程度较低者比受教育程度较高者更可能带动家庭人口迁移。此外,最新的研究发现,流动家庭的平均受教育年限的增加并不会促进

---

[1] 王春光:《新生代农村流动人口的社会认同与城乡融合的关系》,《社会学研究》2001年第3期。

[2] 邵岑、张翼:《"八零前"与"八零后"流动人口家庭迁移行为比较研究》,《青年研究》2012年第4期。

[3] Zhao, Yaohui, "Leaving the countryside: rural – to – urban migration decisions in China", *The American Economic Review*, 89.2 (1999): 281 – 286; Zhu, Nong, "The impacts of income gaps on migration decisions in China", *China Economic Review*, 13.2 (2002): 213 – 230.

[4] Hare, D., "Women's Economic Status in Rural China: Household Contributions to Male – Female Disparities in the Wage – Labor Market", *World Development*, 27.6 (1999): 1011 – 1029.

[5] Zhao, Yaohui, "Leaving the countryside: rural – to – urban migration decisions in China", *The American Economic Review*, 89.2 (1999): 281 – 286.

[6] 朱明芬:《农民工家庭人口迁移模式及影响因素分析》,《中国农村经济》2009年第2期。

[7] 王志理、王如松:《中国流动人口带眷系数及其影响因素》,《人口与经济》2011年第6期。

[8] 盛亦男:《中国流动人口家庭化迁居》,《人口研究》2013年第4期。

[9] 洪小良:《城市农民工的家庭迁移行为及影响因素研究——以北京市为例》,《中国人口科学》2007年第6期。

家庭做出举家迁居的决策，但是户主的受教育程度的增加对举家迁居具有正向的作用。[①] 而且，在自我雇用这样的特殊群体中，受教育程度对家庭外迁没有显著的影响。[②] 但是，教育作为一种人力资本、获取经济资源的能力，在家庭迁移中的作用是不可忽视的。

就婚姻状况而言，研究达成了相对一致的意见，发现已婚者比未婚者更易于进行家庭化迁移。[③]

所有的迁移行为，都是以经济目的为基础的。建立在人力资本基础上的市场条件、地位改善推动了举家迁移实现的可能。在个人层面上，这些就表现在建立在人力资本基础上的个体经济能力的大小对不同的迁移模式选择的影响。这主要表现在个体的职业和行业、收入、单位性质等指标方面，对迁移收入具有正向的作用[④]，非农就业年限的增加有助于家庭化迁移的发生[⑤]。从职业类型上来说，自经营能够产生有利于举家迁移的协同效应[⑥]，更有可能一次性就完成全部迁入[⑦]。

### 2. 家庭层面的考察

迁入地家庭的特征也是影响乡城家庭迁移决策的重要维度。家庭内部的人口数量和结构反映了家庭的预期目标，家庭的经济状况是它在迁入地获得经济安全、应对生活风险的基础。

---

[①] 盛亦男：《流动人口家庭化迁居水平与迁居行为决策的影响因素研究》，《人口学刊》2014年第3期。

[②] 周敏慧、魏国学：《自我雇佣与已婚流动人口的家庭化迁移——基于6省12市调查数据的实证研究》，《中国人力资源开发》2014年第3期。

[③] 相关研究如下，洪小良：《城市农民工的家庭迁移行为及影响因素研究：以北京市为例》，《中国人口科学》2007年第6期；姚先国、来君、刘冰：《对城乡劳动力流动中举家外迁现象的理论分析》，《财经研究》2009年第2期；张文娟：《流动人口的家庭结构：以北京市为例》，《北京行政学院学报》2009年第6期。

[④] 张文娟：《流动人口的家庭结构：以北京市为例》，《北京行政学院学报》2009年第6期；唐震、张玉洁：《城镇化进程中农民迁移模式的影响因素分析——基于江苏省南京市的实证分析》，《农业技术经济》2009年第4期。

[⑤] 朱明芬：《农民工家庭人口迁移模式及影响因素分析》，《中国农村经济》2009年第2期。

[⑥] 李强：《农民工举家迁移决策的理论分析及检验》，《中国人口资源与环境》2014年第6期。

[⑦] 侯佳伟：《人口流动家庭化过程和个体影响因素研究》，《人口研究》2009年第1期。

家庭内部的人口规模和关系结构是衡量家庭状态和家庭预期的两个重要方面。周浩曾从迁出地家庭户的角度，发现家庭户特征对他们决定家庭成员迁移与否存在显著的影响，在加入家庭户特征后，性别因素在个体的迁移决策中所起的作用已被大大削弱，甚至不起作用，成年人口数和兄弟姐妹数对家庭推动人口外迁具有正向作用，而儿童数量和父母亲同住则表现出负面作用。[1] 较大的家庭户，家庭中的老年人与子女特别是学龄子女会增加迁移成本，从而制约家庭化迁居的进程[2]，子女教育是阻碍家庭化迁移的重要因素之一。但对女性来说，有学龄子女却往往更倾向于选择家庭化迁移模式[3]，范芝芬等[4]从迁入地角度，发现孩子的年龄对夫妻迁移影响不显著，但是对举家迁移具有显著的负向作用。也有研究发现，这些子女的情况并未表现出显著的影响。[5]

家庭的总体经济状况是家庭发生迁移行为的基础。中国有关迁移的家庭策略研究中，对于经济因素的强调依然远多于家庭内部的社会多元特性，迁入地家庭收入越高越具有迁移可能性[6]，在家庭支出的作用方面则存在差异性的发现，王志理和王如松的研究发现家庭平均支出增加会降低带眷行为的发生[7]，范芝芬团队的研究等却认为代表支出水平的租金

---

[1] 周皓：《从迁出地、家庭户的角度看迁出人口——对1992年38万人调查数据的深入分析》，《中国人口科学》2001年第3期。

[2] 侯佳伟：《人口流动家庭化过程和个体影响因素研究》，《人口研究》2009年第1期；李强：《农民工举家迁移决策的理论分析及检验》，《中国人口资源与环境》2014年第6期；袁霓：《家庭迁移决策分析——基于中国农村的证据》，《人口与经济》2008年第6期。

[3] 唐震、张玉洁：《城镇化进程中农民迁移模式的影响因素分析——基于江苏省南京市的实证分析》，《农业技术经济》2009年第4期。

[4] Fan, C Cindy, M. Sun, and S. Zheng, "Migration and split households: a comparison of sole, couple, and family migrants in Beijing, China", *Environment and Planning A*, 43.9 (2011): 2164–2185.

[5] 唐震、张玉洁：《城镇化进程中农民迁移模式的影响因素分析——基于江苏省南京市的实证分析》，《农业技术经济》2009年第4期；朱明芬：《农民工家庭人口迁移模式及影响因素分析》，《中国农村经济》2009年第2期。

[6] 陈卫、刘金菊：《人口流动家庭化及其影响因素——以北京市为例》，《人口学刊》2012年第6期；李强：《农民工举家迁移决策的理论分析及检验》，《中国人口资源与环境》2014年第6期。

[7] 王志理、王如松：《中国流动人口带眷系数及其影响因素》，《人口与经济》2011年第6期。

的增加对家庭化迁移具有正向的促进作用①。显然,住房条件越好,越有利于带动家庭成员随后的迁移。

3. 社会层面的考察

从社会结构层面来看,由于中国多元社会结构现实的存在,乡城迁移家庭在城乡社会结构上的位置会影响到他们的迁移决策,乡城迁移家庭的乡城社会网络分布、居留时间、户口性质和迁移空间(来源地区、迁移距离)等作为典型的指标被以往的研究所论及。

乡城迁移家庭的社会网络包括两个方面:在迁入地重构的社会网络,以亲缘血缘为依据的家庭化迁移是其中的核心;另一方面是迁移家庭在迁出地家庭关系的社会网络。迁出地和迁入地之间的社会网络的关系方向和强度,会给乡城迁移家庭带来不同的生活预期和意愿,从而成为影响其选择某种迁移类型的重要因素。这种社会网络一方面体现在原生家庭的人口数量的作用上,另一方面体现在汇款上。汇款代表着流迁的家庭成员与迁出地家庭之间的联系,汇款水平反映了迁移家庭的生活期待,对家庭迁移决策具有指示作用。对于它的作用的结论比较一致,那就是汇款被认为对于家庭迁移者具有显著负作用,汇款越多,表明家庭的重心依然在迁出地——农村,所以,他们越不倾向于采取家庭化迁移。②

居留时间代表了流动者在迁入地的适应能力,也代表了与迁入地之间的关系强度。居留时间,是农民工在城市中的生存时间,居留时间(打工时间)越长,代表乡城迁移者越具有生存能力,越适应迁入地的生活。所以,居留时间越长,一般越倾向于进行家庭化迁移。③洪小良却发

---

① Fan, C Cindy, M. Sun, and S. Zheng, "Migration and split households: a comparison of sole, couple, and family migrants in Beijing, China", *Environment and Planning A*, 43.9 (2011): 2164 - 2185.

② Fan, C Cindy, M. Sun, and S. Zheng, "Migration and split households: a comparison of sole, couple, and family migrants in Beijing, China", *Environment and Planning A*, 43.9 (2011): 2164 - 2185;洪小良:《城市农民工的家庭迁移行为及影响因素研究——以北京市为例》,《中国人口科学》2007 年第 6 期;王志理、王如松:《中国流动人口带眷系数及其影响因素》,《人口与经济》2011 年第 6 期。

③ 侯佳伟:《人口流动家庭化过程和个体影响因素研究》,《人口研究》2009 年第 1 期;张文娟:《流动人口的家庭结构——以北京市为例》,《北京行政学院学报》2009 年第 6 期;唐震、张玉洁:《城镇化进程中农民迁移模式的影响因素分析——基于江苏省南京市的实证分析》,《农业技术经济》2009 年第 4 期。

现迁入时间较短者比迁入时间较长者（居留时间长者），更可能带动家庭人口迁移。[①]

区域经济发展总体水平的差异同样影响着流动人口家庭化的方式和水平。有研究发现，来自东、中部地区相对于西部地区的流动人口更容易进行携眷流动[②]，而另外一些研究却发现，来自中西部地区相对于东部地区的流动人口更倾向于进行举家迁移[③]。杨菊华、陈传波发现，团聚效果具有社会空间差异性，在中部地区和跨县流者中家庭迁移最为顺利。[④]

以户籍制度为代表的制度对乡城家庭迁移决策的影响同样被研究者们热议。制度上的差异形成了家庭迁移的中国特色。户籍制度的限制受到最广泛的关注，几乎是所有家庭迁移研究者的潜在预设，范芝芬称之为户口范式[⑤]。制度上的影响多被作为理论争论的形式出现。改革迟缓的户籍和土地制度增加了举家迁移的成本，减少了举家迁移的可能性，部分家庭成员构成的家庭化迁居将在一段时间内具有稳定持续性。[⑥] 使用理论模型推演，也可发现现有体制下的公共服务制度和农村财产制度使农户家庭缺乏流动性。[⑦] 但是，总体上，农业户口相对于非农户口，更倾向于进行家庭化迁移，这种制度上的宏观表现就是城乡收入差距扩大和就业率差距的缩小，可以提高农村居民举家迁移的可能性。[⑧]

---

① 洪小良：《城市农民工的家庭迁移行为及影响因素研究——以北京市为例》，《中国人口科学》2007年第6期。

② 王志理、王如松：《中国流动人口带眷系数及其影响因素》，《人口与经济》2011年第6期。

③ 李强：《农民工举家迁移决策的理论分析及检验》，《中国人口资源与环境》2014年第6期。

④ 杨菊华、陈传波：《流动人口家庭化的现状与特点：流动过程特征分析》，《人口与发展》2013年第3期。

⑤ ［美］范芝芬：《流动中国：迁移、国家和家庭》，邱幼云、黄河译，社会科学文献出版社2013年版，第13页。

⑥ 盛亦男：《流动人口家庭化迁居水平与迁居行为决策的影响因素研究》，《人口学刊》2014年第3期。

⑦ 林燕、张忠根：《孤身外出还是举家迁移？——制度对劳动力家庭迁移决策的影响分析》，《2010年（第十）中国制度经济学年会》，中国浙江金华，2010年。

⑧ 周皓：《中国人口迁移的家庭化趋势及影响因素分析》，《人口研究》2004年第6期；朱明芬：《农民工家庭人口迁移模式及影响因素分析》，《中国农村经济》2009年第2期；邓曲恒：《农村居民举家迁移的影响因素：基于混合Logit模型的经验分析》，《中国农村经济》2013年第10期。

(四) 家庭迁移过程决策的研究

随着对乡城家庭迁移社会事实的认识不断确认和明确，对其研究的深入性也在进一步推进。在对乡城迁移家庭现状理解、考察乡城家庭迁移类型选择之后，乡城家庭迁移决策的探索进一步将焦点放在了探索乡城家庭迁移的迁移过程决策之中，它包括迁移的批次、批次间隔等。正如前文所述，乡城家庭迁移具有显著的过程特征，在迁移批次和批次间隔上具有典型的特征，那么这些特征是哪些因素影响的，其影响如何便成为需要解释的基础性问题。

迁移的批次对象具有选择性，北京的流动人口考察[1]发现，受教育水平相对较高，从事工作技术性含量高的男性青壮年多是先行者，妇女儿童等往往作为随迁家属跟进，先行者的年龄、女性、受教育程度、来京年份以及家庭规模都对家庭更多批次迁移产生正向的影响。有研究认为，迁入时间短，不仅能够缩小批次间隔时间[2]，也可以促进一次性举家迁移的实现[3]，城市收入的提高会使家庭倾向于一次性举家迁居，家庭与迁出地联系较为密切时可能使家庭迁居方式更为谨慎。家庭的人力资本禀赋的解释能力相对较高。家庭户内人数每增加一人，会使家庭选择分批完成迁居、首批先行以及若干批次先行的概率有较大幅度的提高，家庭中未成年人的数量对家庭户迁居方式的选择影响不显著。[4]

关于乡城家庭迁移的已有研究以定量研究为主，盛亦男从定性的角度对乡城家庭迁移的动态过程进行了深描。他通过河北省保定市的质性研究从动态化的角度讨论了农村家庭式迁居过程中五个相关影响因素，包括家庭协商模式、先行者的选择、迁居方式、家庭迁居地点、迁居时滞的权衡，并对最终迁居结果的抉择等进行了总结。盛亦男认为经济条件是家庭成员进行迁居批次迁居决策的首要标准，受到家庭生命周期以

---

[1] 侯佳伟：《人口流动家庭化过程和个体影响因素研究》，《人口研究》2009 年第 1 期。
[2] 洪小良：《城市农民工的家庭迁移行为及影响因素研究——以北京市为例》，《中国人口科学》2007 年第 6 期。
[3] 侯佳伟：《人口流动家庭化过程和个体影响因素研究》，《人口研究》2009 年第 1 期。
[4] 盛亦男：《流动人口家庭化迁居水平与迁居行为决策的影响因素研究》，《人口学刊》2014 年第 3 期。

及制度约束造成的心理预期,迁居家庭会做出留居城市或者返乡的未来迁居决定。该研究的局限是,仅以 12 人为参访对象,其典型性受到限制,结论只能是作为研究的假设而存在。

(五) 家庭迁移的社会效应的研究

家庭迁移系统的特征和机制之所以引起研究者的关注,主要是因为家庭迁移系统变化所蕴含的社会意义及其社会政策意涵。研究者们相信或者预设:非个体性的家庭迁移会产生一些不同于个体迁移的显著的社会效果,特别是对现有体制具有挑战性的社会效果,从而产生研究的价值意义,个体性的迁移流动是一种社会问题,家庭化迁移或者举家迁移才应该成为一种正常的社会常态。

对于长期抑制性的制度,乡城迁移者的容忍度有一个转折点。[①] 乡城家庭迁移系统的变化是乡城迁移家庭在迁移流动中不断自我调节,通过自身努力满足自己的生活需要,逐步趋向在城市中长期生活的一种努力,这种变化是否与之前的个体性流动有差异,进而对制度提出新的需要和要求,它是不是一个转折点,值得进一步考察。已有的研究对此也存在争议。

有研究认为,家庭迁移系统内向家庭化变动的原因是它可以带来更好的经济收益。家庭化迁移比个体迁移,可以为乡城迁移者带来更好的城市生活,他们的工作更加稳定,工时较短,收入却更高,对未来的预期更加稳定。[②] 盛亦男同样发现,举家迁移者相对于非举家迁移者在城乡间的经济收入差距更高,也就是更能分享城市发展的经济福利。

家庭迁移的变动会改变乡城迁移者及其家庭的城乡资源配置。举家迁移会减少对原有家庭的投资,举家迁移的家庭比单独外出的家庭汇款的概率少 14%,并减少汇款金额,同时会减弱补贴家用、抚养子女、建房和投资农业的意愿,不过会增加汇款在赡养父母方面使用的概率[③],与

---

① 蔡昉、白南生:《中国转轨时期劳动力流动》,社会科学文献出版社 2006 年版。
② 张玉洁、唐震、李倩:《个人迁移和家庭迁移——城镇化进程中农民迁移模式的比较分析》,《农村经济》2006 年第 10 期。
③ 李强、毛学峰、张涛:《农民工汇款的决策、数量与用途分析》,《中国农村观察》2008 年第 3 期。

流出地的联系逐渐削弱①。家庭迁移者在孩子以及居住方面的消费较高,对于保险的需求也大于个体务工者。② 乡城家庭迁移模式的变化导致乡城迁移家庭对社会保护需求的多元分化,所以,社会保护制度建设也必须做出相应的调整,着眼点和目标必须由"城市融入"转变为"社会融入"。③

可以肯定的是,乡城迁移者并非是只注重经济利益,对家庭价值的(心理等)需要同样重要,并越来越重要。他们会想方设法地努力施行一系列适应、维系和修复性行为,以维系家庭基本功能,确保家庭在离散化中实现弥合。④ 其中,家庭化迁移就是一种主要方式,家庭化迁移是他们现在和未来维系家庭功能和结构完整的一种努力。有关家庭迁移类型对已婚农民工家庭功能的影响研究认为,举家迁移的家庭其家庭结构较完整、私密性较高;权利与义务在家庭成员之间的一致性较高,家庭拥有比较平衡的亲密度和适应性水平,家庭功能得到较好的发挥。但同时,以夫妻为主的家庭化迁移同样带来了解构传统的效应,它动摇了基于从夫居住的父权制家庭机制,促进了个体主义的发展,使得家庭内的性别关系形成新的协商和调整,对女性的意义尤为重要。李强认为乡城迁移与家庭迁移的"双重迁移"对农民工家庭造成了重大影响,改变了农民工的家庭生活状态,特别是改变了家庭中女性的就业决策。⑤ 这种变化在西方发达国家的研究中经常被作为研究对象,而在中国的乡城家庭迁移研究中还较少被注意到。

家庭功能的满足、经济收益的提高和城市资源配置,可能是乡城家庭迁移最被寄予厚望的社会后果之一,它们有助于乡城迁移者及其家庭的市民化和城市融入,这是最近几年来的研究热点之一。可惜的是,乡

---

① 盛亦男:《中国流动人口家庭化迁居》,《人口研究》2013 年第 4 期。
② 刘靖:《农民工家庭迁移模式与消费支出研究——来自北京市的调查证据》,《江汉论坛》2013 年第 7 期。
③ 朱宇、林李月:《流动人口的流迁模式与社会保护:从"城市融入"到"社会融入"》,《地理科学》2011 年第 3 期。
④ 金一虹:《离散中的弥合——农村流动家庭研究》,《江苏社会科学》2009 年第 2 期。
⑤ 李强:《"双重迁移"女性的就业决策和工资收入的影响因素分析——基于北京市农民工的调查》,《中国人口科学》2012 年第 5 期。

城迁移者的社会融合研究依然以"农民工"的社会融合研究占据主流，家庭的视角并没有被太多的研究者注意到。随着乡城家庭迁移的社会事实愈加明显，以家庭为单位的考察也越来越多。以这些预设为基础，如何推动家庭迁移的发展，实现农民工举家迁移的市民化和社会融合，也是诸多研究最终的政策取向。

许多研究发现家庭式流动可以促进农民工的城市定居意愿，特别是有利于新生代农民工在打工城市定居意愿的形成。[①] 但是，与此相反，另外一些研究并没有发现家庭迁移模式变化所带来的变化，部分和举家迁移并没有对迁移者的城乡选择意愿构成显著的影响。夏怡然通过温州的调查分析认为，举家外出打工农民工对定居地的城乡选择意愿并无影响。[②] 范芝芬等[③]的研究认为，重新安排家庭劳动力成员的分布只是为了在城市工作机会中获得收入的最大化，更多家庭成员进入城市并没有使他们具有更强的居留意愿，或者对迁入地社会的信任，包括举家迁移者在内的迁移并不是推动永久居住的必要推动。另外，即使他们有定居意愿，在客观上也并不具备永久定居的能力。[④]

即使家庭化流动有助于农民工的城市融入，阻碍农民工家庭城市融入的要素也依然存在，经济资本和社会资本的缺失——从业技能、工作稳定性、经济收入、住房、社会交往圈子等严重制约着农民工家庭的城市融入[⑤]，同时，制度性阻碍因素依然存在，以户籍制度为基础的有碍社会公平性的二元社会制度改革成为最常被提及的建议。这些现实使农民

---

[①] 李强、龙文进：《农民工留城与返乡意愿的影响因素分析》，《中国农村经济》2009 年第 2 期；罗小锋、段成荣：《新生代农民工愿意留在打工城市吗——家庭、户籍与人力资本的作用》，《农业经济问题》2013 年第 9 期。

[②] 夏怡然：《农民工定居地选择意愿及其影响因素分析——基于温州的调查》，《中国农村经济》2010 年第 3 期。

[③] Fan, C Cindy, M. Sun, and S. Zheng, "Migration and split households: a comparison of sole, couple, and family migrants in Beijing, China", Environment and Planning A, 43.9 (2011): 2164 - 2185.

[④] 盛亦男：《中国流动人口家庭化迁居》，《人口研究》2013 年第 4 期。

[⑤] 张滢：《农民工家庭城市融入进程中的风险管理策略研究》，《农民工家庭城市融入进程中的风险管理策略研究论文集》，中国湖北武汉，2010 年。

工家庭很少拥有归属感,家庭迁移者在融入城市中所遭遇的问题成为当前学术和行政治理中必须面对的一个焦点问题。同时,家庭迁居也给农村人居环境带来了一些负面影响,主要表现在住房资产的闲置、浪费,农村基础设施供给不足,社区环境进一步恶化等。[1] 以上诸多问题,盛亦男将之概括为累积因果关系断裂[2]:一是农村社会经济环节断裂;二是城市相关管理服务环节断裂;三是家庭定居能力环节断裂;四是城市化水平提升环节断裂。

此外,乡城家庭迁移系统向家庭式方向的转变,对教育、养老、城市的基础设施等公共资源也提出了新的要求。这些要求体制性变化的研究随着新型城镇化的推进将越来越多。

### 三 研究评述

通过比较、融合,利用理论和使用数据来考察发展中国家的家庭迁移特征、决策和影响成为近年来研究的热点。越来越多的研究者已经认识到,家庭迁移是一个多维度的研究主题。很明显,中国目前的迁移与发展中国家存在相似的特征,依然以乡城迁移为主,乡城迁移中采用的多样性迁移类型使得家庭迁移系统内部的多样性特征明显,而不像发达国家,已经不再具有明显的乡城迁移。中国家庭迁移的研究同样可以拓展迁移研究的层次。他们的研究为本书提供了基本经验和方向,本书研究的目标之一也是考察基于西方经验的迁移理论在中国特定的社会结构条件下是否同样适用。同时,要注意不同的迁移类型下,乡城迁移者对城市和社会制度所产生的影响和新的需求,如兰德尔·S.库恩的研究所表现的那样。因为在包括中国在内的发展中国家,二元劳动力市场、二元社会结构依然存在,普遍性的社会服务和社会保障等制度供给并不存在,适用于迁移者的均等化公共服务还未形成,而乡城家庭迁移的社会事实会推动对这些制度供给的需求,从而形成不同于发达国家的政策诉求和建议方向。

---

[1] 邵书峰:《家庭迁移背景下农村人居环境优化》,《商丘师范学院学报》2011年第4期。
[2] 盛亦男:《中国的家庭化迁居模式》,《人口研究》2014年第3期。

家庭迁移系统的变化是进入 21 世纪后日益明显的一种乡城迁移特征。经过以上分析，可以看到，虽然乡城迁移者（作为流动人口的主要组成部分）的家庭迁移已经引起了学术界的关注，研究越来越趋向专业和精细，但是，直到近十年来国内学术界才逐渐对此加以关注①，相对于汗牛充栋的个体劳动者研究，对乡城家庭迁移的研究处于严重不足的状态。受到数据陈旧、非专门性等多方面的限制，乡城家庭迁移的实证研究更受局限，在变量选择上往往受到较大的限制，只能有限地考察家庭迁移决策。这就使对乡城家庭迁移的决策和结果的认识不够清晰、准确，充满争议，社会政策建议缺乏回应，许多问题还有待进一步分析与探讨，在广度、深度和系统性上都有待进一步努力。所以，有关乡城家庭迁移的特征描述、因果机制解释及其社会影响都需要进一步进行验证和修正。

一方面，由于不同的研究者所使用的数据性质、理论视角和概念内涵上的差异，甚至数据质量上的差异，关于乡城家庭迁移决策因果机制研究的结论中呈现出许多差异甚至是自相矛盾的地方。另一方面，由于中国社会，特别是乡城迁移正处在快速发展转型阶段，中国乡城家庭迁移阶段性差异所带来的变化必然会通过新的特征表达出来。因此，使用最新的数据对其进行考察和分析，就变得具有紧迫性和现实必要性。本书将使用最新的数据，从更全面的角度对这些决策进程进行检验，这也是本书的主要贡献之一。

劳动力视角深刻影响着乡城迁移研究，这种经济学霸权也不可避免地产生对乡城家庭迁移的研究影响，经济学理论视角几乎成为乡城家庭迁移理论视角的代名词。对乡城家庭迁移机制的解释基本上就是经济变量的考察，而对影响乡城迁移的社会因素很少被涉及，家庭迁移系统的变化所带来的社会需求等更是很少被研究关注。而正是社会需求的更新、对社会政策的新需要被视作进行这一主题研究的重要社会意义和政策需要来源，普遍性的预设就是认为迁入者会在城市生活中更加稳定持续，

---

① 盛亦男：《中国流动人口家庭化迁居》，《人口研究》2013 年第 4 期。

对住房、医疗、就学、社会保障等提出更多更高的要求,而政府和社会应该加以正确应对。但是对这些预设,以往的研究并未进行太多相应的系统分析,需要进一步进行研究。这可以被视作家庭迁移的研究必要性的检验。这也是本书的主要着力点之一,即乡城家庭迁移的社会效应分析。

# 第 三 章

# 研究设计

研究地有序进行和研究结论的可靠性,是建立在有效研究设计基础之上的。由理论探讨到实践操作化测量,由模糊的研究主题明确化为具体可验证的研究目标,需要一个有效的研究分析框架作为指导。研究科学性的重要来源就是研究设计的科学性和合理性。所以,本章的目的,就是要对本书的整体研究设计进行说明,详述本书研究过程中所采取的具体研究步骤和研究方法,以及如何实现由理论到实际的操作化。在这一章中,将详细阐述研究所使用的核心概念、范畴、思路、研究目标设定、研究所使用的路径和主要方法,并对研究所使用的数据以及分析中所使用的具体变量进行具体说明,为其后的进一步分析探讨做好充分的准备,并建立坚实的基础。具体而言,笔者将在第一节进行核心概念的界定[①],说明本书所使用的概念的内涵以及与相关概念之间的联系和区别;第二节,阐述本书的基本思路和研究内容;第三节,在结合已有研究和理论探讨基础上,将本书的研究目标进行操作化并提出相应研究命题和假设;第三节,对使用的数据进行说明,说明纳入模型的主要变量的选择、测量及其处理方法。

---

[①] 虽然我们在此进行了概念辨析,但是已有研究中对于这些关键概念的使用是交互、多样的,同时具有极大的相似性和模糊性,我们将明确自己研究中使用的概念含义,保持概念的准确性,同时文中已有研究中使用的相关特定概念的含义将保持不变。

## 第一节 核心概念界定

### 一 迁移与流动

迁移（migrate）和流动（float）是一对人口学的概念，在中国同样是一对具有社会含义区别的概念。相同的是他们同样都包括时间、地理和行政空间的变化。但由于社会制度上的设置差异，在中国，"流动"实际上指的就是"人户分离"的状态，而"迁移"或者"移民"更注重行政空间永久的变化即户籍登记地点的变迁[1]，这种划分被官方统计、调查普遍使用，现在又加上了时间的概念，以6个月为时限[2]。使用流动的概念，来概述发生在中国特定社会政治环境下没有明确持久性时空变动的人口位移，作为特殊的"迁移"形式是比较合适的。

迁移，在中国官方倾向于作为法定概念，指人口户籍地的变动。这种含义在学术研究中通常被消解。在这里使用迁移的概念，主要表达一种社会空间的变动和倾向，具有长期性、持久性的变化。它既是一个结果，更是一种过程。

国际学术中鲜有流动人口的概念（针对特殊性，有时候在对中国的研究中会使用），他们通常采用有关迁移的对偶概念进行研究：如"永久迁移/临时迁移""户籍迁移/非户籍迁移""正式迁移/非正式迁移"等，乡城迁移更多地指向后者。[3]

乡城迁移的相似概念在中国的学术研究中也被更多地使用。如"乡城移民指在特定的时期内，以从事非农工作为目的的从农村地区流动到城市地区，没有城市户口的移民及其随迁家属"[4]。笔者使用迁移的主要

---

[1] 魏津生：《国内人口迁移和流动研究的几个基本问题》，《人口与经济》1984年第4期；张庆五：《关于人口迁移与流动人口概念问题》，《人口研究》1988年第3期。
[2] 乔晓春：《关于户籍制度与外来人口权益的讨论》，《人口研究》1999年第5期。
[3] Fan, C. Cindy., "Migration and labor-market returns in urban China: results from a recent survey in Guangzhou", *Environment and Planning A*, 33.3 (2001): 479-508; 张展新、杨思思：《流动人口研究中的概念、数据及议题综述》，《中国人口科学》2013年第6期。
[4] 刘建娥：《农民工融入城市的影响因素及对策分析——基于五大城市调查的实证研究》，《云南大学学报》（社会科学版），2011年第4期。

目的是要强调将家庭迁移视为累积式的,以长期性定居为目标的家庭活动,这种努力曾在 Fan、Sun 和 Zheng 的研究中有所体现。①

## 二 乡城迁移者

乡城迁移指的是由农村向城市的人口迁移过程及其结果。乡城迁移者指的是由乡村迁移到城市的那些人,既包括处于劳动年龄阶段的人口,也包括非劳动年龄阶段的人口。相对于农民工、流动人口的概念,它是一个包容性、中性的概念,表明了迁移的方向性和主体性。

农民工是一个具有中国特色的概念,是中国经济社会转型时期的特殊概念,也是一个自相矛盾且富有争议的概念——它指的既是农民又是工人,既不是农民又不是工人。许多研究还分析了农民工的社会政治含义,认为农民工的称谓会产生社会不公平的假设和效果,会继续公民差序身份预期下二元机制的再生产。② 这种特定的社会身份指向往往包含歧视性含义。同时,这一概念将关注的焦点放在了"工"所表征的劳动年龄阶段人口,这一群体的预设是个体性的,而非家庭式的,是一个受政治学和经济学深刻影响的概念。

流动人口也是人们在实践和研究中经常使用的一个概念,虽然并未形成统一的定义,但可以确定的是,它同样与户籍制度有着密切的关系,同时又以地理差异为基础③。国家卫生计生委的全国流动人口卫生计生调查就将流动人口界定为"在本地居住一个月及以上,非本区(县、市)的人口"④,而国家统计局对流动人口的界定是"指居住地与户口登记地

---

① Fan, C Cindy, M. Sun, and S. Zheng, "Migration and split households: a comparison of sole, couple, and family migrants in Beijing, China", *Environment and Planning A*, 43.9 (2011): 2164-2185.

② 陈映芳:《"农民工":制度安排与身份认同》,《社会学研究》2005年第3期;吴介民:《永远的异乡客?公民身份差序与中国农民工阶级》,*Taiwanese Sociology* 2011年第21期。

③ 张展新、杨思思:《流动人口研究中的概念、数据及议题综述》,《中国人口科学》2013年第6期。

④ 国家卫生和计划生育委员会流动人口司:《中国流动人口发展报告2014》,中国人口出版社2014年版,第177页。

所在的市不一致且离开户口登记地半年以上的人口"①。这是一个极具人口学意义的概念，它既包括了城乡户籍差异，也包含了城城户籍差异。不同于流动人口的概念，乡城迁移者的概念明确迁移的方向是由乡村向城市。

农民工、流动人口和乡城迁移者之间的主体包含关系如图3—1所示。农民工是一个最为狭窄的概念，而乡城迁移者比它多了非劳动力人口，流动人口的概念外延最广，超越乡城迁移者，包含那些城城迁移流动的人口。

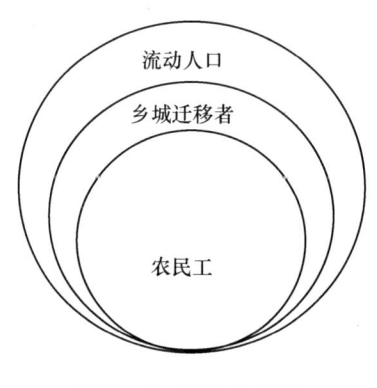

**图3—1　概念关系图**

### 三　家庭迁移系统

（一）家庭与家庭户

在关于家庭迁移的文献中，家庭与户是经常被混用的两个概念。但它们又存在区别：家庭是由血缘、婚姻或收养关系联系在一起的一群人，更强调亲缘关系，家庭成员可以居住在一起，也可以不居住在一起；户则是指居住在同一个住处，更强调共同居住生活的居住单元，可以包括全部的家庭成员，也可由部分家庭成员以及非家庭成员

---

① 中华人民共和国国家统计局：《中华人民共和国2014年国民经济和社会发展统计公报》，中华人民共和国国家统计局网站（http://www.stats.gov.cn/tjsj/zxfb/201502/t20150226_685799.html）2015年2月26日。

组成。① 在现实人口调查中，家庭户又经常被视作一个重要的单位，强调居住在一起的家庭成员。中国在人口普查中对家庭户的界定为：由家庭成员关系的人口（或者还有其他人口）居住并生活在一起作为一个家庭户；单身居住的也是一个家庭户。在美国联邦调查中，户指的是一个共同居住房屋单位，家庭户（Family household）是共同居住在一个住房中的人至少有一个与房主存在血缘、婚姻和收养关系。而家庭就是指家庭户，通常成员之间存在着血缘、婚姻或者收养关系②，多数研究都采用这个定义。所以至少在实证研究中，家庭和家庭户的操作化都具有趋同的含义，即以共同居住为基础。因为家庭关系在空间上的割裂性会使研究对象不容易确定、完整资料难以获得，家庭户由此在很大程度上被作为家庭的代表或者近似指标。③

以往研究中，对乡城迁移家庭的定义也未达成一致，存在着"一对夫妻"④"核心家庭"⑤"携眷形成"⑥"血缘关系"⑦等不同的依据。但是，在迁入地共同居住是一个基本的共同点。同时这些研究存在一个共同的基本缺陷，就是将家庭的人口数量预设放在了两个及以上，这种预设忽视了个体家庭的存在，同时乡城迁移中的个体迁移也没有被作为迁移家庭的一种类型。

---

① Creed, Gerald W., "'Family values' and domestic economies", *Annual Review of Anthropology*, 29.1 (2000): 329-355.

② 内容来自美国联邦调查局的说明。网址为：https://www.census.gov/hhes/families/about/。

③ 胡湛、彭希哲：《中国当代家庭户变动的趋势分析——基于人口普查数据的考察》，《社会学研究》2014 年第 3 期。

④ 周皓：《中国人口迁移的家庭化趋势及影响因素分析》，《人口研究》2004 年第 6 期；唐震、张玉洁：《城镇化进程中农民迁移模式的影响因素分析——基于江苏省南京市的实证分析》，《农业技术经济》2009 年第 4 期。

⑤ 侯亚非、洪小良：《2006 年北京市流动人口家庭户调查报告》，《新视野》2007 年第 2 期；杨菊华、陈传波：《流动人口家庭化的现状与特点：流动过程特征分析》，《人口与发展》2013 年第 3 期。

⑥ 王志理、王如松：《中国流动人口带眷系数及其影响因素》，《人口与经济》2011 年第 6 期。

⑦ 陈贤寿、孙丽华：《武汉市流动人口家庭化分析及对策思考》，《中国人口科学》1996 年第 5 期。

综合以上讨论，依据研究目的和数据特征，本书所使用的收集数据的"家庭"，指家庭收支在一起且共同居住在南京市的所有成员组成的单位。它是基于血缘、家庭关系和经济的联合构建，强调居住收支共同体。这一家庭是乡城迁移者在迁入地的家庭、流动在外的农民工家庭户，单身居住的也是一个家庭户。

（二）家庭迁移系统

1. 家庭迁移类型

家庭是数量和关系结构的统一体，据此，迁移中的家庭存在着不同的类型。从迁入地的视角，以调查时点为基点，依据家庭人员数量和关系结构上的差异可以将迁移中家庭所采取的迁移类型区分为三种：

（1）个体迁移，指在迁入地只有一个乡城迁移者所构成的家庭，在迁出地或者其他地区依然还有家庭成员存在的家庭。

（2）部分迁移，指在迁入地有两个以上乡城迁移者，但在迁出地或者其他地区依然还有家庭成员存在的家庭。

（3）举家迁移，指乡城迁移者所在的原生家庭成员全部居住在迁入地所形成的家庭，包括单身户家庭。

以往研究中有关迁移中的"家庭"的定义中，"核心家庭"预设成为一种比较普遍的预设：夫妻双方的共同迁移，才是对不同的家庭迁移模式进行区分的一个潜在的基础。但是，即使在中国的乡城迁移者群体中，多样性的家庭形态也已经存在，比如大量终身未婚者（特别是男性"光棍"）的存在。所以核心家庭的假设，特别是对举家迁移来说，往往会造成对当代家庭变迁所导致的家庭多元性的忽视。本书对家庭完整性的判断，以被访者的主观回答为标准，在数量和关系结构上对举家迁移类型与其他两种类型进行区分。

这种类型区分与杨菊华和陈传波[1]的非家庭式流动、半家庭式流动和完整家庭式流动（也称举家流动）的类型划分，与刘靖[2]的独身来京、家

---

[1] 杨菊华、陈传波：《流动人口家庭化的现状与特点：流动过程特征分析》，《人口与发展》2013年第3期。

[2] 刘靖：《农民工家庭迁移模式与消费支出研究——来自北京市的调查证据》，《江汉论坛》2013年第7期。

庭部分人口来京以及举家来京模式划分存在着相似之处，差异之处是有关"完整家庭"是否是"核心家庭"的假设。

2. 家庭迁移系统

目前关于家庭迁移（family migrate）的定义并没有一个明确的共识，概括而言主要有两种界定方式。一种是将家庭迁移定义为迁移决策是在一个家庭的背景下做出的，即使结果只有一个人进行了迁移。[①] 另外一种视角是将家庭迁移定义为一个完整的家庭单位从一个地点迁移到另一个地点。[②] 这种家庭迁移定义实际上就是指举家迁移。以上这两种家庭迁移的定义，从过程视角对家庭的迁移行为及其结果进行判断。家庭迁移被视作"整个家庭"的共同迁移的定义阻碍了迁移家庭内潜在多种迁移类型的确立，特别是在发展中国家，家庭迁移应被视作一个或者更多的家庭成员的迁移流动的多样性的事件[③]。

本研究尝试从迁入地的角度，在静态横断面上（某一时点或者时段内）考察整体的家庭迁移结果。所以，在这种策略下，笔者可以从整体上将家庭迁移视作一个连续统，在家庭统一策略决策的背景下，连续统的一端是只有一个人在迁入地形成个体迁移家庭，而另外一端是所有家庭成员都完成迁移的举家迁移家庭，部分家庭成员的迁移则可以被视作是一种过渡和联结的类型，三种类型之间可以相互转化。

国内家庭迁移研究中的诸多概念，包括"家庭化迁移"[④]"家属随同"[⑤]"人口迁移的家庭化"[⑥]"家庭化迁居"[⑦] 等，主要目标就是要突出

---

① Boyle, Paul J., et al., "Moving and union dissolution", *Demography*, 45.1（2008）：209 – 222.

② Cooke, Thomas J., "Migration in a family way", *Population, Space and Place*, 14.4（2008）：255 – 265.

③ Root, Brenda Davis, and Gordon F. De Jong, "Family migration in a developing country", *Population Studies*, 45.2（1991）：221 – 233.

④ 商春荣、王曾惠：《农民工家庭化迁移的特征及其效应》，《南方农村》2014 年第 1 期。

⑤ 马瑞等：《农村进城就业人员的职业流动、城市变换和家属随同状况及影响因素分析》，《中国农村观察》2011 年第 1 期。

⑥ 杨菊华、陈传波：《流动人口家庭化的现状与特点：流动过程特征分析》，《人口与发展》2013 年第 3 期。

⑦ 盛亦男：《中国流动人口家庭化迁居》，《人口研究》2013 年第 4 期。

区别个体迁移家庭类型与连续统中的其他迁移类型,强调两个以上家庭成员和举家迁移这种新的迁移类型之间的差异性,并预设每个个体家庭内部的转化方向就是由非家庭化迁移状态转化为家庭化迁移状态。而笔者认为家庭迁移是一种多样化的系统存在,依据家庭的完整性,在任何一个时空节点内都存在着个体迁移、部分迁移、举家迁移这三种不同类型,不同时期的差异只是这三种类型在系统中所占的比例的大小及其相互转化关系。在不同的时点,作为行动者的家庭,基于家庭的考量和需要,三种形态之间可以进行相互转化。现阶段在整体上,家庭迁移系统内有向举家迁移方向演进,家庭化迁移占比逐渐升高的趋势。家庭迁移系统的概念就是对于这一系列方式和关系的概括,它超越了家庭型迁移、家庭化迁移等概念单一性和单向性的概念局限。家庭迁移系统的概念指向了两个或者更多个与迁移流和反迁移流相关的方面的存在,使分析迁移的模型兼容了微观和宏观。[1]

在当前阶段,中国的实践和研究强调并关注的是家庭迁移系统中具有转型意义的系统变化:乡城迁移正在越来越多地由个体迁移转变为家庭化迁移,部分迁移、举家迁移所占的比重正在逐渐增大。因为以往的研究以个体为对象,焦点放在农民工作为劳动力在市场中的地位、境遇及其政策应对,而以家庭为对象,本书的研究焦点会放在家庭迁移决策和社会效应之上,将其视作一种转型中的社会群体,他们主动调整、突破现有的社会制度设定,修复自身的家庭组织,倒逼社会政策的改进。

对于一个具体的家庭而言,家庭迁移既是一种结果又是一个过程,如图3—2所示。所以,家庭迁移系统包含静态和动态两个方面。静态方面为迁移类型的结果呈现,而动态方面则是三种类型的相互转化以及家庭化迁移中所体现的"批次流迁"过程,包括对批次流动人员的选择、批次数量的选择和批次间隔的选择等。有研究者将家庭化迁移中渐进性

---

[1] Fawcett, James T., "Networks, linkages, and migration systems", *International Migration Review*, 23.3 (1989): 671-680.

的批次流动现象称为"梯次流动"①。所以,在分析家庭化迁移机制过程中,需要专门注意迁移批次和先行者、追随者关系。②

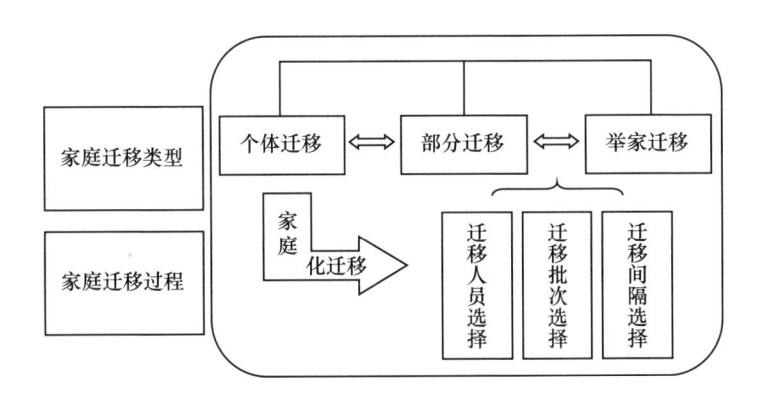

**图3—2 家庭迁移系统图**

## 第二节 研究思路与框架

由前面的文献回顾可知,现有的迁移研究作为现代性范式的一部分,大都假设迁移过程具有高度的一致性。这使得对劳动力迁移的关注大大多于其他迁移现象。但是,随着中国的国家、社会和市场机制的变化,中国的人口迁移已经具有很强的异质性,中国的乡城迁移在迁移类型上发生了巨大的变化,构成了乡城家庭迁移的系统性变动。这种家庭迁移系统内部的变化,随着迁移类型的多样化及其造成的不同社会后果,逐渐引起学者和政策制定者的关注和热议。

以往的研究为本书提供了基本经验和方向,同时以往研究的不足也为本研究提供了进一步努力的空间。虽然乡城迁移者(作为流动人口的主要组成部分)的家庭迁移已经引起了学术界的关注,研究逐步趋向专

---

① 杜鹏、张文娟:《对中国流动人口"梯次流动"的理论思考》,《人口学刊》2010年第3期。
② 杨菊华、陈传波:《流动人口家庭化的现状与特点:流动过程特征分析》,《人口与发展》2013年第3期。

业和精细,但是,直到近十年来国内学术界才逐渐对此加以关注[1],相对于汗牛充栋的个体劳动者研究,对乡城家庭迁移的研究处于相对不足的状态。有关家庭迁移的特征描述、因果机制解释及其社会影响都需要进一步地进行验证和修正。由于中国社会,特别是乡城迁移正处在快速发展转型阶段,中国家庭迁移阶段性差异所带来的机制变化必然会通过新的特征表达出来。那么基于西方经验的迁移理论在中国特定的社会结构条件下是否适用,不同的迁移模式之下,乡城迁移者对城市和社会制度所产生的影响和新需求,是具有理论和现实意义的两个基本问题,也是本书主要努力研究的方向。本节将以此为基础,简要叙述研究思路、主要内容和整体章节框架。

### 一 研究思路

描述和解释是本书的两个主要研究目标。为了从描述性和解释性两个层面对目前的乡城家庭迁移决策及其社会效应形成较为全面、系统的认识,本书以南京市的乡城迁移家庭调查为数据基础,从迁入地的迁移家庭这一主体出发,系统性地考察乡城迁移者及其家庭的现状,不同的乡城家庭迁移类型——个体迁移、部分迁移和举家迁移——之间的决策差异机制,迁移过程机制和乡城家庭化迁移的社会效应等方面,对其进行系统性研究。依据理论分析和已有文献,将乡城家庭迁移决策机制形成两个基本命题,即风险控制策略和家庭收益策略,考察它们的作用路径和方向。此外,依据数据的特征,在社会效应分析中,仅就居留意愿和社会保障制度选择这两个推动城市化和倒逼体制改革需要效应的指标进行实证检验。

需要强调的是,从上面的文献综述部分可以看到,虽然居留意愿和社会保障制度与乡城家庭迁移可能存在双向因果关系,但是,依据家庭策略的理论,笔者发现,家庭化迁移由于将生活重心往城市迁移,稳定的家庭网络支撑可以使他们更好地适应城市生活,同时流动的潜在风险相对较大,因此举家迁移的流动会更加谨慎,家庭迁移中以举家迁移为

---

[1] 盛亦男:《中国流动人口家庭化迁居》,《人口研究》2013年第4期。

迁移模式的迁移家庭在短时间内更不可能离开南京流向其他城市。此外，对于处于城市中的迁移家庭安全的考量，家庭化迁移模式是家庭在城市的重构，它表示了乡城迁移家庭目前将生活重心已经完全迁到了城市，体现了在城市中完善自己的社会网络的努力。所以，他们在居留意愿上可以作为家庭迁移模式变化的一种结果而存在。已有研究也有很多这方面因果机制的讨论①。此外，我们使用的变量是未来居留意愿，在时间序列上可以保证因果的单向性问题。这一因果方向的存在，将为新型城市化的推动提供一种基本路径。

作为社会影响重要一面的社会保障需求的变化同样如此。乡城家庭化迁移系统的转向将直接产生与个体流动差异显著的社会、经济和心理后果，迁移家庭对社会保护体系的策略性选择就是其中重要一环。社会保障是当前社会中个体和家庭化解社会风险的一种主要选择和途径。家庭策略理论认为，举家迁移的选择，使得原有的"分散家庭成员"的个体化风险规避策略失效，他们必须寻求新的、适应城市化生活的制度性化解风险的方式——积极加入与工作相关的城市社会保障系列，或者参加农村的社会保障。以往的研究发现，家庭迁移模式的变化确实会对他们的社会保障选择造成影响，是构成对社会保障制度选择差异的一个重要因素。② 社会保障选择和需求上的差异可以视作不同家庭迁移模式选择的后果之一。

在这一系统分析中，乡城迁移家庭作为行动主体，在考虑迁入地的家庭成员的迁移能力、家庭结构和生命周期等家庭迁移的压力、家庭户所拥有的社会经济资源，以及家庭所处的社会结构所提供的机会和限制

---

① 如以下研究具有代表性：陈卫、刘金菊：《人口流动家庭化及其影响因素——以北京市为例》，《人口学刊》2012 年第 6 期；李强、龙文进：《农民工留城与返乡意愿的影响因素分析》，《中国农村经济》2009 年第 2 期；罗小锋、段成荣：《新生代农民工愿意留在打工城市吗——家庭、户籍与人力资本的作用》，《农业经济问题》2013 年第 9 期；Fan, C Cindy, M. Sun, and S. Zheng, "Migration and split households: a comparison of sole, couple, and family migrants in Beijing, China", *Environment and Planning A*, 43.9 (2011): 2164–2185。

② 参见王冉、盛来运《中国城市农民工社会保障影响因素实证分析》，《中国农村经济》2008 年第 9 期；杨一帆、李愚昊《人群特征与制度参与：农民工参加城镇医疗保险行为的调查研究》，《社会保障研究》2013 年第 1 期。

等所预期的家庭迁移安全之下,为了追求家庭收益的最大化,而采取相应的策略性行为。这样,家庭迁移中个体性、结构性和互动性的因素都被融合进家庭迁移类型以提供更为整体的解释。

**二 研究内容**

基于以上这些思考,本书主要关注乡城家庭迁移的现状及其特征、乡城家庭迁移的决策和家庭迁移的社会效应三个方面的内容。具体而言,本书主要内容准备从以下三个方面展开:

(一) 乡城家庭迁移的基本现状及其特征

对乡城家庭迁移现状的把握是探讨迁移决策和社会效应的基础。虽然对乡城家庭迁移的现有研究,对其特征的把握形成了一系列相似的结论,但是,乡城家庭迁移是中国最近数十年来迅速发展的一种社会事实,随着时间的推进和社会、人口形势的持续迅速变动,乡城家庭迁移系统内部有可能从不同的方面发生持续变动。准确把握现状是预期其未来趋势和制定相应对策的前提。因此,笔者将从乡城家庭迁移系统内部的静态系统类型比例和动态的系统转化过程,即它的类型特征和过程特征两个方面进行描述性分析,以清晰准确地把握最新情况。

对现状的描述将分为两个方面。首先,所有乡城迁移者的特征构成了其迁移家庭特征的基础,因此需对整体的调查情况进行简单描述,即对样本特征进行说明。其次,对目前的乡城家庭迁移现状进行系统性的描述,发现家庭迁移的整体特征和基本变动规律。

(二) 乡城家庭迁移决策分析

对乡城家庭迁移决策的分析是本书关注的焦点之一。对乡城家庭迁移决策因素的探索和分析是对快速推进的乡城家庭迁移社会事实的解释性理解。对社会事实背后因果机制的理解是社会科学的核心目标。同时,真实作用机制的挖掘和发现应该成为政府制定相应政策的基础,只有把握住影响家庭迁移持续作用的真正原因,才能有的放矢制定有效应对策略。因此,对乡城家庭迁移决策因素的发掘更具有理论和现实意义。

由第一节家庭迁移系统的概念界定可知,乡城家庭迁移决策由两个方面组成：静态结果角度的迁移家庭类型选择；动态过程角度的迁移过程选择。本书首先要回答的是哪些因素影响了乡城迁移家庭对家庭迁移系统中三种迁移类型的选择，特别是从现实意义角度而言，是哪些因素推动了家庭化迁移类型的选择。第二个需要回答的问题是，是哪些因素造成了乡城家庭在迁移过程中的迁移策略行为，包括对家庭成员迁移批次的决策和批次时间间隔的决策。

虽然已有研究的主要焦点也是对乡城家庭迁移决策的分析，但由于数据、理论等各方面的限制，他们对迁入地的乡城家庭迁移决策的分析至今没有形成一个被普遍接受的解释模型。其中，为数据而理论化的倾向比较明显。此外，经济学范式占据着垄断性地位。本书力图在已有理论阐释的基础上，以迁移家庭为单位，对前述两种迁移决策进行考察。

（三）家庭迁移的社会效应分析

乡城家庭迁移的社会效应是所有有关乡城家庭迁移研究的主要预设。基于对社会效应的设想和考虑，出于对积极社会效果的推动和消极社会效果的预防，研究者们针对乡城家庭迁移提出了相应的政策建议等。因此，乡城家庭迁移的社会效应分析为此类研究提供了现实意义，成为制定相关政策的主要依据。

本书从正效应和负效应两个方面综合讨论乡城家庭迁移系统的变动在现在及未来的社会效应，并且主要从数据特征出发，考察不同乡城家庭迁移类型的选择对其城乡居留意愿的作用机制，以及对现代家庭防范生活风险的基本制度选择——城乡社会养老保险和社会医疗保险——的影响，来证实乡城家庭迁移对现有社会制度的需求。

## 三　章节安排

依据笔者对研究问题的设定、寻找问题答案的基本思路，对本书的章节安排总整体上分为如下两个部分，如图3—3所示。第一部分，介绍研究背景，并就理论视角和以往的相关研究进行考察分析，为本书奠定坚实基础。第二部分，为本书的核心部分，首先对乡城家庭迁移的现状与特征进行描述，其次使用理论的"显微镜"考察家庭迁移三个方面的决策因素——家庭迁移类型的决策因素、迁移批次的决策因素和迁移间隔的决策因素，最后，对乡城家庭迁移的社会效应进行考察，这三个方面的分析都使用个体、家庭和社会三个层面的数据。依据这一框架和研究思路，本书的主要章节内容做如下的安排：

第一章，导论部分。这一章从整体上阐述乡城家庭迁移研究的缘起和主要的研究问题——研究的背景、意义、问题和可能创新与不足之处，为本书的开展提供基本的导览。

第二章，文献回顾。在这一部分中，笔者将对作为分析视角而使用的家庭策略理论、社会网络理论和相关已有研究文献进行评述，梳理乡城家庭迁移研究整体状况，探讨可以推进的空间，以此明晰本书与以往相关研究的关系及本书可能做出的贡献。

第三章，研究设计。在这一章中，将对文中所使用的核心概念进行界定，并提出本书研究的思路、内容和分析框架，简述本书的研究架构和文章铺展。此外，在理论分析的基础上，设立理论落实到实际中所能检验的两个主要命题。最后，对本书所使用的数据来源、主要变量的设定与测量，以及分析策略和模型设置等进行介绍。

第四章，乡城家庭迁移的现状和特征描述。使用南京市《国内迁移与社会保障》调查数据，对乡城家庭迁移的现状和基本特征进行描述和分析。首先，考察样本特征，为乡城家庭迁移描述提供认识基础。其次，从家庭迁移系统的角度，力图全面系统地描述、分析当前乡城家庭迁移的最新现状。

第五章，深入分析乡城家庭迁移的决策机制。系统地从乡城家庭迁移系统的静态和动态两个维度对乡城家庭在迁移类型选择、批次选择和批次间隔三个主要的影响迁移决策的因素作出检验和讨论。

第六章，分析乡城家庭迁移的社会效应。从社会功能意义出发，从正、反两个方面分析乡城家庭迁移可能造成的社会效应。对乡城家庭迁移社会效应的分析和评估也是本书的重要现实意义来源。

第七章，总结相关结论并进行有关社会政策议题的讨论。在这一章，首先对研究结果进行总结，并进行相应的讨论和分析。其次，对乡城家庭迁移这一社会事实进行评价，并就社会政策的几个基本核心问题进行探讨，为相应政策问题的厘定和以后相应社会政策的发展提供方向。最后，在总结本书局限的基础上，对今后研究的进一步推进进行展望。

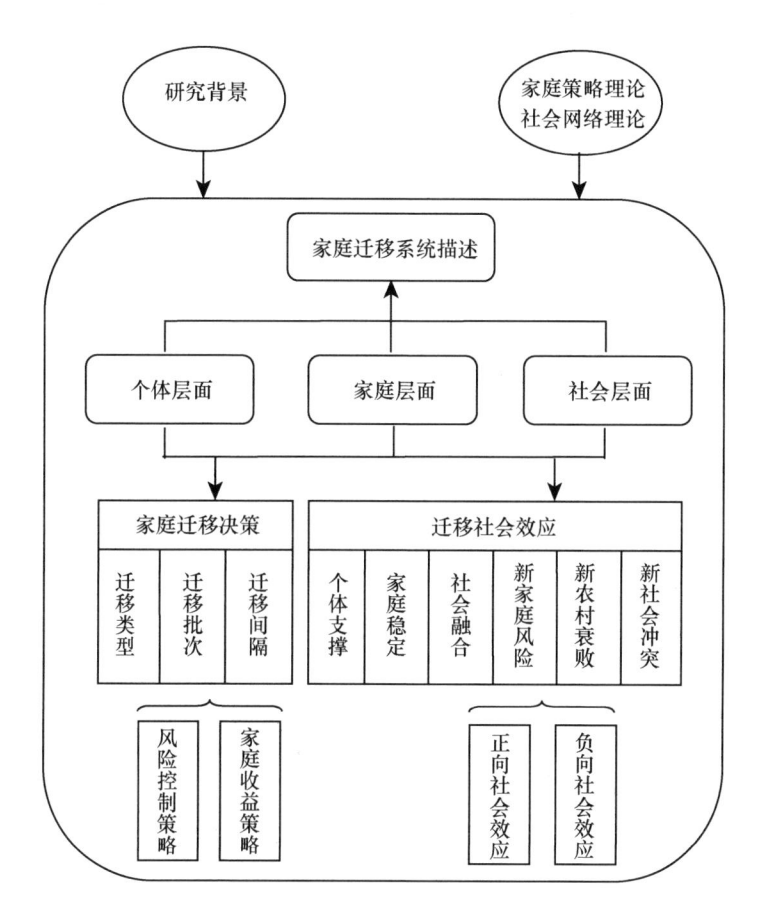

图3—3 研究框架图

## 第三节 研究命题

上面已经介绍了本书的基本背景、所使用的理论视角，在借鉴以往研究的基础上，从对已有研究的推进和调查数据的基本特征出发，笔者提出了研究的主要问题，并确立了本书所要呈现的整体架构。但是抽象的理论、概括性的研究问题必须经过操作化的"桥梁"，方能转化为具体的在现实中可以观察到并加以检验的命题和假设，才能将逻辑与实证紧密地结合在一起，从而发现社会事实的本质。通过操作化的"桥梁"，将理论具体化为各种测量指标，理论的检验最终通过实际测量指标之间的关系得以确认。

本书涉及描述性研究和解释性研究两种研究类型，在即将展开的第四章的描述部分属于描述性研究，不会涉及相关因果关系解释的需要，是不需要因果推论的，因此不必建立研究命题和假设。而对乡城家庭迁移决策和乡城家庭迁移的社会影响，笔者将尝试进行因果关系的解释性研究，需要考察究竟是哪些影响因素发挥了怎样的作用导致了不同的选择。因而，需要将其具体化为命题，并在具体的实证验证中操作化为两组可检验的假设，用可以检验的指标将变量的关系表达出来，以实现对因果关系的探索。

理论是对与生活某一方面有关的事实与规律的系统性解释，它可以指导我们看到理论视域中的特定因果机制。[①] 本书使用的是家庭策略理论和社会网络理论这两种理论视角。所以，虽然存在多种不同的判断，对于乡城家庭迁移决策的分析，本书只是从这两个理论视角出发去探索特定的因果关系。根据确立的研究思路和框架，结合以往的研究成果，在家庭策略理论和社会网络理论视角下，从乡城迁移家庭主体的视角出发，迁移家庭中的先行者、迁移家庭和深处其中的宏观社会结构构成了对乡城家庭迁移类型、迁移批次、批次间隔等的影响，这些影响是迁移家庭考虑自身的安全基础（风险最小化）和收益最大化的社会目标，而采取的相应策略性行为。对家庭化迁移之后的相应社会选择，如居住意愿和社会保障选择，同样是这些策略在发挥作用。因此，下面，笔者将在借鉴已有研究的基础上，使用家庭策略和社会网络理论，建立两个基本的研究命题[②]，并将其作为家庭迁移决策的核心因果假设在随后的章节中进行检验。

---

① ［美］艾尔·巴比：《社会研究方法》，邱泽奇译，华夏出版社2005年版，第43页。
② 命题，指的是关于一个概念的特征或者多个概念间关系的陈述，命题中所使用的基本元素一般是抽象的概念；这些命题将在下面具体的章节中转化为假设，即可以用经验事实加以检验的命题形式。转引自风笑天《社会学研究方法》，中国人民大学出版社2005年版，第30页。

## 一 风险控制命题

目前中国的乡城迁移是家庭主体主动采取的实践形式,家庭策略及其影响下的社会、权力关系和农民工的能动性才是理解中国人口迁移的根本出发点。[①] 家庭迁移所采取的相应策略行为,其首要目标就是减少家庭所面对的潜在不确定性和危险,确保家庭的整体安全。这一点也是新迁移经济学所强调的,通过分散劳动力来达到风险最小化目标的基本逻辑,它认为家庭成员的迁移和留守可以被视作一种分散风险的策略,以此决定家庭成员中哪一种劳动力的外出或迁移。这种安全性的重要性,才是家庭策略理论最初就关注的焦点[②],也正是因此,克莱尔·华莱士才认为家庭策略的意义在那些正在经历社会巨变,家庭遭遇到许多潜在危险和不确定,迁移者所从事的更多是非正式经济时的社会情境中才更具有显著重要性。[③]

中国乡城家庭迁移的推进,是由"生存理性"向"社会理性"的跃升[④],以寻求更好的生活。但不可否认,中国农民工及其家庭在城市中的边缘地位,使他们始终处于城市底层生存状态中,即其生活中生存理性依然是主导性的,对风险的规避要远远大于对最大化利益追求的思考,这种理性首先考虑的是安全第一的生存原则,而不是追求效益的合理化和利益的最大化,生存压力是农民选择成为乡城迁移者外出就业的最根本的动因。生存理性所带来的安全逻辑是最基础的行为逻辑。

社会网络理论认为,随着第一批迁移者的迁入,他们就会通过迁移纽带将自己的亲朋带入迁移中,因为随后的亲朋迁移会极大地降低流动的成本和风险,此外,家庭的风险不仅仅来自经济方面,更有来自"家

---

① [美]范芝芬:《流动中国:迁移、国家和家庭》,邱幼云、黄河译,社会科学文献出版社 2013 年版,第 203 页。

② Tilly, Louise A., "Individual lives and family strategies in the French proletariat", *Journal of Family History*, 4.2 (1979): 137–152.

③ Wallace, Claire, "Household strategies: their conceptual relevance and analytical scope in social research", *Sociology*, 36.2 (2002): 275–292.

④ 文军:《从生存理性到社会理性选择:当代中国农民外出就业动因的社会学分析》,《社会学研究》2001 年第 6 期。

庭完整"本身的风险。约翰·奥兰德和马克·埃利斯通过研究就观察到这一事实：迁移者为了能够保持家庭的完整，可以放弃迁移可能带来的经济收益。[①]

本质上，对于中国乡城迁移家庭而言，家庭策略的目标就是确保家庭安全。以减少风险为基础的安全的概念为理解乡城迁移者的决策和行为提供了有效的解释力，并且家庭安全主要的目标是指向经济安全和社会安全。[②] 以往的研究认为，农村而非城市是乡城迁移者经济和社会安全的基础，流动策略所使用的就是这种安全性，所以农民工家庭的家庭分离式和循环流动才会成为以往家庭迁移的主要特征。而这实际上是建立在城乡与区域隔离性制度安排基础上的一种被逼无奈之举。但随着制度性隔离的松动与劳动力市场供需形势的逆转，家庭化迁移的实践成为可能，家庭化迁移比例正在持续不断增加。乡城迁移模式的变化，特别是举家迁移成为一种重要的家庭迁移类型，农民工的迁移家庭会将经济和社会安全建立在新的基础之上，乡城迁移家庭的安全是重要的目标。依据以上这些讨论和分析，本书建立如下命题：

命题1：风险控制是影响乡城家庭迁移最重要策略目标，家庭安全是家庭迁移策略行为的基本依据，成本与家庭风险的增大都会对乡城家庭行为的选择造成显著影响。

### 二 家庭收益命题

乡城家庭迁移是一种家庭策略行为。布迪厄关于家庭婚姻策略的分析认为，婚姻策略的重要目标就是家庭收益的最大化，是一种旨在获取最大物质和象征利益的策略系统。[③] 策略指的是行动者的惯习在实践中的操作，策略就是习惯的外化表现。乡城家庭迁移的行为选择因此就是乡

---

[①] Odland, John, and Mark Ellis, "Household organization and the interregional variation of out-migration rates", *Demography*, 25.4 (1988): 567-579.

[②] Fan, C. Cindy, and Wenfei Winnie Wang, "The household as security: Strategies of rural-urban migrants in China", *Migration and social protection in China*, 14 (2008): 205.

[③] [法] 皮埃尔·布迪厄:《文化资本与社会炼金术》，包亚明译，上海人民出版社1997年版，第62页。

城迁移者依据其内化的中国传统家庭价值文化和家庭生活所形成的习惯，在已有的各种迁移结构背景下，追求迁移带给家庭收益最大化的一种努力。这种努力集中体现在经济收益等物质层面，也突出地体现在情感满足等非物质层面，笔者将这两种层面的收益定义为迁移家庭的家庭收益。上文的文献回顾告诉我们，已有研究认为，随着迁移家庭规模的扩大，迁移家庭的社会网规模和资源不断扩大，迁移家庭成员将从家庭社会网络获得更多的物质和非物质收益，在无硬性约束条件下，使其本身就具有了自我推动、以累积式方式实现家庭化迁移的动力[1]，从而可以引起更多的迁移行为，在迁入地重构社会网络，增加网络收益。

网络联系形成了一种社会资本，帮助人们在迁入地获得雇用和安全保护等。社会网络理论将社会群体而非仅仅是劳动力的流动看作迁入地社会网络结构的一种努力，这一系列联系所形成的迁移网络，可以为之后的迁移提供一种惯性，形成累积性的特征，从而自动地持续推进网络自身地不断扩大和发展，促使迁移持续进行和规模扩大。这解释了乡城迁移流动的持续性动态机制以及无法用收入因素解释的诸多流迁行为。

对于家庭价值观浓厚的中国人而言，家庭是对个体而言最为重要的初级群体，是最具价值、意义的社会网络。个体的成功是以"成家立业"为标志的，"成家"是幸福的基础，"立业"是为了家庭，家庭对于乡城迁移者来说，既是迁移的目标，也是获得稳定支撑的所在。对于"家庭价值"的追求是形塑乡城家庭迁移的重要机制。本书将这种家庭价值定义为家庭网络收益的一种重要来源。亲属关系是影响家庭迁移决策的重要因素之一。[2] 家庭社会网络对人们的迁移决策起了重要作用，例如双职工家庭在居住地选择上对父母需求和父母所能提供的经济文化资源的考量，会影响到家庭迁移的范围。[3] 从乡村迁往城市的家庭，成为乡城迁移

---

[1] Massey, Douglas S., et al., "Theories of international migration: A review and appraisal", *Population and development review*, 19.3 (1993): 431–466.

[2] Root, Brenda Davis, and Gordon F. De Jong, "Family migration in a developing country", *Population Studies*, 45.2 (1991): 221–233.

[3] Bailey, Adrian J., Megan K. Blake, and Thomas J. Cooke, "Migration, care, and the linked lives of dual-earner households", *Environment and Planning A*, 36.9 (2004): 1617–1632.

者最为在意和最先启动建立的社会网络。对亲缘的重视，没有因生活地点从农村到城市的变动或职业由农民到工人的变动而改变。家人，仍然是进城农民工社会网络中的核心部分。[1]

根据上面的论述和分析，本书设立如下研究命题：

命题2：家庭收益是乡城家庭迁移的重要影响因素，它特别对推动家庭化迁移的持续进行起到正向促进作用。

## 第四节　数据、变量与方法

### 一　数据说明

中国的迁移研究一直以来是一个由数据引导的研究领域。用于分析家庭迁移的数据虽然在总量上相对于个体性数据显得还很不足，但是从数据来源上看，同样是多样性的。这些数据有源自地方性的调查数据[2]，有普查性数据[3]，也有全国性的监测数据（包括农民工监测数据和流动人口监测数据等）[4]。还有学者利用个案等定性资料对乡城家庭迁移问题进行研究获得的定性数据。[5] 前文已经阐述，多样化的数据，一方面促进了乡城家庭迁移现象研究的丰富性，另一方面也带来了对差异性研究结论和研究结论准确性判断上的困难。

以往研究调查，依据数据来源可以分为在农村家庭成员调查和在城市家庭成员调查两种类型，简称农村家庭调查和城市家庭调查。调查数据大部分来自城市迁入地，来自农村迁出地农户调研相对占比较少。来自迁出地的数据可能会导致低估甚至忽略掉举家流动的比例的潜在不利结果，因为如果一个家庭已经举家迁移，它就可能被忽

---

[1] 李培林：《流动民工的社会网络和社会地位》，《社会学研究》1996年第4期；王汉生等：《"浙江村"：中国农民进入城市的一种独特方式》，《社会学研究》1997年第1期。

[2] 蔡昉：《迁移决策中的家庭角色和性别特征》，《人口研究》1997年第2期。

[3] 周皓：《中国人口迁移的家庭化趋势及影响因素分析》，《人口研究》2004年第6期。

[4] 杨菊华、陈传波：《流动人口家庭化的现状与特点：流动过程特征分析》，《人口与发展》2013年第3期。

[5] 张秀梅、甘满堂：《农民工流动家庭化与城市适应性》，《福建省社会学2006年会论文》，福建厦门，2006年。

略掉。① 所以，农村调查的最主要缺陷就是它将丢失那些已经完成举家迁移的家庭户。城市家庭调查，它的优势是样本相对比较集中，便于大范围接近随机方式的选取。同时，在流入地的城市家庭调查也存在不足之处，那就是难以考察其流出地的乡土社会文化属性。

以往研究中所使用的数据除了多样性这一特点外，还有一个特点或者说缺点就是，他们不是专门针对"家庭迁移"的调查。此外，这些数据采集相对比较陈旧，对于快速变迁中的形势的把握相对滞后。

相对而言，本书立足于发现乡城家庭迁移最新的情况，在数据时效性上具有一定的优点，同时调查具有一定的专门性和针对性，数据所反映的内容比较全面，这一点也使本书使用的数据具有一定的优越性。

本书使用的数据来自与澳大利亚阿德莱德大学的合作项目《国内移民与社会保障》中涉及的南京市家庭迁移部分。调查以南京市为抽样框，属于迁入地城市调查数据。长三角是自20世纪80年代形成人口流动大趋势以来形成的非常重要的农民工集聚中心，江苏是少数几个人口集中流入的地区，而其省会城市南京又是吸纳流动人口最多的37个城市之一②。所以，以南京为调查地点，具有一定的代表性。

本书借助于2014年全国流动人口卫生计生动态监测调查的抽样框，项目使用分层、多阶段、与规模成比例的PPS抽样方式在南京市区范围内进行抽样。首先在全市范围内随机抽取市区；其次在区之内依据流动人口数量抽取街道，再次进行街道内社区的抽取，每一社区依据社区的抽样框随机抽取个体家庭。本次调查共抽取8个城区：玄武、鼓楼、秦淮、建邺、雨花台、浦口、栖霞、江宁，共800户乡城迁移家庭。

具体收集数据的方式是：调查员入户访问，由调查员填写问卷的方式进行问卷调查，回收问卷时进行专门的核查与电话复问，确保填答质量。所收集的信息包含这些家庭的基本情况、工作和社会保障、未来居留打算等信息。有效回收问卷799份。

---

① 杨菊华、陈传波：《流动人口家庭化的现状与特点：流动过程特征分析》，《人口与发展》2013年第3期。
② 段成荣、杨舸：《中国流动人口的流入地分布变动趋势研究》，《人口研究》2009年第6期。

本书的研究对象是在南京城区居住的非南京户口的乡城迁移家庭。乡城迁移家庭指家庭收支在一起并居住在南京城区的所有成员构成的家庭。本书主要以家庭为单位，描述乡城迁移家庭的特征，分析乡城家庭迁移机制及其社会效应。样本的基本情况将在第四章中加以叙述。

### 二　变量说明

本书的主要目的是考察乡城家庭迁移决策及其社会效应，所以，在第四章对乡城家庭迁移现状进行描述性分析之后，其余的章节内容主要以解释性分析为主。在第五章影响乡城家庭迁移决策因素的探索中，乡城迁移家庭决策（迁移模式、迁移批次、迁移间隔的选择）是因变量，而依据前文理论命题和研究所形成的假设中的各项指标就是自变量，这些指标的设定同时来自已有研究。在第六章对社会效应的分析中，社会效应作为结果变量（因变量）而存在，而乡城迁移类型则成为主要的解释变量（自变量）。解释，就是解析因变量和自变量之间的因果关系如何存在。这种因果关系假定，依据前文的理论假设而定。具体的假设将在后面的具体章节中加以说明。所以，这里主要对假设所使用的变量及其操作化过程进行解释说明。

（一）因变量

本书的核心目标包括两个方面，即分析乡城家庭迁移决策和乡城家庭迁移的社会效应何以发生（是如何进行的，为什么这么进行，哪些因素对其构成了影响）。所以，本书的因变量可以分为两组：乡城家庭迁移决策组；乡城家庭迁移社会效应组。

1. 家庭迁移决策变量

本书关心的核心问题之一是乡城家庭迁移决策机制，依据前文核心概念的界定，乡城家庭迁移决策指的是乡城家庭对迁移类型和迁移过程的选择。研究的目标在于发现这些决策究竟如何发生以及为何发生，即究竟是哪些因素对乡城家庭迁移系统中的迁移类型、迁移批次和迁移间隔构成了影响。所以，这三个变量都是家庭迁移决策中的行为结果变量。

（1）迁移类型。具体而言，乡城家庭迁移所选择的个体迁移、部分迁移和举家迁移三种迁移类型，依据被访问家庭中家庭成员的迁移状况的回答计算而来,其具体含义和确定标准在前文概念界定部分已经进行了论述。在问卷中,指"您家共有几口人?(广义家庭成员定义:家庭收支在一起的所有家庭成员,包括居住在本市和老家以及在外打工、上学或参军等尚未分家的成员)""是否所有家庭成员与您一起生活在南京市"和具体在南京市居住的家庭成员数量这三个条件计算而来。该变量在家庭完整度上具有梯级递进性,所以是一个定序变量。

(2)迁移批次。迁移批次是乡城家庭迁移的一个重要过程性特征,体现为迁移累积性的过程。由于迁移批次只对家庭式乡城迁移具有比较意义,因此家庭迁移批次是指采取家庭化迁移的乡城家庭中成员迁入南京所使用的批次数量。依据以往的研究,迁移批次只会集中于少数几个数量之上,而本书中迁移家庭人口的统计最多只统计5个人,所以,本书中的迁移批次只会集中于1至5次的几个次数之上,该变量为典型的计数变量。

具体而言,迁移批次变量由每个迁移家庭中"您到现在为止,在本市一共生活了多少年?"这一问题中每个家庭成员的回答进行比较分析获得,答案为以次数为单位的计数变量。

(3)批次间隔。批次间隔是与迁移批次联系密切的一个变量,它反映了不同迁移批次之间时间上的紧密程度,对于一个家庭而言,它也反映了在城市迁入地构建家庭网络的需求紧迫性。该变量具体操作化为"家庭化迁移批次中后一批与前一批之间的间隔时间",即由"您到现在为止,在本市一共生活了多少年?"和迁移批次的确立联合计算所得,单位为年,为连续型定距变量。

2. 家庭迁移的社会效应

第二组因变量为乡城家庭迁移的社会效应。在使用数据实证分析方面,由于数据限制,这里主要考察乡城家庭迁移类型对乡城迁移家庭的居留意愿和社会保障制度选择之间的差异性影响。虽然存在着双向因果的理论可能性,而且我们所使用的横向数据也难以在数据层面上以更好的方式确定它们之间的因果单向性,但是,正如上文讨论中所详细阐释的那样,它们之间的因果性既可以从理论上加以说明,也可以从我们所使用的问题所要表现的是"延后性结果"这一操作化设计上获得其因果解释的合理性。

（1）居留意愿。居留意愿，是一种主观的居留预期，调查中以可能性大小对其进行操作化。具体而言，依据居留意愿的未来打算，问卷中设计了"您打算将来在城市长期居住的可能性有多大""您打算回到老家生活/居住的可能性有多大"和"您在未来两年搬离南京市，前往其他城市的可能性有多大"三个测量维度。这些可能性的大小都使用"0—10"的分数来表达，由0向10表示从很不可能到很可能的程度差异。乡城迁移家庭的居留意愿，则通过将每个家庭内成员的居留意愿加总求均值的方式获得。虽然数据的性质是定序，但出于表达和解释的方便，本书将其视作定距变量进行相关处理。为了反映家庭整体的居留意愿，本书使用将每个家庭中所有人员的相应得分加总求平均值的方式，以代表家庭的整体居留意愿。

（2）社会保障制度选择。另外一个主要考察的社会效应就是乡城家庭迁移类型的不同选择对他们选择社会保障制度的影响。首先是其是否拥有社会保险，主要操作化为基本社会养老保险和基本社会医疗保险两类。所以，首先要回答的就是他们是否拥有这两种保险，其次再考察相应保险内部的选择差异。具体而言，在问卷中设计了"您是否参加了农村养老保险""您是否参加了城镇职工养老保险""您是否参加了城镇职工基本医疗保险""您是否参加了新型农村合作医疗保险（新农合）"等题目，在此基础上计算每个家庭是否拥有这些保险项目，以及他们是否整体上"家庭是否参加了社会养老保险"和"家庭是否参加了社会医疗保险"。因为这些变量都是具备"是与否"的二分类名义变量，分别赋值为"是=1，否=0"。

（二）自变量

在乡城家庭迁移决策分析中，迁移类型作为因变量而存在，而其在社会效应的分析中，则是作为所要考察的核心自变量而存在，迁移类型是主要的解释基点，其他自变量则成为相应的控制变量。迁移类型在前文已经做了详细的说明，此处不再赘述，接下来对其他自变量进行说明。

从前文笔者所讨论的理论分析和以往研究可以看到，家庭迁移决策的可能运作途径，主要由三个层次的因素构成：个体、家庭、社会。以往研究中，个体层面的变量主要使用先行者和户主等在家庭迁移决策中具有重要决策权力的个体性变量。依据本书的数据特征，本书中由先行迁移者这一重要的个体来承担。如果先行迁移者（首批迁移者）为两人以上，就选择第一个回答者为代表（多为户主）。综合以上理论和已有研究，本书的自变量如下。

1. 个人层面的变量

表现乡城家庭迁移机制的个人层面变量涉及以下几个方面：

（1）年龄。已有研究表明年龄是一个基本变量，并且这种影响可能是非线性的。具体而言，本书使用的是周岁年龄，同时将年龄的平方纳入模型，以控制其非线性影响。

（2）性别。性别是另外一个最基本的人口学变量。社会性别通常被作为家庭迁移决策的影响因素之一，虽然解释方向有所差异[①]。在模型中，性别为二分虚拟变量，以男性为参照，女性编码为1，男性编码为0。

（3）婚姻状态。婚姻状态是一个在所有研究中最基本的影响因素。在调查问卷中婚姻状态为五分类名义变量：未婚、初婚、再婚、离婚和丧偶。依据是否在目前拥有配偶，在模型中将其操作化为处于单身（未婚、离婚和丧偶）和已婚有配偶（初婚、再婚）两分类虚拟变量，单身编码为0，已婚有配偶编码为1。

（4）受教育程度。调查问卷中受教育程度测量的是被访者的最高文化程度，区分比较细致，按照受教育程度区分，自"没上过学"到"博士研究生"共分为37个等级类别。为操作方便和模型回归的要求，本书将其进行重新编码，依据受教育年限将其转化为连续变量，参照惯例，换算方式是：没上过学和幼儿园=0年，小学=6年，初中=9年，高中、职高、技校、中专=13年，成人专科、大学专科=15年，大学本科=16年，研究生=19年。

---

① 洪小良：《城市农民工的家庭迁移行为及影响因素研究——以北京市为例》，《中国人口科学》2007年第6期；侯佳伟：《人口流动家庭化过程和个体影响因素研究》，《人口研究》2009年第1期；周皓：《中国人口迁移的家庭化趋势及影响因素分析》，《人口研究》2004年第6期。

（5）就业。就业指的是受访者目前是否处于在职工作状态。就业与否是迁移个体及其家庭在城市生存的基本前提。在问卷中，具体的答案设置为"1 就业；2 失业；3 无业；4 操持家务；5 退休"，为了模型分析的需要，本书将就业重新操作化为二分类变量：就业，也就是原选项的第一项；未就业，指除就业之外的其他四项内容。就业编码为0，未就业编码为1。

对于处于就业状态下的个体而言，不同的职业状况决定了他们应对风险与实现家庭团聚等的经济能力差异。特别对于乡城迁移者来说，职业状况还决定了迁移类型有可能带来的家庭收益差异，比如就业身份上的差异，雇主比雇员选择家庭化迁移有可能获得更多的家庭收益。所以，本书将职业状况操作化为职业、单位性质、就业身份、月收入四个方面。具体的变量设定情况如下。

（6）职业。问卷所给出的答案选项非常详细，鉴于样本数量和模型稳定性的考虑（某一选项频次过少，会导致模型估计出现不稳定），笔者依据《中华人民共和国职业分类大典》，将职业重新编码为：政府机关、党群组织、企事业单位负责人；专业技术人员；办事人员和有关人员；社会生产服务和生活服务人员；农林牧副渔水利生产人员和生产制造；有关人员六类。纳入模型时作虚拟化处理，以第一类为参照。

（7）就业身份。以往的研究中自营业者的家庭化迁移效应已经被众多研究所关注。[①] 在具体测量中，问卷使用了"1. 单位或个体雇员；2. 机关（事业）单位正式职工雇员；3. 家庭帮工；4. 雇主；5. 自主经营"五个选项。依据样本和模型需要，本书将其重新编码为雇员、雇主和自营业者三个类别，纳入模型时作虚拟化处理，以雇员为参照。

（8）月收入。这里指的是先行者上个月的收入，按照惯例，笔者对收入变量取对数值，以便使其接近正态分布。

（9）居留时间（年）。居留时间指家庭自先行者到达南京截至目前的

---

① 侯佳伟：《人口流动家庭化过程和个体影响因素研究》，《人口研究》2009年第1期；李强：《农民工举家迁移决策的理论分析及检验》，《中国人口资源与环境》2014年第6期；周敏慧、魏国学：《自我雇佣与已婚流动人口的家庭化迁移——基于6省12市调查数据的实证研究》，《中国人力资源开发》2014年第3期。

时间，以年为单位。打工是一种筛选过程，打工的居留时间代表了流动者在迁入地的适应能力和生存能力。也可以说，居留时间是乡城迁移者控制城市生活风险能力的重要指标。

2. 家庭特征变量

家庭层面是迁移机制发挥作用的重要层面，是家庭迁移机制作用的重要维度。如前所述，家庭的社会经济因素是其迁移决策中应对风险、获得收益的最重要的指标。笔者将这些变量操作化为以下几个可测量的指标。

（1）家庭总人口数。在问卷中，设计了"您家共有几口人？（广义家庭成员：家庭收支在一起的所有成员，包括居住在本市和老家以及在外打工、上学或参军等尚未分家的成员）"。

（2）孩子数量。中国家庭中孩子占有举足轻重的作用。作为被抚养人口，以往的研究认为孩子的数量及其教育作为迁移成本的重要部分将会严重阻碍家庭化迁移，特别是举家迁移的发生。本书关注的是在迁入地孩子的数量对举家迁移行为发生的影响。所以，这一指标指乡城迁移家庭中未满16周岁孩子的数量，依据家庭人口状况表中的年龄一项计算获得。

（3）老人数量。老年人也是被抚养人口，他们的存在对于乡城迁移家庭而言更多是一种负担和成本。本书家庭中老人数量指乡城迁移家庭中年满60周岁的老人数量，同样依据家庭人口状况表中的年龄一项计算获得。

（4）人均年总收入。平均收入和下文所讲平均支出的指标化，是被以往研究所忽视的重要指标。家庭人均年收入可以更好地消除家庭人口数的不同对家庭总收入的影响，从而表明迁移人口的增减所带来的家庭网络收益情况。家庭人均年收入在这里指2013年的乡城迁移家庭在迁移中的收入除以迁移家庭人口数，纳入模型时取对数。

（5）人均月总支出。家庭人均月总支出，代表了人口迁入后的生活成本状况，从而成为迁移家庭所面临的生活风险的重要方面。在这里指乡城迁移家庭总支出["您家在本市（或前一个打工城市）的每月总支出是多少钱？"]除以迁移家庭人口数，纳入模型时取对数。

(6) 住房类型。住房为乡城家庭化迁移提供了一个基本的生活空间条件，住房条件越好，越有利于带动家庭成员迁移。同时，范芝芬等研究认为住房也反映了家庭的经济能力与控制居住风险问题的能力。[①] 具体而言，本书中家庭住房状况表中将这一题的测量具体化为"您现在住房属于以下何种性质？"答案区分为："1. 租住单位/雇主房；2. 租住私房；3. 政府提供廉租房；4. 单位/雇主提供免费住房（不包括就业场所）；5. 借住房；6. 就业场所；7. 自购房；8. 自建房；9. 其他非正规居所"，本书将其重新编码为租住房（1，2，3）、免费房（4，5，6）和自购房（7，8）三个类别，纳入模型时作虚拟化处理，以租住房为参照。

(7) 汇款。汇款是国内外人口迁移研究中被普遍关注和探讨的要素。在本书中，它具体指乡城迁移家庭在迁入地通过捎带、汇款等方式给迁出地老家的钱。

3. 社会结构特征变量

社会结构上的差异，构成了乡城家庭迁移决策的宏观背景，为迁移机制的作用发挥提供了结构性的路径。经过前面已有文献的回顾，可以发现，户口性质、社会空间（流动范围和来源地区）差异等都是影响迁移决策的重要指标。

(1) 户籍状况。虽然本书的研究对象设定为乡城迁移家庭，但他们的户籍状况依然存在着农业与非农业的区分。在以往包括城城迁移的流动人口家庭迁移研究中，发现了户口性质上的农业户口和非农业户口的区分作用明显。[②] 这种作用是否在乡城迁移家庭中依然发挥着显著的作用，需要加以检验。具体到本书中，户籍状况为包含农业和非农业的二分类虚拟变量，农业户口重新编码为0，非农业户口重新编码为1。

(2) 流动范围。流动范围代表了乡城迁移家庭跨越空间所面临的障

---

① Fan, C Cindy, M. Sun, and S. Zheng, "Migration and split households: a comparison of sole, couple, and family migrants in Beijing, China", *Environment and Planning A*, 43.9 (2011): 2164–2185.

② 周皓：《中国人口迁移的家庭化趋势及影响因素分析》，《人口研究》2004年第6期；朱明芬：《农民工家庭人口迁移模式及影响因素分析》，《中国农村经济》2009年第2期。

碍，不同迁移类型和迁移过程的选择需要据此加以判断。[①] 在问卷中，以户籍所在地来判断其流动范围，区分为省内迁移和跨省迁移。纳入模型时，其为二分类虚拟变量，省内迁移重新编码为0，跨省迁移重新编码为1。

（3）来源地区。来源地区表明了区域经济发展的总体水平差异对乡城迁移家庭迁移的作用，同样融合着风险与收益的地区比较。这种社会空间差异在以往的研究中得出了一系列不尽相同的结论。具体到本书，依据国家统计局有关东、中、西部地区的划分和户籍所在地，将其编码为东部、中部和西部地区三个类别，纳入模型时作虚拟化处理，以东部地区为参照。

### 三　模型设定

在前面的研究中，特别是在研究思路和框架部分，笔者已经阐述了需要解释性分析的两个主要问题，并具体化为两组因变量：乡城家庭迁移决策；乡城家庭迁移的社会效应。笔者将在接下来的章节中使用一系列多元统计模型对它们进行考察。在这里简要对书中使用的模型加以说明。

统计模型的选择应依据变量的类型和性质而定。本书在综合以往研究的基础上，使用多元有序逻辑回归、泊松回归和线性回归的方式，结合由前述的两个命题中展开的一系列具体的研究假设，系统性地从个体、家庭和社会三个层面来探索影响作用的内在机制及其路径。具体分析如下。

（1）有序逻辑回归模型。在第一组迁移决策的分析中，乡城家庭迁移类型的选择是首先需要面对的解释变量。乡城家庭迁移类型是由个体迁移、部分迁移和举家迁移三分类所组成，个体迁移、部分迁移和举家迁移是有等级秩序的，因此应该使用多分类有序逻辑回归模型，也就是Ordinal Logistic Regression回归模型。这种回归模型，需要拟合因变量水

---

① 杨菊华、陈传波：《流动人口家庭化的现状与特点：流动过程特征分析》，《人口与发展》2013年第3期。

平数减 1 个 logit 模型。模型公式如下：

$$\text{logit1} = \ln\left(\frac{p_1}{1-p_1}\right) = \alpha_1 + \beta_1 X_1 + \beta_2 X_2 + \beta_3 X_3 + \cdots + \beta_i X_i + \varepsilon$$

$$\text{logit2} = \ln\left(\frac{p_1+p_2}{1-p_1-p_2}\right) = \alpha_2 + \beta_1 X_1 + \beta_2 X_2 + \beta_3 X_3 + \cdots + \beta_i X_i + \varepsilon$$

其中，$\alpha$ 为模型的截距，$X_i$ 为自变量，$\beta_i$ 为第 $i$ 个解释变量对因变量的影响，具体解释是在控制其他变量的情况下，自变量每改变一个标准差单位，因变量的发生比或者优势比相应的增加或者减少 $\exp(\beta_i)$ 个单位。

（2）泊松回归模型。在乡城家庭迁移动态机制中，迁移批次属于离散性事件，是计数变量。这些变量集中在少数几个数之间，所以，使用线性回归违反了其正态分布的假设。泊松模型通常被用来分析计数变量，为计数数据建模。泊松模型适用于数据的分布为正整数的计数数据场合，特别是在因变量取值较少时[①]。由于笔者的数据是没有 0 值的，且数据分散，所以，使用零截断泊松模型（Zero - truncated Poisson Model，ztp）比较合适。模型公式如下：

$$E[y_i \mid X_i] = \exp(X_i'\beta) = \exp|\beta_1 + \beta_2 X_{2i} + \cdots + \beta_k X_{ki}$$

$$\log L = \sum_{i=1}^{n}\left\{y_i X'_i \beta - \exp(X'_i \beta) - \log y_i!\right\}$$

其中，$y$ 为 0，1，2…的整数计数变量，$X_i$ 包括所有解释变量。具体的结果解释是在控制其他变量的情况下，对于自变量每变化一个单位，预测数值的对数会随着回归系数发生相应的变化。

（3）多元线性回归模型。分析家庭迁移类型对居住意愿的影响时，居住意愿被看作一个定距变量，考察不同的迁移类型对这一变量的影响机制。依据此变量的性质，采用一般线性回归模型（Odinary Liner Squers Model）对其进行模型拟合比较合适。其统计分析的模型表达式为：

$$Y = \alpha_0 + \beta_1 X_1 + \beta_2 X_2 + \cdots + \beta_i X_i + \varepsilon$$

其中，$\alpha_0$ 为模型的截距，$X_i$ 为自变量和控制变量，$\beta_i$ 为第 $i$ 个解释变

---

① 杨菊华：《数据管理与模型分析：STATA 软件应用》，中国人民大学出版社 2012 年版，第 379 页。

量对因变量的影响,具体解释是在控制其他变量的情况下,自变量每改变一个标准差单位,因变量相应地增加或者减少 $\beta_i$ 个单位。

(4) 二元逻辑回归模型。笔者在研究家庭迁移类型对社会保险选择的影响时,一系列社会保险的选择作为应变量是包含"拥有/未拥有"这两种类别的二分类变量,因此,使用二元二元逻辑回归模型对其进行拟合较为合适。模型表达式为:

$$\text{Logit } p = \alpha_0 + \beta_1 X_1 + \beta_2 X_2 \cdots + \beta_i X_i + \varepsilon$$

其中,$\alpha_0$ 为模型的截距,$X_i$ 为自变量,$\beta_i$ 为第 $i$ 个解释变量对因变量的影响,具体解释是在控制其他变量的情况下,自变量每改变一个标准差单位,因变量的发生比或者优势比相应的增加或者减少 $\exp(\beta_i)$ 个单位。

# 第四章

# 乡城家庭迁移的基本状况

通过前三章,笔者已经分析了乡城家庭迁移实践及其相关研究的基本状况。中国社会经济的快速发展导致中国的人口迁移一直处于快速变动之中,那么,乡城家庭迁移的最新状况究竟如何?是否也形成了新的特点?对于乡城家庭迁移基本现状及特征的描述分析是本书的一个基本目标,也是进一步进行因果分析的基础。所以,接下来的首要任务是了解乡城家庭迁移的最新状况是什么。在核心概念界定部分,笔者已经构建了家庭迁移系统的概念,从静态类型和动态过程两个方面,形成了对乡城家庭迁移进行描述性分析的考察方向。接下来,本章运用南京市的调查数据,分两节从两个层面对乡城家庭迁移现状及特征进行描述:第一节简要描述样本的总体特征,比较其与全国乡城迁移人口的异同,进一步确定其代表性;第二节从家庭迁移系统所确立的分析框架出发,对乡城家庭迁移的特征进行描述。

## 第一节 样本总体特征

样本是为了反映总体特征而使用一定的方法在总体中选出并用于分析的代表性子集。在数据说明部分,已经说明、评价了样本获取方式及其优缺点,说明其具有一定的代表性。那么,本书所使用的样本,其基本情况究竟如何?它又具有哪些特点?本书接下来将从样本的人口学、社会经济和迁移特征三个方面对其进行总结分析,以获得样本总体的特征信息，为接下来的数据分析提供基础背景。

## 一 人口学特征

所有乡城迁移人口中，年龄跨度较大，既包括刚出生的孩子，也包括86岁高龄老人，但是，青壮年劳动力人口依然是乡城迁移人口的主要组成部分，占到所有人口的86.8%，他们的平均年龄为32.6岁，高于全国流动人口27.9岁[1]的平均年龄[2]。其中，51—60岁的高龄劳动力仅占5.4%，远低于11.3%的全国平均水平[3]。未进入劳动年龄的（0—14岁）占11.9%，退出劳动年龄的人群（65岁以上）为1.3%，很明显，迁移人口中的被抚养人群中，孩子占多数（见表4—1）。按照代际划分，新生代占所有迁移人口的63.7%，新生代成为乡城迁移人口的主要部分。

表4—1　　　　　　　　迁移人口按劳动力年龄分组状况

| 按劳动年龄分组 | 频次 | 百分比 |
| --- | --- | --- |
| 未进入组 | 178 | 11.9 |
| 进入组 | 1294 | 86.8 |
| 退出组 | 19 | 1.3 |
| 合计 | 1491 | 100.0 |

从乡城迁移人口的性别构成状况看，可以发现乡城迁移人口的性别结构基本处于平衡水平，总性别比[4]为112，和2013年全国流动人口110

---

[1] 国家卫生和计划生育委员会流动人口司：《中国流动人口发展报告2014》，中国人口出版社2014年版，第181页。

[2] 这里需要说明的是，流动人口的概念正如上面概念界定中所讨论的那样，是包容乡城迁移人口概念的一个概念，它也包括城城流动迁移人口，所以，虽然由乡城迁移人口主导的流动人口的总体特征对乡城迁移人口具有参考价值，但他们在总体特征上必然存在着一定的差异性。

[3] 中华人民共和国国家统计局：《中华人民共和国2014年国民经济和社会发展统计公报》，中华人民共和国国家统计局网站（http://www.stats.gov.cn/tjsj/zxfb/201502/t20150226_685799.html）2015年2月26日。

[4] 性别比 =（男性人口数量÷女性人口数量）×100，下同。

的性别比相当①，农民工（劳动年龄人口）的性别比为107，远低于2014年全国农民工监测报告中的203的性别比（男性占67.0%，女性占33.0%），这与南京市产业结构密切相关，只有在未成年人和56—60岁的人中的男女性别比较大，分别为162和160，男性大大多于女性。这些特征可以在下图4—1迁移人口金字塔中得到明显的展现。

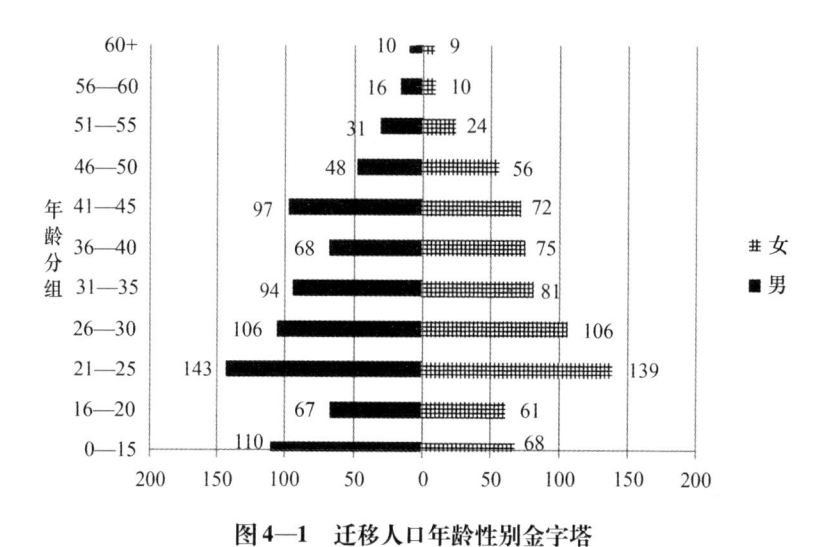

**图4—1 迁移人口年龄性别金字塔**

如表4—2所示迁移人口中，60.8%的人拥有婚姻关系，相较低于2013年流动人口监测数据较低（76.8%）；其次是未婚群体，这与整个迁移人口的年轻化有着直接的关系。离婚和丧偶者所占比例微乎其微，共占1.2%。

表4—2　　　　　　　　　　　迁移人口的婚姻状况

| 婚姻状况 | 频次 | 百分比 |
| --- | --- | --- |
| 未婚 | 567 | 38.0 |
| 初婚 | 904 | 60.5 |

---

① 此数据由2013年流动人口动态监测调查数据中男性占52.5%，女性占47.5%这一数据计算得出。

续表

| 婚姻状况 | 频次 | 百分比 |
|---|---|---|
| 再婚 | 5 | 0.3 |
| 离婚 | 11 | 0.7 |
| 丧偶 | 7 | 0.5 |
| 合计 | 1494 | 100.0 |

## 二 社会经济特征

如表4—3所示,迁移人口的受教育程度仍然较低,仍以高中以下为主,其中初中文化程度的占比最高,为38.5%,小学及以下和高中及中专的占比超过23%,大专及以上的占比最少(14.4%)。并且,如果按照劳动力年龄对其进行分三组,可以发现这三组群体中的文化程度差异是明显的,劳动年龄组人口的受教育程度相较退出年龄组的明显要高。这一年龄和2014年全国农民工监测数据中的情况相似,如表4—4所示。

表4—3　　　　迁移人口受教育程度与年龄分组交互统计　　　单位:%

| 受教育程度 | 按劳动年龄分组 | | | 合计 |
|---|---|---|---|---|
| | 未进入劳动力年龄 | 劳动力年龄 | 退出劳动力年龄 | |
| 小学及以下 | 82.6 | 14.2 | 89.5 | 23.3 |
| 初中 | 13.5 | 42.3 | 10.5 | 38.5 |
| 高中及中专 | 3.4 | 27.0 | | 23.8 |
| 大专及以上 | 0.5 | 16.5 | | 14.4 |
| (n) | (178) | (1294) | (19) | (1491) |
| 统计检验 | Pearson $\chi^2$ = 458.7　　df = 6　　sig. = 0.000 | | | |

表4—4　　　　　　　　全国农民工受教育程度　　　　　　　　单位:%

| 受教育程度 | 2013年 | 2014年 |
|---|---|---|
| 未上过学 | 1.2 | 1.1 |

续表

| 受教育程度 | 2013 年 | 2014 年 |
|---|---|---|
| 小学 | 15.4 | 14.8 |
| 初中 | 60.6 | 60.3 |
| 高中 | 16.1 | 16.5 |
| 大专及以上 | 6.7 | 7.3 |

注：数据来源为《2014年全国农民工监测调查报告》。

南京市的乡城迁移人口以农业人口为主，占到所有乡城迁移人口的85.1%。此外，在输出地来源上呈现出来源广泛却又高度集中的特点。来源地明显集中在安徽和本省（非南京市）两大地区，分别占到总迁移人口的37.5%和34.6%。外省迁移人口中，排在前五位的依次是安徽、河南、江西、浙江、山东，如表4—5所示。从地理位置上来看，主要来自周边省份。

表4—5　　　　　　　　迁移人口的户籍状况

| 户籍所在地 | 频次 | 百分比 |
|---|---|---|
| 本市 | 23 | 1.5 |
| 本省非本市 | 517 | 34.6 |
| 外省 | 954 | 63.9 |
| 安徽 | 560 | 37.5 |
| 河南 | 67 | 4.5 |
| 江西 | 59 | 3.9 |
| 浙江 | 56 | 3.7 |
| 山东 | 51 | 3.4 |
| …… | …… | …… |

在所有的15岁以上的样本中（样本量=1289），就业是他们目前

最基本的状态。处于就业状态的达90.6%，与全国流动人口89.3%[1]的就业比例相当。处于失业和无业状态的占6.1%，未进入劳动力市场的占3.3%。而且，就业中存在明显的性别差异。在就业人口中，男性比女性高1.1%，更为重要的是，在失业和无业状态中的女性人口仅是男性的50%左右，她们更多以操持家务的身份出现，这说明了她们相较于男性，更多是作为随迁而不是劳动力进入迁移行列，如表4—6所示。

表4—6　　　　　迁移人口就业状态与性别交互统计　　　　单位:%

| 就业状态 | 性别 男 | 性别 女 | 合计 |
| --- | --- | --- | --- |
| 就业 | 91.1 | 90.0 | 90.6 |
| 失业 | 3.0 | 1.5 | 2.2 |
| 无业 | 5.2 | 2.6 | 3.9 |
| 操持家务 | 0.6 | 5.6 | 3.1 |
| 退休 | 0.1 | 0.3 | 0.2 |
| (n) | (674) | (618) | (1292) |
| 统计检验 | Pearson $\chi^2$ = 36.7　df = 4　sig. = 0.000 | | |

迁移人口主要为商业、服务业人员，从事批发零售、住宿餐饮和社会服务等行业，这部分人口占所有迁移人口的80.5%。其次为生产、运输设备操作人员及其有关人员，其中制造业和建筑业是两个主要的就业行业。笔者的调查样本中，第三产业一枝独秀的特征更为明显，这可能是由于笔者的调查范围主要限于南京主城区，如表4—7所示。另外，个体工商户和私营企业是他们的主要就业单位。

迁入南京的乡城人口的月收入平均为3543.3元（sdt.=3266.6元），年均纯收入为35806.8元（sdt.=30261.3）。以往的调查显示，2008年约

---

[1] 国家卫生和计划生育委员会流动人口司：《中国流动人口发展报告2014》，中国人口出版社2014年版，第181页。

37.4%的合同签订率①和2012的32%②,目前乡城迁移人口的合同签订率已经有了很大的提高,达到了53.2%,并远高于全国38%的水平③。并且合同的类型多为三年以下的短期合同,占到了总签订量的74%,陈凯渊、樊禹彤的调查也发现了相似的特征④。

表4—7　　　　　　　迁移人口的工作产业分布特征

| 工作产业 | 频数 | 百分比 |
| --- | --- | --- |
| 第一产业 | 4 | 0.4 |
| 第二产业 | 161 | 14.5 |
| 第三产业 | 943 | 85.1 |
| 合计 | 1108 | 100 |

### 三　迁移特征

从迁移人口的主观意愿角度看,工作原因——寻找合适的工作和报酬更高的工作——依然是农民工进行迁移的最为重要的原因,占到所有迁移人口的六成以上,如表4—8所示。21世纪中国人口流动的显著特征就是在市场力量驱动下的人口追求经济福利的改善,这也是一个基本的研究共识⑤,并且是随迁家属紧随其后的另一种迁移原因。这说明,家庭迁移具有带动作用,能使原先未主动迁移的人选择迁移。这种迁移

---

① 季洁:《农民工劳动合同签订情况的实证研究——以南京市为例》,《法制与社会》2010年第20期。

② 陈凯渊、樊禹彤:《农民工劳动权益及影响因素的实证研究——以南京市为例》,《现代经济信息》2013年第13期。需要注意的是,这两次调查采取的都是偶遇调查性质的非概率抽样,样本量也较小,所以,样本的统计值的代表性存在一定的问题。

③ 中华人民共和国国家统计局:《2014年全国农民工监测调查报告》,中华人民共和国国家统计局网站(http://www.stats.gov.cn/tjsj/zxfb/201504/t20150429_797821.html)2015年4月29日。

④ 陈凯渊、樊禹彤:《农民工劳动权益及影响因素的实证研究——以南京市为例》,《现代经济信息》2013年第13期。

⑤ Poncet, Sandra, "Provincial migration dynamics in China: Borders, costs and economic motivations", *Regional Science and Urban Economics*, 36.3 (2006): 385–398;[美]范芝芬:《流动中国:迁移、国家和家庭》,邱幼云、黄河译,社会科学文献出版社2013年版。

动因随着家庭迁移的推进将越来越普遍,对未来风险的考虑并没有放在重要的位置,获得更多(更好)的养老/医疗等社会保险的原因仅仅占比1%。

表4—8　　　　　　　　　　迁来南京的主要原因

| 原因 | 频次 | 百分比 |
| --- | --- | --- |
| 老家没有合适工作 | 587 | 39.3 |
| 老家工作报酬太低 | 314 | 21.0 |
| 随迁家属 | 312 | 20.9 |
| 外出学习技能 | 93 | 6.2 |
| 老家条件不利于下一代的培养 | 39 | 2.6 |
| 其他 | 150 | 10 |

虽然乡城迁移人口迁移的方向是向城市迁移,但在进行本次迁移之前,大部分迁移人口已经不再从事农业生产,从农业和农村家庭中转移到城市已经不是主流,农业转移已经不再是人口迁移的主要特征(见表4—9)。

表4—9　　　　　　　　　本次迁移之前的就业状态

| 就业状态 | 频率 | 百分比 |
| --- | --- | --- |
| 就业 | 600 | 46.4 |
| 在学 | 234 | 18.1 |
| 务农 | 178 | 13.8 |
| 无业 | 165 | 12.8 |
| 失业 | 58 | 4.5 |
| 操持家务 | 49 | 3.8 |
| 退休 | 9 | 0.7 |
| 合计 | 1293 | 100.0 |

迁移人口在南京的居留时间较长,2013年在南京的平均居住时间超

过了 10 个月，而且分布较为集中（sdt. =3.3），常住人口达 86.7%（超过六个月），而在老家的居住时间平均仅为 1.3 个月。在老家居住时间短暂，89.3% 的人仅停留 3 个月以内。他们具有长时间的外出流动经历，平均的流动历史长达 8.4 年，而且对南京具有比较强的黏附性，平均在南京的累积居留时间达 6.9 年之多。这说明，南京的乡城迁移人口的流动性并不是很强，如表 4—10 所示。

表 4—10　　　　　　　迁移人口居留时间表（n =1494）

| 居留时间 | 均值 | 标准差 |
| --- | --- | --- |
| 2013 年在南京的居住时间（月） | 10.2 | 3.3 |
| 2013 年在老家的累计居住时间（月） | 1.3 | 2.8 |
| 在户籍所在地以外的地方一共生活的时间（年） | 8.4 | 6.4 |
| 在南京市累积生活时间（年） | 6.9 | 5.9 |

这种特点也表现在他们的未来迁移的可能性估计之中。如表 4—11 所示，以 0—10 分为标准——0 分代表完全不可能、10 分代表完全可能——来测量他们未来居留打算的倾向性。由表 4—11 可以发现，迁移人口长期居住在城市的可能性很高，平均得分 7.2 分，2 年内搬离南京的可能性很小，平均得分仅为 2.0 分。将来回老家居住的倾向也不是很明显。

表 4—11　　　　　　　迁移人口未来居留打算

| 居留打算 | 均值 | 标准差 | 样本量 |
| --- | --- | --- | --- |
| 城市长期居住（5 年及以上）的可能性 | 7.2 | 3.2 | 1449 |
| 将来回到老家生活/居住的可能性 | 4.4 | 3.5 | 1435 |
| 未来 2 年搬离南京市，前往其他城市的可能性 | 2.0 | 2.8 | 1429 |

## 第二节　家庭迁移状况

目前研究中关于家庭迁移的测量，不仅家庭化测量指标没有获得统一，进行怎样的测量才更科学也仍然充满争议①，而且究竟哪些特征需要关注是同样重要且缺乏定论的。所以，家庭迁移系统内各部分——个体迁移、部分迁移和举家迁移——的状况如何，本书认为，需要通过对迁移家庭进行系统的描述才能准确地展现出来。

结合之前的研究，家庭迁移包含迁移决策、迁移过程和迁移结果三个方面。家庭迁移决策的探讨将放在下一章专门研究，而在描述性部分，本书认为应该考察"迁移中的家庭状况"和"家庭的迁移特征"这两个方面，从结果和过程两个方面来考察乡城迁移系统的基本现状，这与近期杨菊华、陈传波②和盛亦男③等的研究视角很相近。只不过，"巧妇难为无米之炊"，依据本书所能掌握的横截面数据的特征，我们只能考察调查时点剖面上的迁移结果和历程回顾，力求最大限度地去接近家庭迁移系统的现实特征。迁移中的家庭状况的考察主要集中在这几个方面：家庭迁移水平、迁移家庭的家庭规模、家庭关系和家庭经济等。而家庭的迁移特征包括迁移批次及批次间隔等。

### 一 家庭状况

(一) 家庭迁移水平

家庭迁移水平是指家庭化迁移（部分迁移和举家迁移）在家庭迁移系统中所占的比例大小。部分迁移和举家迁移这两种类型的总体比例状况，在以往研究中经常被作为家庭化迁移水平高低的指标。以往的研究中，带眷系数④和家庭型人口流动率⑤是对两种家庭迁移水平进行测量的指标化努力。家庭迁移水平的度量应该放置在家庭这一结构层面上进行，

---

① 段成荣、杨舸、张斐、卢雪和：《改革开放以来中国流动人口变动的九大趋势》，《当代中国人口》2008 年第 4 期。

② 杨菊华、陈传波：《流动人口家庭化的现状与特点：流动过程特征分析》，《人口与发展》2013 年第 3 期。

③ 盛亦男：《中国流动人口家庭化迁居》，《人口研究》2013 年第 4 期。

④ 王志理、王如松：《中国流动人口带眷系数及其影响因素》，《人口与经济》2011 年第 6 期。

⑤ 佴莉：《家庭型人口流动：现状、影响因素及问题研究》，硕士学位论文，南京大学，2013 年。

而前两个指标均是使用个体性的视角进行的测量。本书使用家庭迁移率这一指标，使家庭迁移水平的测量维度回归家庭层面。与之在字面意义上最相近的家庭型人口流动率，侹莉将其定义为与家庭成员一起流动的人口占流动人口总数的比例。由于每户的流动人口的数量是不一样的，所以，这一指标只能表示家庭化的流动人口占所有流动人口的比率，而不能表示家庭式流迁家庭在家庭迁移系统中的水平高低，以反映家庭迁移系统的整体变化。所以本书构建了家庭迁移率指标，即家庭化迁移类型占所有迁移类型的比例，表明家庭化迁移在总体家庭迁移系统中的比重大小。

家庭迁移率 =（部分迁移数 + 举家迁移数）÷（个体迁移数 + 部分迁移数 + 举家迁移数）×100%

在以往研究中，特别是国家层面的农民工监测报告中，举家迁移或者称之为完整家庭式流动[1]和已完成迁居家庭[2]等，往往作为非常重要的一个指标单独呈现。所以，本书就此构建完整家庭迁移率指标，表示举家迁移家庭在家庭迁移系统中的水平状况。

完整家庭迁移率 = 举家迁移家庭数 ÷（个体迁移数 + 部分迁移数 + 举家迁移数）×100%

依据以上两个家庭迁移水平测量的公式，可以由下表（表4—12）计算得出，目前南京的家庭迁移率为51.9%[3]。作为一种理性的家庭策略，家庭迁移类型多样性的存在可能是长期性。而且这要低于全国流动人口76.8%的家庭迁移率的水平[4]，相较于以往北京等地区的调查也较低，南

---

[1] 杨菊华、陈传波：《流动人口家庭化的现状与特点：流动过程特征分析》，《人口与发展》2013年第3期。

[2] 盛亦男：《中国流动人口家庭化迁居》，《人口研究》2013年第4期。

[3] 需要注意的是，由于样本框、抽样方式的差异，两组样本的统计值存在着差异，但是反映的基本特征应该是相同的。唐震、张玉洁：《城镇化进程中农民迁移模式的影响因素分析——基于江苏省南京市的实证分析》，《农业技术经济》2009年第4期。

[4] 这一数据由《中国流动人口发展报告2014》（国家卫生和计划生育委员会人口司，2014）中的数据计算得来，由于其对象是2013年度的流动人口，包含了城城流动人口，所以可能在农民工群体中存在着数据的偏离。2010年流动人口调查数据中这一比例为：乡—城流动人口约占流动人口的84.8%，参见杨菊华、陈传波《流动人口家庭化的现状与特点：流动过程特征分析》，《人口与发展》2013年第3期。

京的家庭式迁移还有很高的提升空间。如表 4—12 所示举家迁移率为 28.0%，这要高于全国的 13.1% 的水平[1]。如果以个体迁移和家庭化迁移为标准对迁移家庭户作二分类，那么它们整体上依然呈现出双峰并存的特点，家庭化迁移已经成为乡城人口迁移的一种主要类型，这与其作为主体的流动人口的迁移类型特征相同。

表 4—12　　　　　　乡城家庭迁移类型选择状况

| 迁移类型 | 频数 | 百分比 |
| --- | --- | --- |
| 个体迁移 | 384 | 48.1 |
| 部分迁移 | 191 | 23.9 |
| 举家迁移 | 224 | 28.0 |
| 合计 | 799 | 100.0 |

（二）迁移家庭的规模与关系结构

家庭是依据婚姻、血缘和收养等基础性关系形成的初级群体，由结构、关系、功能等核心要素构成。家庭结构是家庭的基础，包括家庭规模（人口要素）和关系结构（模式要素）。关系结构模式即家庭成员之间发生某种联系以及因联系方式不同而形成不同的家庭结构模式，包括家庭内部的成员关系、代际数量等[2]。

1. 家庭规模与迁移类型

乡城迁移的原生家庭呈现小家庭化趋势，平均人口为 3.9 人。乡城迁移家庭人口规模更小，平均每个家庭拥有 1.9 人，低于全国 2013 年流动家庭平均 2.5 人的水平[3]。

迁移家庭中单身家庭依然过半，超过两个家庭成员共同迁入的家庭占 49.1%。家庭化迁移中，91.5% 的家庭在三口人之内，5 人的家庭户仅占

---

[1] 这一数据由统计局发布的《2014 年全国农民工监测调查报告》中的数据计算得。http://www.gov.cn/xinwen/2015-04/29/content_2854930.htm，登录时间：2015-05-02。
[2] 杨菊华、何炤华：《社会转型过程中家庭的变迁与延续》，《人口研究》2014 年第 2 期。
[3] 国家卫生和计划生育委员会流动人口司：《中国流动人口发展报告 2014》，中国人口出版社 2014 年版，第 181 页。

1.6%。部分迁移的家庭中，两口之家最多，占所有部分迁移家庭的70.7%。而举家迁移中，占最大比例的是三口之家，为47.3%（见表4—13）。

表4—13　　　　　家庭迁移类型与迁移家庭规模交互统计　　　　　单位:%

| 家庭人口规模 | 家庭迁移模式 |  |  | 合计 |
| --- | --- | --- | --- | --- |
|  | 个体迁移 | 部分迁移 | 举家迁移 |  |
| 1 | 100.0 |  | 10.3 | 50.9 |
| 2 |  | 70.7 | 15.6 | 21.3 |
| 3 |  | 25.1 | 47.3 | 19.3 |
| 4 |  | 3.7 | 21.4 | 6.9 |
| 5 |  | 0.5 | 5.4 | 1.6 |
| (n) | (384) | (191) | (224) | (799) |
| 统计检验 | Pearson $\chi^2$ = 949.5　　df = 8　　sig. = 0.000 ||||

2. 迁移家庭以配偶与子女关系结构为主

虽然迁移家庭中的人口数量是家庭迁移强度的一种表现，但它并不能完全反映家庭关系和家庭功能意义上的强度变化，比如一个父亲携带母子两人和一个父亲携带两个孩子，虽然在人口数量上是相同的，但实质家庭关系上是有巨大差异的。家庭成员的关系结构是家庭功能差异的重要基础。家庭成员角色身份和代际关系是构成家庭关系结构的两个重要方面，它们也是判断家庭模式特征的基础。

李强在早期依据流动者、配偶、子女、兄弟姐妹四类角色对流动人口的家庭关系模式进行了四种模式的归纳：单身（未婚）子女外出型、兄弟姐妹外出型、夫妻分居型、全家外出型。[①] 洪小良在随后的研究中加入了父母的角色，将之扩充为九种模式：单人未婚、单人已婚、单人离异或丧偶、夫妻二人、夫妻携子女、夫妻携父母、夫妻携兄弟姐妹、未婚者携父母、其他。[②] 其他人也依据其研究目标进行了不同的家庭关系模

---

① 李强：《关于"农民工"家庭模式问题的研究》，《浙江学刊》1996年第1期。
② 洪小良：《城市农民工的家庭迁移行为及影响因素研究——以北京市为例》，《中国人口科学》2007年第6期。

式的界定,如朱明芬①、张航空和李双全②、杨菊华和陈传波③等。从以上研究中可以发现,它们都是依据"与被访者的关系"的界定进行的区分,而这种区分与家庭内部的人口规模存在密切关系,人口规模越大,家庭内部的关系就会越复杂。但是,以往研究并未以人口规模为基础对家庭关系进行描述。

在排除个体迁移这种家庭迁移类型之后,依据与"第一位填答者"(本人)的关系和家庭人口数,本次调查对迁移家庭内部存在的家庭关系形式进行分析。在两口之家中,共存在五种关系类型,其中夫妻关系是最主要的关系,夫妻关系占所有两口之家内部关系的比重达到了86.5%,如表4—14所示。

表4—14　　　　　　　　两口之家的家庭关系

| 家庭关系 | 频数 | 百分比 |
| --- | --- | --- |
| 配偶 | 147 | 86.5 |
| 子女 | 9 | 5.3 |
| 儿媳女婿 | 1 | 0.6 |
| 父母 | 7 | 4.1 |
| 兄弟姐妹 | 6 | 3.5 |
| 合计 | 170 | 100.0 |

由表4—15至表4—17可以发现,随着人口数量的增多,家庭内部的关系变得更为丰富多样,但是,核心家庭的父母、子女关系构成了所有家庭关系中最具代表性和典型性的关系。

---

① 朱明芬:《农民工家庭人口迁移模式及影响因素分析》,《中国农村经济》2009年第2期。
② 张航空、李双全:《流动人口家庭化状况分析》,《南方人口》2010年第6期。
③ 杨菊华、陈传波:《流动人口家庭化的现状与特点:流动过程特征分析》,《人口与发展》2013年第3期。

表 4—15　　　　　　　　　三口之家的家庭关系

| 家庭关系 | 频数 |
| --- | --- |
| 配偶子女同住 | 135 |
| 配偶孙子女同住 | 1 |
| 儿女媳婿同住 | 4 |
| 父母配偶同住 | 2 |
| 父母子女同住 | 1 |
| 父母双亲同住 | 9 |
| 父母兄妹同住 | 1 |
| 岳父母配偶同住 | 1 |
| 合计 | 154 |

表 4—16　　　　　　　　　四口之家的家庭关系

| 家庭关系 | 频数 |
| --- | --- |
| 配偶、子女 | 41 |
| 配偶、子女、媳婿 | 2 |
| 双子女、孙子女 | 1 |
| （外）祖父母、双子女 | 1 |
| 儿女、媳婿、孙子女 | 1 |
| 父母、配偶、子女 | 2 |
| 父母、子女、媳婿 | 1 |
| 父母双亲、配偶 | 2 |
| 父母双亲、兄弟姐妹 | 3 |
| 岳父母或公婆、配偶、子女 | 1 |
| 合计 | 55 |

表 4—17　　　　　　　　　五口之家的家庭关系

| 家庭关系 | 频数 |
| --- | --- |
| 配偶、子女 | 2 |
| 配偶、子女、媳婿、孙子女 | 3 |

续表

| 家庭关系 | 频数 |
|---|---|
| 配偶、兄弟、子女 | 1 |
| 父母、配偶、子女 | 6 |
| 岳父母或公婆、配偶、子女 | 1 |
| 合计 | 13 |

3. 代际数与迁移类型

在本次调查的所有乡城迁移家庭中，家庭代际平均为 1.3 代（sdt. = 0.5），这和 2010 年全国流动人口的平均代际（1.5 代）比较接近[①]。在家庭化迁移中，代际数量有所提高，平均每个家庭有 1.6 代人（sdt. = 0.6）。在下表 4—18 将家庭迁移类型和家庭代际数量的交叉对比分析中，可以发现，部分迁移以同代人为主，而举家迁移家庭则以两代人为主，这种差异性是显著存在的。三代迁移无论是在部分迁移还是在举家迁移家庭中都很少，但是举家迁移家庭比部分迁移家庭要多。这说明，举家迁移者的代际构成要更多更复杂。

表 4—18　　　　家庭迁移类型与流动家庭的代际交互统计　　　　单位：%

| 家庭迁移模式 | 流动家庭的代际 1 | 流动家庭的代际 2 | 流动家庭的代际 3 | 合计 |
|---|---|---|---|---|
| 个体迁移 | 68.6 | 0.0 | 0.0 | 48.1 |
| 部分迁移 | 21.4 | 30.6 | 20.0 | 23.9 |
| 举家迁移 | 10.0 | 69.4 | 80.0 | 28.0 |
| (n) | (560) | (219) | (20) | (799) |
| 统计检验 | Pearson $\chi^2$ = 387.5　　df = 4　　sig. = 0.000 | | | |

（三）家庭类型

基于以上家庭规模、家庭成员身份关系和代际关系的讨论，笔者将

---

[①] 杨菊华、陈传波：《流动人口家庭化的现状与特点：流动过程特征分析》，《人口与发展》2013 年第 3 期。

乡城迁移家庭区分为单身户、核心户和扩展户三种家庭类型。单身户就是个体迁移者家庭户和举家迁移中的个人户，核心家庭户为夫妻及其未婚子女两代人所组成的家庭，而其他类型为扩展家庭，包括主干家庭和联合家庭等。全国的家庭户呈现"核心户为主，单身户和扩展户为辅"的特点。[①] 本次调查所呈现的乡城迁移家庭却是核心家庭和单身家庭双峰并存、扩展家庭为辅的特点。单身家庭占到了乡城迁移家庭的50.9%，而核心家庭则占比44.3%（如图4—2所示）。需要注意的一点是：对于举家迁移家庭，这些家庭类型是确实存在的，而对于非举家迁移家庭，则更多的是在"家庭结构意义上"呈现出的暂时性家庭类型，这一点正像盛亦男对核心意义的家庭迁居和扩展意义的迁居的界定。

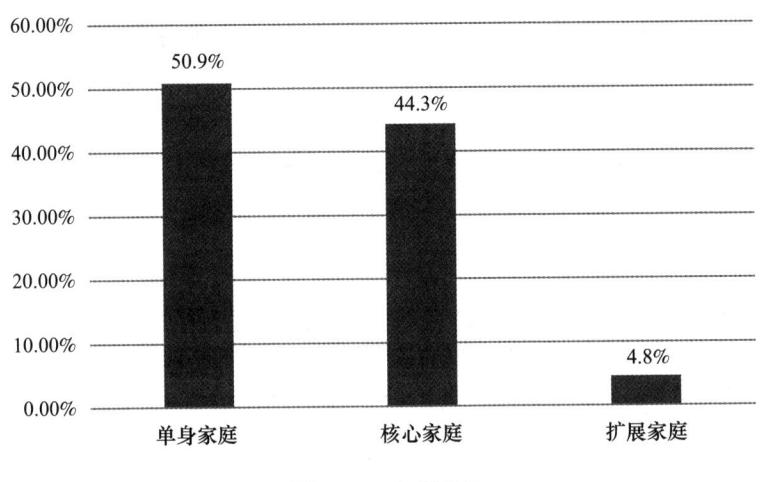

**图4—2 家庭模式**

（四）迁移家庭的社会经济特征

2013年乡城迁移家庭纯收入平均为54900.6元，家庭中的人均年收入33459.0元，这与全国流动人口的平均年收入39324.0元相当[②]，这一

---

① 胡湛、彭希哲：《中国当代家庭户变动的趋势分析——基于人口普查数据的考察》，《社会学研究》2014年第3期。

② 这一数据由2013年流动人口动态监测数据中的就业流动人口平均月收入估算。国家卫生和计划生育委员会流动人口司：《中国流动人口发展报告2014》，中国人口出版社2014年版，第183页。

收入处于南京的中位收入水平（36200.0元）左右。此外，这一收入水平大于南京的农村家庭人均总收入（19446元），同时低于南京城市家庭的人均年总收入（44226.0元）。① 这说明，从家庭的角度看，乡城迁移家庭在城市中的收入基本上处于中低水平，与城市居民依然有一定的差距，但已远远高于农村家庭的收入水平。

迁移家庭每月总支出为2724.7元，占到每月收入的59.6%，其中每月食品支出为1765.4元，食品支出占月总支出的64.8%。总体消费水平上，迁移家庭人均月总支出为2013.8元，接近南京城市居民人均月消费性支出（为2137.3元），远高于全国性的农民工人均1128元的支出（见表4—19）。

表4—19　　　　　乡城迁移家庭的基本经济状况　　　　　　单位：元

| 项目 | 最小值 | 最大值 | 均值 | 标准差 | 样本量 |
| --- | --- | --- | --- | --- | --- |
| 2013年家庭总收入 | 0 | 700000 | 54900.6 | 53660.7 | 799 |
| 2013年家庭人均总收入 | 0 | 600000 | 33459.0 | 37361.8 | 799 |
| 家庭每月食品支出 | 100 | 40000 | 1436.3 | 1765.4 | 783 |
| 家庭人均月食品支出 | 100 | 20000 | 892.8 | 905.7 | 783 |
| 家庭每月总支出 | 0 | 30000 | 2803.7 | 2724.7 | 796 |
| 家庭人均月总支出 | 0 | 25000 | 1741.7 | 2013.8 | 796 |
| 家庭住房面积（m²） | 1 | 200 | 27.8 | 24.5 | 739 |
| 家庭月房租 | 0 | 8000 | 739.2 | 927.1 | 730 |
| 家庭人均月房租 | 0 | 6800 | 420.7 | 568.4 | 730 |

住房，是衡量一个家庭社会经济生活状态的关键变量。从表4—20可以看到，迁移家庭的主要居住形式是租住，占68.1%。政府廉租房和自购房比例微小，购房比例与全国6%的水平相当②，几乎可以忽略不计。

---

① 南京市统计局：《南京市2014年统计年鉴》，2014年12月1日，南京统计局网站（http://221.226.86.104/file/nj2004/2014/renmin/4-1.htm）。

② 国家卫生和计划生育委员会流动人口司：《中国流动人口发展报告2014》，中国人口出版社2014年版，第182页。

尽管有强烈的住房需要，但现实情况是，政府在居住方面并没有对乡城迁移家庭进行关心和照料。在居住形式上，与家庭成员同住、单位集体宿舍、合租成为三种主要的居住形式。人均住房建筑面积为27.8平方米，与南京城市居民平均住房面积30.2平方米比较接近，家庭人均需要付房租420.7元，家庭房租支付占总支出的27.1%，高于全国的平均水平（254元）。

表4—20　　　　　　　　　乡城迁移家庭的住房性质

| 住房性质 | 频数 | 百分比 |
| --- | --- | --- |
| 租住房（私房、单位/雇主房） | 544 | 68.1 |
| 政府提供廉租房 | 5 | 0.6 |
| 免费房（单位/雇主提供，包括就业场所借住房） | 185 | 23.2 |
| 自购房 | 51 | 6.4 |
| 其他非正规居所 | 14 | 1.7 |
| 合计 | 799 | 100 |

## 二　过程特征

家庭迁移的一大特征是家庭成员的迁移很多是分批完成的。家庭中是否有追随先行者的第二人，以及迁移批次间隔时间的长短，因此成为考察家庭迁移过程特征的重要指标。[①]

需要注意的是：正如之前所讨论的那样，家庭迁移作为一个系统，三种迁移类型之间随着时间的变化是可以相互转化的。此外，流入地的家庭也可能出现回流和循环流动等特征，如上所述，范芝芬认为循环流动将是中国农民工继续长时间使用的一种家庭策略。限于数据特征，本次调查不能反映这些相互变动性的特征，而只能有限地考察家庭迁移系统中由个体向举家迁移转变的单向变动特征。这种迁移过程如图4—3所示，这种批次特征在以往的研究中都有所体现。这个过程本身是诸多因

---

① 洪小良：《城市农民工的家庭迁移行为及影响因素研究——以北京市为例》，《中国人口科学》2007年第6期。

素综合作用的结果,且反过来对流动人口在城市的生活、工作及对城市的管理与发展都有着深远的影响。

侯佳伟的研究认为三年可以看作一个基本的周期,即平均每三年会接来一批家属。[①] 成员迁移间隔具有加快缩短的趋势。[②] 在家庭分批迁居过程中,不同批次迁居成员呈现出家庭内成员身份、人力资本存量、迁居时间间隔等方面的选择性特征,先行者的选择性非常突出。以往的研究中通常以个体的流动批次来反映总体的流动批次水平,但是,流动批次是对流动家庭而言的一种流动特征,需要放在家庭单位之下,才具有真实的意义。

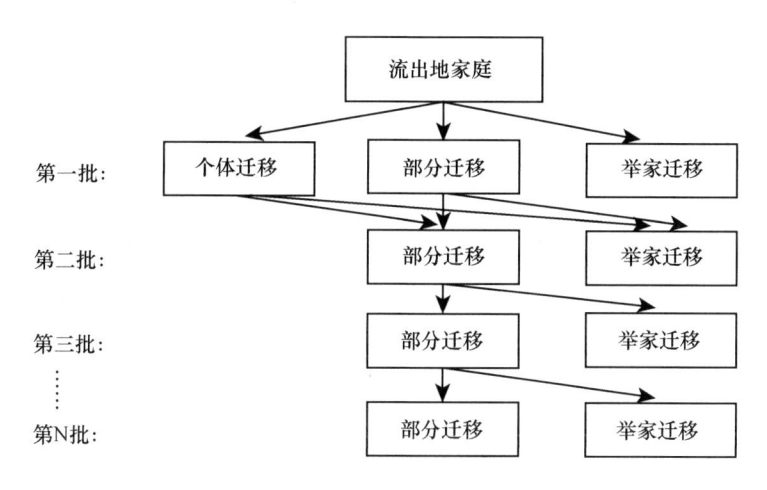

**图 4—3 家庭迁移过程示意图**

（一）迁移批次

本次调查中,所有乡城迁移家庭的迁移批次平均为 1.39 批,而家庭化迁移中发生的迁移批次更多,平均为 1.79 批,这与全国流动人口中的流动批次（平均为 1.54 批）相当。所有乡城迁移家庭中,71.3% 的家庭只进行过一次迁移,家庭化迁移家庭中有 41.4% 也采

---

[①] 侯佳伟:《人口流动家庭化过程和个体影响因素研究》,《人口研究》2009 年第 1 期。
[②] 杨菊华、陈传波:《流动人口家庭化的现状与特点：流动过程特征分析》,《人口与发展》2013 年第 3 期；朱明芬:《农民工家庭人口迁移模式及影响因素分析》,《中国农村经济》2009 年第 2 期。

取了一次性迁移。不同于全国范围或者其他调查出现7批次甚至更多批次的迁移，本次调查的样本中最多迁移批次数仅为4批次，如表4—21所示。

表4—21　　　　乡城迁移家庭的迁移批次的基本分布

| 迁移批次 | 所有迁移家庭 频数 | 家庭化迁移家庭 频数 |
|---|---|---|
| 1 | 638 | 254 |
| 2 | 119 | 119 |
| 3 | 33 | 33 |
| 4 | 9 | 9 |
| 合计 | 799 | 415 |

通过表4—22可以看到，迁移家庭迁移类型的选择与迁移批次存在着显著的相关，不同的迁移类型所发生的迁移批次差异明显，举家迁移发生更多批次的迁移。而且，人口数量越多，迁移批次的分布就越分散，批次数量有显著的依次递减之势。

表4—22　　　迁移批次与家庭迁移类型交互统计（n=799）　　　单位:%

| 迁移批次 | 家庭迁移类型 | | | (n) |
| | 个体迁移 | 部分迁移 | 举家迁移 | |
|---|---|---|---|---|
| 1 | 60.2 | 20.1 | 19.7 | (638) |
| 2 | | 44.5 | 55.5 | (119) |
| 3 | | 27.3 | 72.7 | (33) |
| 4 | | 11.1 | 88.9 | (9) |
| 统计检验 | Pearson $\chi^2$ = 205.8　　df = 6　　sig. = 0.000 | | | |

（二）批次间隔

如果迁移家庭是由分批迁入的家庭成员所组成的，那么批次之间的时间间隔将会影响家庭化迁居的进程,反映出家庭团聚的能力。[1] 批次间的时间间隔越短,家庭团聚的意愿和能力越强,整个家庭化迁移的效果就会越明显。本次调查发现,四批次迁移所形成的三个批次间隔时间所耗费的平均时间依次呈现递减的趋势,分别需要耗费4.9年、4.5年和3.1年。这一规律和之前的研究呈现出相同的趋势,不过递减效果更为明显,见表4—23。

表4—23　　　　　家庭迁移中不同批次间隔时间　　　　　单位:年

|  | 样本量 | 最小值 | 最大值 | 均值 | 标准差 |
|---|---|---|---|---|---|
| 一二批时间 | 230 | 0.1 | 20.0 | 4.9 | 4.3 |
| 二三批时间 | 67 | 0.1 | 17.0 | 4.5 | 3.8 |
| 三四批时间 | 11 | 1.0 | 6.0 | 3.1 | 1.7 |

(三) 批次人员的选择性

批次迁移的家庭,除了要考虑在什么时间范围内采取几次迁移的形式来完成迁移,还需要考虑每一次选派谁来进行迁移。对批次迁移对象的选择显示了家庭的策略。先行者,也就是首批迁移的个人或者部分人员,对分批进行迁移的乡城迁移家庭来说非常重要,他(们)是家庭后续迁移的基础和铺垫,为后续迁移提供条件。以往研究认为家庭中的男性一般是家庭流动的先行主导[2],或者主要是夫妻或夫妻带子女等所构成的家庭部分成员一起流动[3],随行的第二批主要是妇女儿童,第三批主要是儿童[4]等。

从下图(图4—4)前三批迁移者的人口金字塔图中可以发现,在

---

[1] 盛亦男:《中国的家庭化迁居模式》,《人口研究》2014年第3期。
[2] 侯佳伟:《人口流动家庭化过程和个体影响因素研究》,《人口研究》2009年第1期;马瑞等:《农村进城就业人员的职业流动、城市变换和家属随同状况及影响因素分析》,《中国农村观察》2011年第1期。
[3] 杨菊华、陈传波:《流动人口家庭化的现状与特点:流动过程特征分析》,《人口与发展》2013年第3期。
[4] 盛亦男:《中国流动人口家庭化迁居》,《人口研究》2013年第4期。

整体层次上，本次调查的分批次迁移人口中，第一批的性别比为116，先行者中男性高于女性，之后的第二批和第三批的性别比分别为99和73，女性多于男性。第一批迁移者多为劳动力人口，第二批迁移者中，儿童的比例迅速上升，在劳动力阶段人口中，女性人口大大多于男性人口，第三批迁移者中15岁以下的非劳动力成为基本的人口构成。在首批迁移者中，21—25岁的性别比为112，31—35岁的性别比为126，41—45岁的性别比为145，56—60岁的性别比为175，其他年龄组的性别比例都比较均衡。在第二批迁移者中，1—20岁年龄组性别比为188；21—60岁年龄段中，除了36—40岁（120）和51—55岁（233）组外（而且这两组在第二批人口中占比很少），其他年龄组的性别比都非常低（以此为61、58、64、50、40）。在（表4—24）批次迁移家庭成员身份表中也可以发现，第二批中配偶和子女的比例同时扩大，在第三批中儿女的比例达到了36.4%。这说明，第一批往往是男性劳动力和夫妻共同进行迁移，第二批迁移人口主要是妻子和子女的迁入，第三批迁移人口则主要是儿女。

表4—24　　　　　　批次迁移的家庭成员身份　　　　　　单位:%

| 家庭成员 | 首批迁移者 | 第二批迁移者 | 第三批迁移者 |
| --- | --- | --- | --- |
| 本人 | 78.3 | 59.4 | 36.4 |
| 配偶 | 13.7 | 21.9 | 18.2 |
| 儿女 | 5.4 | 15.6 | 36.4 |
| 儿媳女婿 | 0.2 | 1.0 | |
| 父母 | 2.0 | 2.1 | 9.1 |
| 岳父母或公婆 | 0.2 | | |
| 兄弟姐妹 | 0.2 | | |
| 合计 | 100.0 | 100.0 | 100.0 |

图4—4，前三批迁移者的人口年龄性别金字塔。

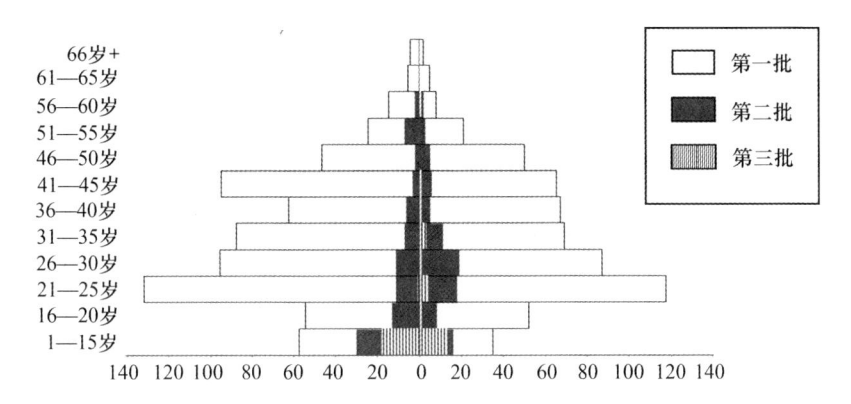

图4—4 前三批迁移者的人口年龄性别金字塔

# 第 五 章

# 乡城家庭迁移的决策分析

在对乡城家庭迁移的基本状况进行考察之后，从家庭迁移系统的角度对乡城迁移家庭的迁移决策进行探讨是本书的另一个目标，也是本书的重点。本书的基本假定是乡城迁移家庭在迁移中的不同选择是其家庭策略的结果，是依据家庭自身的条件特征适应社会结构的机会和限制，以迁移家庭安全为基础，追求更满意的家庭生活的权衡选择的结果，即风险控制策略和家庭收益策略共同作用的结果。笔者认为这两种决策策略的作用方式可以从先行者的个体特征、迁移家庭结构特征和社会特征三个维度，分析展现出来。

正如第三章所讨论的那样，乡城迁移家庭的迁移决策涉及两个主要的方面：横向上家庭迁移类型的选择，纵向上迁移过程的选择（迁移批次，迁移时间间隔）。所以，笔者将在接下来的第一节中分析乡城迁移家庭在迁移类型选择上的差异性来源，在第二节中考察乡城迁移家庭迁移的过程决策因素。

## 第一节 迁移类型的选择

前文第三章笔者已经就乡城家庭迁移系统的组成和系统演进进行了理论上的探讨，并在第四章对构成迁移系统的三个迁移类型及迁移过程进行了详细的描述。但是，乡城迁移家庭为什么选择某种类型进行迁移，是乡城家庭迁移中所要面对的首要决策，也是最为重要的一个决策。所以，哪些因素促成了差异性的选择，它们又是如何发挥作用的，是一个基础性的问题。对这一基础问题的解答，需要考察乡城迁移家庭面对既有的外部结构性障碍所采取的积极和灵活的措施。

对于这一基础性问题的回答，从理论出发，笔者在前文提出了两个命题，即风险控制策略命题和家庭收益策略命题。但命题是否为真，需要对其进行实证检验，而开展这种检验首先需要将其转化为可以通过经验测量的具体变量。所以，接下来笔者将首先从命题中发展出可用经验验证的具体假设，然后使用调查数据进行检验，以发现这两种策略是否在乡城家庭迁移类型选择中发挥作用，以及在哪些具体的维度上发挥怎样的作用。

**一　假设**

迁移类型在这里是需要被解释的变量。如前文所述，迁移类型在迁移系统的视角上看是一种有序递增的变量。而从已有文献中可以看到，影响乡城家庭对迁移类型选择的作用机制表现在个体、家庭和社会三个层面。所以，风险控制策略和家庭收益策略的具体作用也可以从个体、家庭和社会三个维度进行检验。

生存压力是农民选择成为农民工外出就业的最根本的动因。特别是对于生存理性依然在其心目中占据重要地位的乡城迁移家庭而言，迁移所采取的相应策略行为的首要目标，就是减少家庭所面对的潜在不确定性和危险、确保家庭的整体安全，这种核心目标下所展开的逻辑行为早已被家庭策略研究和新迁移经济学所强调。[1] 所以，有关这一基础性因果机制的命题陈述，本书认为就是风险控制策略：风险控制是影响乡城家庭迁移决策的核心依据，家庭安全是家庭迁移策略行为的基本目标。

具体到迁移类型选择方面，迁移风险的增大会促使乡城家庭迁移趋于保守，更倾向于向个体迁移类型方向变动。因为先行者的选择代表了

---

[1] Tilly, Louise A., "Individual Lives and Family Strategies in the French Proletariat", *Journal of Family History*, 4.2 (1979): 137–152; Wallace, Claire, "Household strategies: their Conceptual Relevance and Analytical Scope in Social Research", *Sociology*, 36.2 (2002): 275–292.

处理迁移风险能力的家庭判断，更有能力的先行者会促使家庭化迁移的发生①。而迁移家庭在城市中的生活成本和潜在风险构成了其迁移类型决策的核心内容。如以往研究中发现原生家庭的家庭规模，代表了需要迁移的成本的大小和相应的可能带来的迁移风险规模。②而作为一种筛选机制，迁移家庭在迁入地的居留时间表明了其对迁入地生活风险的抵抗能力，居留时间越长，抗风险能力越大。社会空间距离同样也是一种乡城家庭迁移的潜在风险，空间距离的扩大，提高了迁移成本和风险。据此，依据以往的研究和本书所使用的数据特征，建立如下假设：

假设1：先行者能力越强的家庭越倾向举家迁移方向的类型选择。

假设2：对城市生活风险越谨慎的家庭越倾向个体迁移方向的类型选择。

家庭收入最大化被所有理论认为是家庭决策的一项基本策略目标。乡城家庭迁移的行为选择，就是乡城迁移者依据内化的中国传统家庭价值文化所形成的惯习，在已有的各种迁移结构背景下，追求迁移所带来的"整体家庭"收益最大化的一种努力。由前述文献回顾可知，乡城家庭化迁移相对于个体迁移不仅有可能带来经济上的家庭收益，更有可能带来情感支持等非经济性的收益。如命题2所述，家庭收益是乡城家庭迁移的重要策略依据，它特别对推动家庭化迁移的持续进行起到正向促进作用。具体到迁移类型的选择上，对家庭价值的重视会推动举家迁移类型方向的发生，同样更为重要的是，家庭化迁移带来的家庭经济收益的提高，会大大推动家庭化迁移的选择。比如在已有研究中，婚姻所代表的情感收益对迁移类型的家庭化选择具有正向作用。婚姻是形成家庭价值认知的主要家庭制度，已婚有配偶的人会比单身人士更为重视家庭团聚所带来的家庭价值，因此拥有婚姻关系的人更希望获得家庭式团聚

---

① 盛亦男：《流动人口家庭化迁居水平与迁居行为决策的影响因素研究》，《人口学刊》2014年第3期；徐艳：《家庭背景中的农民迁移行为——以湖北吴氏祠村为例》，《人口与经济》2003年第5期。

② 侯佳伟：《人口流动家庭化过程和个体影响因素研究》，《人口研究》2009年第1期；李强：《农民工举家迁移决策的理论分析及检验》，《中国人口资源与环境》2014年第6期；袁霓：《家庭迁移决策分析——基于中国农村的证据》，《人口与经济》2008年第6期。

的网络收益,这种婚姻对家庭化迁移的促进效果在以往研究中也有所体现。而相对于男性,女性在中国的社会角色使其更加倾向于重视情感价值,所以她们更愿意家庭成员共同生活,特别对已婚有配偶的女性而言,这种家庭价值激励下的女性先行者,更倾向于家庭化迁移模式的选择。[①]家庭化迁移带来的经济收益,是家庭收益更为直接的操作化指标,也是被其他研究所普遍探讨的焦点。在这里,本书将以家庭人均收入、家庭人均支出和住房为具体的经济收益的操作化变量指标。从家庭人均水平的角度来分析乡城迁移的收益与成本,是本书一个不同于以往研究的指标。由于每个乡城迁移家庭的人数不同,家庭的年收入虽然具有一定的代表性,但家庭人均年收入的代表性更强,对不同家庭的收益能力差异更具有代表性。

假设3:对家庭情感越重视的家庭越倾向于举家迁移方向的类型选择。

假设4:经济收益最大化的目标决定乡城迁移家庭迁移类型的选择。

## 二 模型设定

在第三章已经说明,为了区分乡城迁移家庭在家庭迁移系统内部——乡城迁移家庭所使用的三种不同的迁移类型——的差异性决策,笔者依据因变量存在着信息含量上的递进关系这一有序分类变量的属性,使用 Ordinal logistic Regression 回归模型对数据进行模拟,以个体迁移类型为参照组。因为是否工作对于乡城迁移家庭来说是最为重要的决定性因素,依据是否工作为条件笔者构建了以下模型1和模型2两个嵌套回归模型。模型1包含了没有工作的先行者的简单模型,而模型2只包括了有工作的先行者的完整回归模型,如表5—1所示,两个模型均通过了显著性检验,具有统计意义。此外,这两个模型都具有较高的解释力。

---

[①] Fan, C Cindy, M. Sun, and S. Zheng, "Migration and Split Households: A Comparison of Sole, Couple, and Family Migrants in Beijing, China", *Environment and Planning A*, 43.9 (2011): 2164-2185.

表5—1　　　　乡城家庭迁移模式选择的有序逻辑回归

| 变量 | 模型1 | 模型2 |
| --- | --- | --- |
| **先行者特征** | | |
| 年龄 | -0.038（-0.69） | 0.001（0.02） |
| 年龄平方 | 0.001（0.67） | -0.000（-0.04） |
| 性别（男=0） | | |
| 女 | 0.391*（2.09） | 0.327（1.61） |
| 婚姻状态（单身=0） | | |
| 已婚有配偶 | 2.394***（8.36） | 2.326***（7.29） |
| 受教育程度 | 0.016（0.51） | -0.010（-0.29） |
| 就业状况（就业=0） | | |
| 未就业 | 0.447（0.92） | |
| 职业（国家机关、党群组织、企事业单位负责人=0） | | |
| 专业技术人员 | | 2.247（1.68） |
| 公务员、办事人员和有关人员 | | 3.466*（2.32） |
| 社会生产服务、生活服务人员 | | 1.439（1.11） |
| 生产制造及有关人员 | | 1.243（0.94） |
| 就业身份（雇员=0） | | |
| 雇主 | | 0.024（0.05） |
| 自营业者 | | 0.672**（2.72） |
| 月收入对数 | 0.113（0.84） | 0.104（0.69） |
| 居留时间（年） | 0.046**（2.79） | 0.026（1.41） |
| **家庭特征** | | |
| 家庭总人口数 | -0.690***（-8.10） | -0.715***（-7.75） |
| 孩子的数量 | 2.334***（8.75） | 2.428***（8.52） |
| 老人的数量 | 0.366（0.78） | 0.391（0.78） |
| 人均年收入对数 | -0.949**（-2.80） | -0.879*（-2.42） |
| 人均月总支出对数 | -1.449***（-4.09） | -1.531***（-4.07） |
| 住房类型（租住房=0） | | |
| 免费房 | -1.061***（-4.31） | -0.965***（-3.66） |

续表

| 变量 | 模型1 | 模型2 |
| --- | --- | --- |
| 自购房 | 0.743（1.91） | 0.979*（2.20） |
| 汇款 | 0.000（0.84） | 0.000（0.72） |
| **社会特征** | | |
| 户籍状况（农业户口=0） | | |
| 非农业户口 | 0.161（0.61） | 0.266（0.90） |
| 迁移范围（省内迁移=0） | | |
| 跨省迁移 | 0.405（1.26） | 0.348（1.03） |
| 来源地区（东部地区=0） | | |
| 中部地区 | -0.205（-0.65） | -0.275（-0.83） |
| 西部地区 | -0.318（-0.66） | -0.325（-0.65） |
| 临界值1 | -8.550***（-4.35） | -6.828**（-2.64） |
| 临界值2 | -6.408***（-3.29） | -4.570（-1.78） |
| 观察值 | 696 | 637 |
| LR chi²/F | 551.82*** | 536.88*** |
| Pseudo R² | 0.375 | 0.400 |

注：1. 显著性水平：$^*p<0.05$，$^{**}p<0.01$，$^{***}p<0.001$。

### 三 结果分析

在先行者特征方面，在控制其他变量的情况下，代表先行者能力的年龄、受教育程度因素并没有表现出显著的作用。这可能主要是由于城市人口筛选机制依然在乡城迁移者群体中发挥着重要的作用，第一批先行者具有相似的选择性，在年龄、受教育程度和工作能力等方面存在极大的相似性等特征导致他们的差异性不明显。就业状况整体上对迁移类型的选择也并无显著性影响。假设1并没有获得证实。

在控制其他变量的情况下，先行者的婚姻状态是一个在两个模型中都存在显著影响的因子，那些拥有已婚有配偶先行者的乡城迁移家庭，相对于单身先行者所在的家庭，会更倾向于向举家迁移方向的类型选择。先行者已婚有配偶的状态，确实促使乡城迁移家庭更多地选择家庭化迁移特别是举家迁移。婚姻是现代家庭的核心，是家庭安全的最主要的目标，婚姻的团聚所带来的价值对于每个家庭来说都是重大的，拥有婚姻关系的人，对家庭的需要会更为迫切。所以，越来越多的处于婚姻状态的人选择家庭化迁移。这和以往的一系列研究基本上达成了共识，正如前文第四章所发现的那样，夫妻迁移也成为家庭迁移的主导家庭关系形式。在以往的研究中，配偶的共同迁移被作为界定家庭化迁移的标准。[①] 此外，在全部先行者中，相对于拥有男性先行者的家庭来说，拥有女性先行者的家庭会更多选择举家迁移而不是个体迁移，这和以往的研究有相似之处。可以发现女性的社会角色和心理更多地强调家庭本位，她们是家庭服务的供给者，对家庭的情感等需要起着不可替代的作用。所以，女性外迁常常伴随举家迁移，以照料家庭，确保家庭日常生活为继。以上这两点发现，假设3获得了的支持。

在控制了工作状态之后，在所有工作的先行者所在的家庭中，先行者的就业身份也对家庭迁移类型的选择构成了显著的影响，自营业者家庭相对于雇员家庭更倾向于举家迁移类型方向而不是个体迁移。自主经营有利于举家迁移的协同效应的发挥。[②] 自主营业具有较大的灵活性，可以照顾到家庭的需要，同时，家人可以参与到经营中来，通过家人的帮助、打杂等服务供给，有利于减少经营成本（人力），也可以共同承受、分担经营风险，获得情感支持。这说明假设4中的家庭经济收益得到了来自先行者特征方面的证实。

在控制其他变量的情况下，先行者居留时间的增长有助于举家迁移方向类型选择的发生。乡城迁移是一种双重筛选机制，居留时间表明了乡城迁移者在迁入地区的相对竞争优势，也表明乡城迁移者对迁入地的生活居留的相对满意程度，特别是具备了较强的控制生活风险的能力。假设2获得了证实。

通过逐步回归的方式纳入变量，可以发现家庭特征变量构成了影响

---

[①] 侯亚非、洪小良：《2006年北京市流动人口家庭户调查报告》，《新视野》2007年第2期。

[②] 李强：《农民工举家迁移决策的理论分析及检验》，《中国人口资源与环境》2014年第6期。

乡城迁移模式选择差异的主要来源，大大提高了模型的解释能力，迁移家庭的特征变量对于其家庭迁移模式的选择具有显著而重要的影响。由表5—1也可以看到，在控制其他变量的情况下，家庭特征变量依然对乡城迁移模式选择构成了广泛的影响。

首先，在表中可以发现，家庭总人口和家庭中的人均月总支出对数无论是在模型1中还是在模型2中都表现出了相同的作用方向，家庭总人口数越多、家庭人均月总支出越高，越倾向于选择个体迁移或者部分迁移，而不是进行举家迁移。家庭人口规模的增大会增加举家迁移的难度，因为它将涉及更高的迁移成本，以往的研究也证明，大家庭往往通过分散人口来进行风险分散和多重优势共用。[①]

家庭迁移是以家庭成本的最小化为基本策略的，家庭人均月支出越多，表示迁移家庭在城市生活中的人均成本越高，需要通过减少流入家庭成员来降低这种成本。以上几个方面作为城市风险的重要指标，证实了假设2。

乡城迁移家庭中孩子的数量和老人的数量往往决定了家庭的负担水平，但是，孩子和老人随迁外出，是家庭化迁移进行中完整化努力的一个主要表现。笔者将超过两个家庭成员的外出规定为部分迁移或者举家迁移，他们的影响机制只存在于部分迁移与举家迁移的差异之中。在控制其他变量的情况下，它们对乡城迁移家庭迁移类型的选择发挥了一致的作用，那就是促进了举家迁移类型的选择。也就是说，孩子和老人的随迁，往往会导致举家迁移的完成。但是，只有孩子的数量这一变量的影响确实发挥了显著性作用，因为显然孩子在家庭情感关系系统中的作用更为重要。这也从家庭层面证明了假设3的存在，乡城迁移家庭考虑的依据不仅仅是经济理性，还有"家庭情感"维度的价值理性。

---

① Fan, C. Cindy, and Wenfei Winnie Wang, "The household as security: Strategies of rural-urban migrants in China", *Migration and social protection in China*, 14 (2008): 205; Stark, Oded, and David E. Bloom, "The new economics of labor migration", *The American Economic review*, 75.2 (1985): 173–178; 李强:《农民工举家迁移决策的理论分析及检验》,《中国人口资源与环境》2014年第6期。

家庭人均年收入的增加，会促进乡城迁移家庭对个体迁移方向的迁移类型的选择。这说明迁移家庭在城市中的经济收入最大化是一个主要的策略目标，为了实现这一目标，乡城家庭的迁移会更加谨慎地进行，首先选择比较有能力的先行者进行个体迁移，随后才会考虑部分迁移，举家迁移成为最后的慎重决定。这就从家庭层面证明了假设4。

乡城迁移家庭在城市中的住房，一方面作为在城市中经济能力的表现，另一方面也为家庭的生存提供了一个基本的物理空间。所以，在控制其他变量的情况下，乡城迁移家庭的住房类型对其采取何种形式的迁移产生了直接影响。居住在租住房中的乡城迁移家庭，比住在老板或者工作单位提供的免费住房的乡城迁移家庭，更倾向于举家迁移方向。房租支付能力和水平，表明乡城迁移家庭在城市中收入水平、承受家庭一起居住对住房的要求的差异，同时租住房也更便于容纳家庭成员，为家庭生活提供空间条件。这一发现，和租金水平对举家迁移的促进作用具有相同的机制。在工作人群中，自购房家庭又比租房家庭更多选择举家迁移，而往往不会选择个体迁移。能够在城市中购买房子的乡城迁移家庭，说明已经具有足够的经济实力来实现举家迁移，经济不再是约束条件。这两个变量可以视作在家庭层面上对假设2的回应和证实。

以往的研究中，户籍（这基本是一个研究共识，范芝芬将其称为户籍范式）、距离[1]、区域分隔[2]和所代表的农民工城乡社会关系状况[3]等社会结构关系特征会对农民工的流迁行为造成显著的影响。那么具体到迁移类型的选择来说，其作用又如何？在控制其他变量的情况下，社会特征在乡城迁移家庭选择不同的迁移类型上并没有表现出明显的影响。可以看到社会结构关系对乡城迁移家庭类型的选择具有如下趋势：农业户

---

[1] 杨肖丽、景再方：《农民工职业类型与迁移距离的关系研究——基于沈阳市农民工的实证调查》，《农业技术经济》2010年第11期。

[2] 张展新：《从城乡分割到区域分割——城市外来人口研究新视角》，《人口研究》2007年第6期。

[3] 李强、毛学峰、张涛：《农民工汇款的决策、数量与用途分析》，《中国农村观察》2008年第3期。

口家庭相对于非农业户口家庭、跨省迁移者相对于省内迁移者更倾向于选择举家迁移、部分迁移而非个体性迁移；而东部地区的农民工相对于中部和西部地区的农民工发生个体迁移和部分迁移的可能性更高；家庭汇款的增加有利于家庭化迁移的发生。但是，这些趋势都没有通过显著性检验，只存在于样本之中不具有统计推广意义。

### 四 小结

经过以上分析可知，风险控制和家庭收益最大化是乡城家庭迁移模式选择的主要行动依据和目标。对城市生活风险越谨慎的家庭，越倾向个体迁移方向的类型选择，居留时间的增长、家庭总人口和家庭中的人均月总支出的增加、被动的住房等显著地促进了个体迁移类型方向的选择。对家庭情感越重视的乡城迁移家庭越倾向于举家迁移方向的类型选择，拥有已婚有配偶者、女性先行者、孩子和老人的随迁等的家庭更多地会选择举家迁移方向的迁移类型。家庭经济收益最大化的目标是乡城迁移家庭迁移类型的选择的重要依据，家庭经济收益得到了来自先行者特征方面的证实。家庭人均年收入的增加会促进乡城迁移家庭对个体迁移方向的迁移类型的选择。

## 第二节 迁移批次的选择

乡城家庭迁移系统从静态结果上，可以认为它存在着个体迁移、部分迁移和举家迁移三种迁移类型。但是，家庭迁移同时也是一个动态的过程。过程特征是家庭迁移的一个重要特征，这种过程特征有学者将其总结为"梯次性"[①]。相对于个体迁移家庭而言，家庭迁移的重要差异之一是其可能存在不止一次的家庭成员迁移行为，即前面所讨论的"累积式迁移"。对于家庭迁移者来说，迁移批次和迁移间隔时间是"梯次性"过程的重要要素，它反映了乡城迁移家庭在持续迁移过程中的决策过程

---

① 杨菊华、陈传波：《流动人口家庭化的现状与特点：流动过程特征分析》，《人口与发展》2013 年第 3 期。

及其结果。在第四章中我们已经知道了乡城迁移家庭是以怎样的方式逐步迁移到南京的,那么,是什么因素影响了家庭对不同迁移批次和迁移时间间隔的选择,同样也是一个需要回答的基础性问题。

对这一基础性问题的探讨在学术研究中才刚刚起步。侯佳伟发现先行者的年龄增长、女性的性别身份、受教育程度的提高、来京年份的增长以及家庭规模的扩大等都对家庭进行更多批次迁移产生正向的影响。① 但洪小良认为,迁入时间短,不仅能够缩小批次间隔时间,也可以促进一次性举家迁移的实现,城市收入的提高会使家庭倾向于一次性举家迁居,家庭与迁出地联系较为密切时可能使家庭迁居方式更为谨慎。②

整体而言,目前有关乡城家庭迁移过程性特征的因果机制分析才刚刚被重视,已有的实证研究利用现有数据资料,多是从描述性角度入手,具体的过程性作用机制的分析十分有限,少数有关迁移批次选择机制的研究也是较为简单的"一次性"和"分批次"二分法考察③,对批次数据并没有充分利用,缺少系统性的理论视角,所以,乡城家庭迁移批次决策的影响机制仍然有待进一步的探索。笔者尝试从风险控制策略和家庭收益策略这两个视角出发,对迁移批次的影响因素进行详细的考察。

### 一 研究假设

依据家庭策略理论形成的风险控制命题,确保家庭的安全是进行家庭迁移的首要标准,迁移家庭成员一次性全部迁移还是分批迁移的选择,是家庭实行风险控制的重要策略行为,所以,分批迁移本身就是一个风险控制过程。那么,风险控制就成为影响迁移批次的核心机制。这一机制作用的指标包括依据个人特别是先行者对迁移风险的控制能力将不同的家庭成员进行分批迁移,即前文第四章描述部分所呈现的迁移的选择性特征;依据自身的家庭情况可能造成的迁移成本和风险的大小,决定

---

① 侯佳伟:《人口流动家庭化过程和个体影响因素研究》,《人口研究》2009 年第 1 期。
② 洪小良:《城市农民工的家庭迁移行为及影响因素研究——以北京市为例》,《中国人口科学》2007 年第 6 期。
③ 盛亦男:《流动人口家庭化迁居水平与迁居行为决策的影响因素研究》,《人口学刊》2014 年第 3 期。

迁移批次的多少；依据社会对迁移的约束性条件和机会的预期而形成的迁移风险（成本）考量而选择相应的迁移批次。据此，结合已有研究可以形成以下两个具体的假设：

假设 1：拥有较强抗风险能力的乡城迁移家庭会减少迁移批次。

假设 2：经济成本和社会限制的增加会促使乡城迁移家庭采取更多的迁移批次。

由家庭价值命题我们认为，对于乡城迁移家庭而言，进行家庭化迁移特别是举家迁移的最终目的，是在迁入地重构家庭，尽快重新拥有家庭网络所产生的正功能，满足自己及家庭在情感、服务和物质等各方面的需要。这些目标在家庭策略理论和社会网络理论中都是作为一种激励要素而存在。家庭价值，由此也成为乡城迁移家庭进行批次选择重要决策的策略依据，更高的家庭收益会促使乡城迁移家庭选择更少的迁移批次，以迅速地实现在迁入地的家庭重构。结合已有研究由此形成以下具体假设：

假设 3：对家庭的需求程度越高的乡城迁移家庭越倾向于减少迁移批次。

## 二 模型设定

关于迁移批次选择机制的现有研究，在以往仅仅是以较为简单的"一次性"和"分批次"的方式进行差异考察，对批次数据并没有充分利用。由于迁移批次只对家庭化迁移（部分迁移和举家迁移）有意义，所以本书使用的因变量是采用家庭化迁移类型的迁移家庭采取的迁移批次的数量。在第三章方法部分，已经就分析迁移批次的模型方法做了初步讨论。这里，笔者将对模型方法的适用性再做一些具体的讨论，然后对使用的两个具体模型进行说明。

迁移批次这一变量属于非零的正整数计数变量，由描述部分知道，它的取值范围为 1—4 次，其分布如图 5—1 所示。该数据不是连续数据，而是离散性的、不可能存在零值的计数数据。数据的平均值为 1.79，方差为 0.64，不存在数据过度分散的问题。所以，依据因变量的属性特征，使用零截距泊松模型是一种比较恰当的选择。接下来，依然依据先行者个体特征、家庭特征和社会结构关系特征三个变量维度的顺序对结果进行分析。

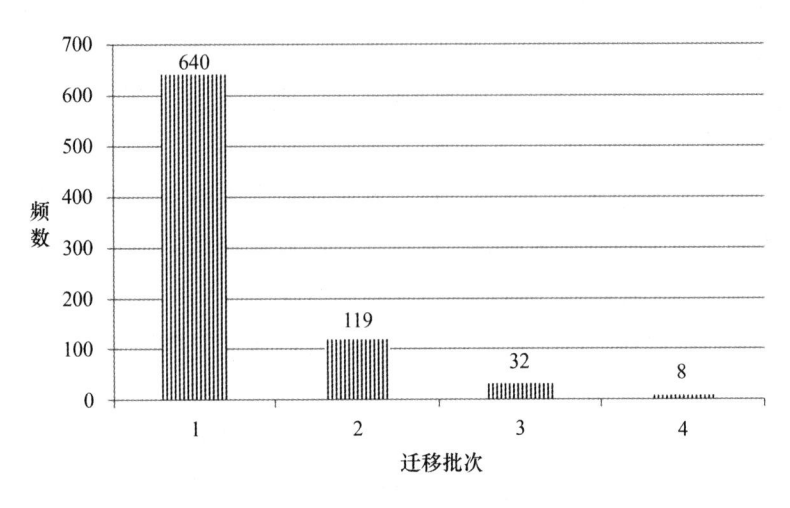

**图 5—1　迁移批次的频率分布图**

具体的模型应用中，和前文有关家庭迁移类型选择机制的分析一样，考虑到工作状况这一变量的基础性作用，依据是否有工作及工作的具体情况，本书使用了模型 3 和模型 4 两个模型对数据进行拟合。模型 4 是包含具体工作信息的完全模型。由表 5—2 可知，两个模型都通过了 Wald chi$^2$ 检验，具有显著的统计意义，且两个模型不存在明显的共线性问题。

表 5—2　　　　　　　　　迁移批次零截距泊松回归

| 变量 | 模型 3 | 模型 4 |
| --- | --- | --- |
| **先行者特征** | | |
| 年龄 | -0.089*** (-4.67) | -0.081** (-2.89) |
| 年龄平方 | 0.001*** (4.13) | 0.001* (2.37) |
| 性别（男=0） | | |
| 女 | -0.069 (-0.94) | -0.077 (-1.04) |
| 婚姻状态（单身=0） | | |
| 已婚有配偶 | -0.229 (-1.88) | -0.238 (-1.74) |

续表

| 变量 | 模型3 | 模型4 |
| --- | --- | --- |
| 受教育程度 | -0.002（-0.11） | -0.004（-0.25） |
| 就业状况（就业=0） | | |
| 未就业 | -0.526（-1.09） | |
| 职业（国家机关、党群组织、企事业单位负责人=0） | | |
| 专业技术人员 | | -0.500*（-2.17） |
| 公务员、办事人员和有关人员 | | 0.037（0.17） |
| 社会生产服务、生活服务人员 | | -0.332（-1.58） |
| 生产制造及有关人员 | | -0.414（-1.76） |
| 就业身份（雇员=0） | | |
| 雇主 | | -0.166（-1.12） |
| 自营业者 | | -0.184（-1.85） |
| 月收入对数 | -0.114（-1.69） | -0.115（-1.67） |
| 居留时间（年） | 0.041***（6.19） | 0.044***（6.38） |
| **家庭特征** | | |
| 家庭总人口数 | 0.016（0.47） | 0.007（0.21） |
| 孩子的数量 | 0.638***（9.96） | 0.684***（10.70） |
| 老人的数量 | 0.140（1.26） | 0.137（1.20） |
| 人均年收入对数 | 0.437*（2.43） | 0.450*（2.41） |
| 人均月总支出对数 | -0.261（-1.56） | -0.301（-1.79） |
| 住房类型（租住房=0） | | |
| 免费房 | 0.001（0.01） | -0.071（-0.62） |
| 自购房 | 0.156（1.51） | 0.148（1.47） |
| 汇款 | 0.000（0.07） | 0.000（1.26） |
| **社会特征** | | |
| 户籍状况（农业户口=0） | | |
| 非农业户口 | 0.054（0.44） | 0.078（0.62） |
| 迁移范围（省内迁移=0） | | |
| 跨省迁移 | -0.157（-1.22） | -0.151（-1.11） |

续表

| 变量 | 模型3 | 模型4 |
|---|---|---|
| 来源地区（东部地区=0） | | |
| 中部地区 | 0.021（0.18） | 0.008（0.07） |
| 西部地区 | 0.150（0.86） | 0.141（0.76） |
| 常数项 | 1.667*（2.19） | 2.018*（2.39） |
| 观察值 | 352 | 321 |
| Wald chi$^2$ | 260.46*** | 128.93*** |
| Pseudo R$^2$ | 0.157 | 0.165 |

注：1. 显著性水平：$^*p < 0.05$，$^{**}p < 0.01$，$^{***}p < 0.001$。

2. 表中括号中的标准误是稳健标准误，依据Cameron and Trivedi（2009）所确立的stata泊松回归中使用vce（robust）的稳健回归命令操作获得，以控制对模型潜在假定条件的温和违背。

### 三 结果分析

在所有先行者特征中，在控制其他变量的情况下，只有年龄变量对迁移批次的选择产生了显著影响。年龄对迁移批次选择呈现"U"形曲线形态：先是随着先行者年龄的增长，迁移家庭逐渐减少迁移批次；先行者的年龄在46岁 [y = − b ÷ 2a = 0.0889 ÷（2 × 0.000963）] 时达到最小；之后，乡城迁移家庭又会增加迁移次数。这一发现和侯佳伟的研究结论基本一致，他发现迁移者的年龄每增加一岁，采取一次性举家迁移的可能性就会增加0.1倍，这种影响过了拐点年龄之后就会呈现相反的方向。[1] 先行者随着年龄由青年到壮年，在城市中获得收入、抵御风险的能力越来越强，这个年龄段往往是他们自己的核心家庭形成阶段，在迁移时往往会减少迁移批次。而随着年龄的增长，他们可能会有更多的家庭成员需要考虑，自己在城市中的工作风险也会加大，子女的入学也会成为增加成本的重要因素，所以，他们会更加谨慎，选择更多批次地迁移家庭成员，增强自己及家庭的适应性。有关先行者特征的其他影响因素方面，特别是工作状况上的差异所代表的抵抗风险能力的差异，对迁移

---

[1] 侯佳伟：《人口流动家庭化过程和个体影响因素研究》，《人口研究》2009年第1期。

批次的影响不显著。总之，先行者除了年龄之外的人力资本和经济资本，并不会对乡城迁移家庭户迁移批次的决策产生显著的差异性影响。这说明，假设1在先行者个体层次只是得到了部分证实。

在控制其他变量的情况下，迁移家庭在南京的居留时间越长，迁移家庭就越倾向于进行更多批次的迁移。而且在两个模型中都是显著的。这一发现和北京的调查中来京年份越晚越有可能一次性迁入的趋势相同。[1] 居留时间，即来南京的年份距离现在的时长，表明了乡城迁移家庭的迁移历史过程，越早进行迁移的乡城迁移者，越有可能处于"跑单帮"盛行时期，各方面对家庭迁移的限制也越多，随着自己在城市生活的适应，他们才会分批将家庭成员接入。这一变量同时证明了假设2。

家庭中孩子的数量和老人的数量，代表了迁移家庭在迁入城市中的生活成本和负担水平，特别是孩子数量的增加，会大幅增加生活负担。因为孩子的教育等支出较大，且花费在日常照料上的时间和经济成本也很高。生活成本，是城市生活风险的重要常规因素，生活成本的增加意味着城市生活风险的增加。在控制了其他变量的情况下，可以发现，迁移家庭中孩子的数量，对迁移批次的决策产生了显著的影响：随着孩子数量的增加，迁移批次增多，迁移家庭中每增加一个孩子，迁移家庭的迁移批次发生比就会增加0.638倍，这种影响对那些先行者处于工作状态的家庭更大，发生比会增加0.684倍。此外，在家庭经济方面，由表5—2可以看到，家庭人均收入的增加，对乡城迁移家庭的迁移批次选择的作用也是明显的，且有正向促进作用。这一点正如本书上文有关迁移类型选择中所做的理论阐释那样，家庭收入的最大化，依然是乡城家庭迁移决策的重要策略目标，为了确保家庭收入的最大化，乡城家庭会放缓家庭迁移进程，采取更多的批次将家庭成员迁入城市之中。也就是说，为了确保家庭收入最大化、尽量降低家庭迁移在城市中的经济生活成本，通常的方式就是增加迁移批次。所以，假设2中的经济成本假设得到了证实。

---

[1] 侯佳伟：《人口流动家庭化过程和个体影响因素研究》，《人口研究》2009年第1期。

在控制其他变量的情况下，笔者发现社会结构关系中的变量指标并没有对迁移批次选择构成显著影响。此外，虽然代表家庭需求程度指标的性别和婚姻状况等变量表现出了假设中的作用方向，但是他们并没有通过显著性检验，从而不具有统计意义。假设3并没有获得证实。

### 四 小结

在乡城家庭迁移的批次选择中，对于乡城迁移家庭而言，风险控制策略发挥了决定性的作用。综合考量风险和家庭收益后，先行者会依据自己的生命阶段对风险的控制能力选择家庭迁移批次，以46岁为拐点呈现出先减少后增加的"U"形曲线形态；居留时间越长，对城市生活风险的更多感知，会使迁移家庭更倾向于进行更多批次的迁移。经济成本的增加会促使乡城迁移家庭采取更多的迁移批次。作为生活成本和城市生活风险的重要常规因素，迁移家庭中孩子的数量、家庭人均收入的增加对迁移批次具有正向促进作用。

## 第三节 批次间隔的选择

批次间隔是乡城家庭迁移过程中的又一个基本的过程性特征，也是与迁移批次存在紧密关系的一个特征变量。而批次间隔通常又被之前的研究所忽视。已有的少量研究也主要是以描述为主，即呈现出本书在第四章描述性分析部分所表现的特点，基本呈现递减的趋势。相对于迁移类型选择和迁移批次选择因果机制的分析，批次间隔因果机制的分析更为缺乏，据笔者的文献阅读，只有侯佳伟和孙占文运用COX风险比例模型做过探索性研究，但由于受所使用变量的局限，并不能在实现较好控制之下确认影响因素。那么，究竟是哪些因素影响减少或者延长了不同批次之间的间隔时间？本节将使用本次调查数据对此进行研究。

### 一 研究假设

批次间隔时间表明的是迁移家庭在城市中实现团聚的能力和意愿强

度水平。理论上个体的家庭期待、家庭经济基础和社会结构造成的迁移风险的考量都将对实现家庭在城市团聚的能力和意愿造成影响，从而对批次间隔时间的形成构成影响。而这些考量，同样是基于迁入地家庭的风险控制和家庭收益，即家庭安全和收益最大化两个目标。依据前面有关风险控制和家庭价值命题的讨论，这两个决策策略，依然在乡城迁移家庭批次间隔选择中发挥着最为本质的作用。

团聚能力的一个重要组成部分，就是迁移家庭控制在迁入地的生活风险的能力，它是批次间隔决策的基础：团聚能力越强的家庭，就会愈加倾向于缩短批次间隔。这种团聚能力体现为先行者（人力资本和经济资本）能力和迁移家庭在城市应对生活压力的能力（其中最主要的是有效应对生活成本的能力）。先行者的人力资本和经济资本，具体可以操作化为先行者的年龄、受教育程度、工作（有无工作、职业、单位性质、工作身份等）和收入。生活成本主要操作化为家庭人均支出。据此，结合以往研究结果，可以形成以下具体研究假设：

假设 1：更有风险控制能力的乡城迁移家庭会缩短批次间隔。

假设 2：迁移成本的提高会延长乡城迁移家庭的批次间隔。

团聚意愿水平，表现了对家庭非物质价值收益的追求，婚姻状况可以被视作这方面的具体操作化解释变量。同样，在迁入地的家庭重建，所带来的家庭收入的增加、与原居住地（来源地）相对收益的提高，也是家庭收益策略作用的主要内容。对完整家庭越渴望的迁移者，越倾向于缩短批次间隔；迁移家庭社会网络在城市的拓展，会推动加速批次迁移的发生。据此，可以形成以下具体假设：

假设 3：团聚意愿更强的乡城迁移家庭会缩短批次间隔。

假设 4：乡城迁移家庭经济收益的提高会缩短批次间隔。

## 二 模型设定

本节中"批次间隔时间"为因变量，本节将对此进行考察。批次间隔时间是以年为单位的连续变量，故使用多元线性回归模型，就可以实现对数据的准确回归拟合。

第二批家庭成员的迁入对于家庭迁移系统内部的变动是具有典型意

义的分水岭,家庭化迁移的实质就是以第二批家庭成员随之迁入为起点的结构性变化[①]。加之本书所能使用的数据上的限制,这里只对第一批和第二批之间的时间间隔长度进行分析。因为虽然完成第三批以上迁移的家庭有 67 个样本,但依据数据的完整性,纳入模型的家庭只有 11 个,小样本使模型的稳定性极差,在此基础上得到的结论也是不科学的。在此基础上,实现对第一批和第二批家庭成员之间的批次间隔时间决策机制的考察,对于分析乡城家庭迁移的过程特征,同样具有典型意义。

由于迁移批次间隔时间,是与本章第二节中所讨论的迁移批次密切相关的一个变量,而迁移批次呈现很明显的偏态。所以,对批次间隔时间进行正态检验,成为科学处理数据的必要基础。使用 sktest 检验可以发现,数据无论是从偏度（p=0.000）,还是从峰度（p=0.004）,或者把两者结合起来考虑（p=0.000）都表现出显著的非正态。所以需要对批次间隔变量进行线性转换。本书使用 Tukey（1977）的幂阶梯（ladder of power）级数转换,为寻找合适的转换提供指引。从表 5—4 中可以看到,对第一、二批次间隔的对数转换最接近于正态分布,其他的转换都是显著的非正态分布,而转换之后的直方图和正态曲线（图 5—2）也直观地支持了这个结论。所以,在模型中将第一、二批次间隔的对数纳入统计模型。

表 5—3　　　　　　　第一二批次间隔的正态性检验（n=230）

| Pr（Skewness） | Pr（Kurtosis） | Joint | |
| --- | --- | --- | --- |
| | | adj chi2（2） | Prob > chi2 |
| 0.000 | 0.004 | 38.93 | 0.000 |

表 5—4　　　　　　　　　　幂阶梯转换表

| 转换形式 | 公式 | chi2（2） | P（chi2） |
| --- | --- | --- | --- |
| cubic | pt12^3 | . | 0.000 |

---

① 洪小良:《城市农民工的家庭迁移行为及影响因素研究——以北京市为例》,《中国人口科学》2007 年第 6 期。

续表

| 转换形式 | 公式 | chi2（2） | P（chi2) |
|---|---|---|---|
| square | pt12^2 | . | 0.000 |
| identity | pt12 | 38.93 | 0.000 |
| square root | sqrt（pt12） | 12.12 | 0.002 |
| log | log（pt12） | 6.75 | 0.034 |
| 1/（square root） | 1/sqrt（pt12） | . | 0.000 |
| inverse | 1/pt12 | . | 0.000 |
| 1/square | 1/（pt12^2） | . | 0.000 |
| 1/cubic | 1/（pt12^3） | . | 0.000 |

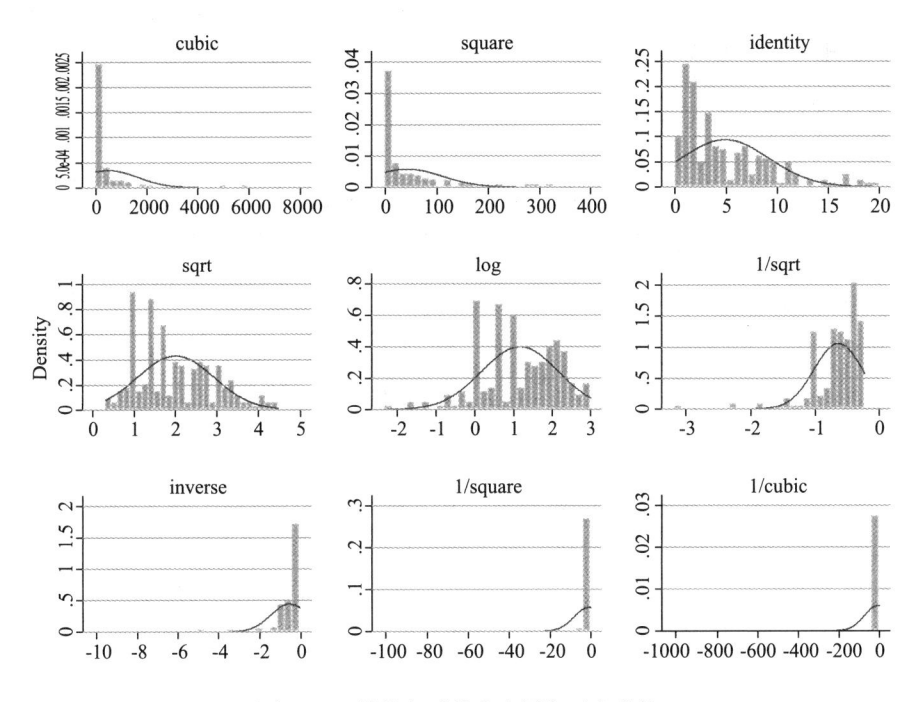

**图5—2 转换之后的直方图和正态曲线**

同样，依据先行者就业变量的差异，笔者建立了两个回归模型，模型5和模型6。模型5是包含所有家庭的回归模型，而模型6是只包含先行者具有工作的家庭提供的回归模型。对于影响因子的考察，依然从先行者个体特征、家庭特征和社会特征三个维度入手。两个模型都通过 VIF 检验，并未发现共线性问题的存在。两个模型都通过了 F 检验，所以，模型具有统计意义。

### 三　结果分析

由表5—5可以发现，在控制其他变量的情况下，乡城迁移家庭中先行者的工作状况，对家庭成员迁移间隔时间安排的选择，表现出了显著影响。没有工作的先行者家庭会使用更长的时间迁入第二批家庭成员，开始自己的家庭化迁移。虽然从样本模型中可以发现，年龄的影响呈倒"U"形曲线形态：先是随着年龄的增长而倾向于增加进行第二批迁移的时间，而后到达特定年龄后又会倾向于加速迁移第二批成员。但是，这种表现不具有显著性。职业类型之间的影响同样不显著。这从个体层面上证明了假设1。

表5—5　　　　　　　批次间隔决策的多元线性回归

| 变量 | 模型5 | 模型6 |
| --- | --- | --- |
| 先行者特征 | | |
| 年龄 | 0.070（1.77） | 0.125（1.71） |
| 年龄平方 | -0.001（-1.73） | -0.001（-1.53） |
| 性别（男=0） | | |
| 女 | -0.222（-1.53） | -0.122（-0.81） |
| 婚姻状态（单身=0） | | |
| 已婚有配偶 | -0.954***（-3.67） | -0.847**（-3.09） |
| 受教育程度 | -0.018（-0.91） | -0.031（-1.46） |
| 就业状况（就业=0） | | |
| 未就业 | 0.884**（2.80） | |
| 职业（国家机关、党群组织、企事业单位负责人=0） | | |
| 专业技术人员 | | 0.098（0.21） |
| 公务员、办事人员和有关人员 | | -0.561（-1.38） |

续表

| 变量 | 模型 5 | 模型 6 |
| --- | --- | --- |
| 社会生产服务、生活服务人员 | | -0.124（-0.27） |
| 生产制造及有关人员 | | 0.405（0.91） |
| 就业身份（雇员=0） | | |
| 雇主 | | -0.347（-1.02） |
| 自营业者 | | -0.244（-1.49） |
| 月收入对数 | 0.074（0.64） | 0.126（1.12） |
| 居留时间（年） | 0.053***（3.83） | 0.050***（3.75） |
| **家庭特征** | | |
| 家庭总人口数 | -0.034（-0.41） | -0.050（-0.61） |
| 孩子的数量 | 0.227（1.85） | 0.187（1.42） |
| 老人的数量 | 0.191（0.64） | 0.217（0.76） |
| 人均年收入对数 | 0.154（0.62） | -0.030（-0.11） |
| 人均月总支出对数 | 0.279（0.82） | 0.304（0.93） |
| 住房类型（租住房=0） | | |
| 免费房 | -0.130（-0.65） | -0.293（-1.44） |
| 自购房 | -0.060（-0.31） | 0.001（0.00） |
| **社会特征** | | |
| 户籍状况（农业户口=0） | | |
| 非农业户口 | 0.009（0.04） | -0.040（-0.19） |
| 迁移范围（省内迁移=0） | | |
| 跨省迁移 | -0.271（-1.26） | -0.211（-0.91） |
| 来源地区（东部地区=0） | | |
| 中部地区 | 0.244（1.21） | 0.256（1.18） |
| 西部地区 | 0.729*（2.07） | 0.679（1.84） |
| 常数项 | -1.940（-1.04） | -2.552（-1.32） |
| 观察值 | 208 | 194 |
| F | 3.24*** | 2.36*** |
| $R^2$ | 0.222 | 0.260 |

注：1. 显著性水平：$^*p<0.05$，$^{**}p<0.01$，$^{***}p<0.001$。

2. 表中括号中的数是稳健标准误，放松模型对误差的假定，使标准误和统计检验更为稳健。

在控制其他变量的情况下，先行者的婚姻状况同样对第二批成员的到来时间起到了显著性的影响。已婚有配偶的先行者的迁移家庭，发生第二批迁移的间隔时间，会大大低于单身（未婚、离婚与丧偶）的先行者所在的迁移家庭。已婚有配偶的人，对家庭团聚的需要会更强，家庭的尽快团聚具有更大的心理价值。家庭策略的重要目标就是尽快实现团聚。假设3得到了证明。

在控制其他变量的情况下，相对于来自东部的家庭，来自西部的家庭会延长进行第二批家庭成员迁入的时间。很显然，由于南京处于东部，来自西部的乡城迁移者所要忍受的迁移距离更长，所要付出的迁移成本相应更高。正是由于迁移距离上的难度，来自中国西部地区的乡城迁移人口对城市生活的风险、成本的考量会更谨慎，这部分证明了假设2的成立。

而在进行变量控制的情况下，其他变量并没有表现出显著性影响，它们对乡城迁移家庭第二批人员随迁时间选择的影响不显著。所以，假设4并没有被证实。

### 四　小结

由上面的分析可以看到，风险控制策略和家庭收益策略在迁移批次间隔中的作用路径和方向。风险控制是核心策略：更有风险控制能力的乡城迁移家庭会缩短批次间隔，具有稳定工作的先行者的家庭会加速家庭化迁移，先行者的职业为其所在的家庭提供了基本的风险控制能力基础；迁移成本的提高会延长乡城迁移家庭的批次间隔。正是由于迁移距离上的难度，来自中国西部地区的乡城迁移人口对城市生活的风险、成本的考量会更谨慎，会放缓第二批成员的随迁。家庭收益对迁移批次间隔具有反作用，团聚意愿更强的乡城迁移家庭会缩短批次间隔，已婚有配偶的先行者的迁移家庭发生第二批迁移的时间会大大低于单身的先行者家庭。

第 六 章

# 乡城家庭迁移的社会效应

作为一个越来越具有影响力的社会群体，乡城迁移者及其家庭，他们的未来选择和需要，将成为形塑中国社会的基础性结构力量。作为社会基本单位——乡城迁移家庭——的家庭迁移系统的演进，无论是在微观层面上对每个家庭成员，还是在宏观层次上对社会结构的变动而言，都将产生持续性的、不同于以往个体"劳动力"流动的深远社会影响。这些社会效应，是今天必须认真研究乡城家庭迁移的最根本的工具性需求和现实意义所在。

早在家庭化迁移现象被认知之初，乡城家庭化迁移的社会效应就被研究者们所讨论，随着乡城家庭迁移的不断推进，对它所带来的社会效应的判断也在不断被修正。比如早期的观察大都站在城市利益的立场，判断这种不同于个体迁移的新模式会对城市社会带来负面影响，更多地给予否定性的判断：认为他们的到来会加重城市负担，造成城市公共资源的紧张和匮乏等。[①] 这些判断如同当初将个体劳动力的入城视作"盲流"，表达着同样的逻辑。随着家庭迁移系统变迁形成不可阻挡之势，对家庭迁移的认识也逐渐"正常化"，形成一种"发展必经阶段"的判断，并越来越被赋予积极的意义。[②] 直到最近，家庭迁移尤其是举家迁移水平

---

[①] 陈贤寿、孙丽华：《武汉市流动人口家庭化分析及对策思考》，《中国人口科学》1996年第5期。

[②] 王培刚、庞荣：《都市农民工家庭化流动的社会效应及其对策初探》，《湖北社会科学》2003年第6期。

的逐步提升，被视为是中国深度城市化的开端①，对于乡城家庭迁移的社会效应的判断，越来越科学和全面。

论述社会效应，不可避免地会对其赋予积极和消极之分，潜在的假设就是社会效应具有价值上的明确差异。这难以避免地会涉及社会学乃至社会科学研究中难以回避又热议不断的价值问题：社会科学研究是需要建立在价值中立的基础之上还是难以避免地会价值关涉，应该如何恰当地处理好事实性分析与价值评价之间的关系？本书认同马克斯·韦伯关于此问题的观点，在对社会事实进行分析时是要做到客观中立的，但是在研究对象的选择，研究结论的运用中，不可避免地是由基本价值所引导的。

社会科学不同于自然科学的一个重要方面，应该是社会科学的研究是建立在社会所接受的最基本的价值关怀基础之上的，本着促进社会进步的目标，而不仅仅是一种冷冰冰的科学。研究者会将自己的价值表现在研究的整个过程之中，但是，科学的研究者要始终对自己所持价值立场保持清醒认识和反思，一切分析和讨论，都应该是建立在客观社会事实的基础之上。这种实证主义方法论在前两章的数据实证分析和本章的进一步讨论中始终如一。

本书的价值判断标准是建立在乡城家庭迁移所具有的现实社会功能意义之上的。第三章已经简要阐述，乡城家庭迁移的变化将会带来许多方面的社会效应。在本章中，笔者将超越城市既得利益的立场，从正负效应两个方面对这些影响进行系统性的分析——从乡城迁移者个体、家庭和社会三个由微观到宏观的层面上进行阐述——力图对此形成更为科学、全面的认识。但由于数据限制，在本章中将只能够用调查数据中乡城家庭迁移类型选择的不同，对他们未来城乡定居意愿和社会保险（包括最为基本和最为重要的养老保险和医疗保险）的选择的影响，进行实证分析和验证。其他部分的分析证据来源则主要是已有研究的二手实证资料。

这两个实证分析，为乡城家庭迁移的社会效应提供了直接的例证，

---

① 李强：《农民工举家迁移决策的理论分析及检验》，《中国人口资源与环境》2014 年第 6 期。

同时它们也是两个具有重要现实意义的方面。对于中国社会未来走向和乡城迁移者及其家庭本身而言，最为重要的是，他们对未来工作生活归宿的选择和未来生活风险的应对策略，将直接决定着中国制定的新型城镇化、乡村振兴等政策目标是否会得到乡城迁移者的回应，是否在真正融汇他们的意愿中获得成功。所以，乡城迁移者的居住意愿和社会保险选择是目前研究中为人瞩目的焦点领域。本书的目标也主要是考察乡城家庭迁移的变化，是否会带来这两个方面的城乡选择差异：乡城迁移的家庭化，对其城乡之间的居留意愿的选择差异是否存在，是否会造成其对城乡社会保险制度选择的显著性差异。其他部分则广泛使用已有研究中的二手数据进行例证。

理论上而言，乡城家庭迁移和其社会效应互为因果，因为家庭迁移本身就是一个累积性的因果链。基于研究目标的设定和理论推论，以及我们所能拥有的横断面数据的条件限制，如上文研究设计部分所述，本书在分析中使用设计问卷问答的方式，将社会效应作为乡城家庭迁移的后续引发事件，在社会效应机制探索中，将乡城家庭迁移的差异作为影响因素进行探讨。

## 第一节　家庭迁移的正向社会效应

乡城家庭迁移的历史性变动之所以在当前加速向前，主要是因为这一变化是乡城迁移者、乡城迁移家庭和社会所迫切需要的，它具有符合各方需要的积极的正向社会效应。虽然这一变动是由乡城迁移家庭主动发起的，是来自社会底层的自发行为，但这一变化是对社会结构的实践性回应，对各方都具有显著的正功能，对个体、家庭和社会的健康发展都具有巨大的促进作用。

### 一　重建初级群体，满足个体需要

家庭作为对个体而言最为重要的初级群体，是家庭成员获得情感、物质支持的无可替代的基础社会单位。乡城迁移家庭在城市的形成，是乡城迁移者最大的心理支持来源，是应对城市生活压力的主要途径。改革开放以来的家庭分居策略,已经使他们深切感受到了家庭分居所带来的持续性心理危机——因缺少家庭慰藉而要忍受难以忍受的孤单和寂寞。①

随着中国乡城迁移实践的不断发展,乡城迁移者在生存型需要方面已经获得了满足,吃穿用等物质方面的需要不再是一种始终放在第一位的目标。依据马斯洛的需求层次理论,当低层次的需要获得满足后,个体就会更多地去追求安全和爱等更为高级的需要。对于社会人而言,家庭初级群体是提供这些需要的最基本和最重要的载体。作为社会人正常的日常社会生活离不开家庭,家庭提供了生活的意义来源和动力。在家庭这个对于个体而言最为重要的初级群体的重构与延续过程中,乡城迁移者及其家庭努力重建正常化的日常生活。实现初级生活圈的支持功能在城市的复建和完善,是其进行乡城家庭化迁移甚至是举家迁移的主要目的之一。这种初级群体的效果可以从支持和约束两个方面来看。

乡城迁移者,面对与形成自己习惯的乡村文化差异极大的多元城市文化时,将遭遇到文化震颤带来的思想上暂时性混乱和心理压力的挑战,并且是不可避免的。对城市生活的快速适应,一般很难通过个体自身的努力来实现。但当以一个家庭为整体来共同面对时,他们就会"感觉自己不是单独的一个人,而是有了依靠",从而能够踏实地去面对城市生活,面对诸多压力。这种"有依靠"的归属感和支撑感,能够帮助乡城迁移者特别是农民工进行城市适应的心理调适。这是家庭初级群体的"初级"社会功能意义的直接体现。

正常、稳定的家庭生活,不仅为个体带来支撑和归属,同样也可以为乡城迁移者提供一种内在的约束,为他们的社会行为提供价值规范,从而大大降低个体潜在的社会越轨冲动及行为。这特别对处于成长波动期的青少年的越轨行为,具有极大的约束功能。家庭作为"价值磁场"②,是青少年形成价值观的主要来源,通过青少年的家庭社会化过

---

① 张学英:《对中国农村移民非永久性迁移行为的再考量》,《开发研究》2011年第5期。
② 田杰:《家庭:价值形成的"磁场":家庭文明与青少年犯罪的预防》,《当代青年研究》1997年第3期。

程，在父母这第一对老师那里，青少年学会了基本的社会价值秩序。而处于同一地理空间的完整家庭，是完成社会化的社会互动展开的必要空间条件，也是形塑初级关系的必备空间。国内外关于家庭功能完整性对于青少年越轨与犯罪的关系的研究一致认为，家庭功能对青少年越轨有很好的约束性，预防青少年越轨犯罪的重要方式就是改善家庭功能。[①]

改革开放40年来，伴随社会、市场的快速转型，中国家庭受到了剧烈的冲击。受到冲击最为显著的表现，就是有大量农村家庭使用分离式迁移。分离式迁移的直接后果是，子女与作为监护人的父母一方甚至双方，处于长期性的隔离状态，特别是通常作为家庭规范引导的男性的缺席，将不可避免地影响到社会化中的青少年。这种冲击严重影响了青少年的正常社会化，监督的不足造成了诸多越轨行为。实证研究表明，得到很好维护的家庭价值（家庭道德观）和提高父母的监控水平，都可以有效地预防青少年越轨。[②]

乡城非家庭化迁移所形成的个体越轨，不仅仅发生在家庭中的孩子身上，还有近年来被社会广为关注的，就是由"性需要所产生的各种违法犯罪"等越轨行为。性需要是人类的基本生理需要，性功能的满足是家庭功能的一个重要的方面，家庭是社会给予个体性满足的合法性渠道和空间。但是，个体迁移将家庭的"性"悬置，使其往往处于匮乏状态。这一目标需要不能被有效、合法地通过家庭达成，就不可避免地会造成一系列性越轨的发生，如卖淫嫖娼、性犯罪和"临时夫妻"的产生。虽然这些越轨在各个时代以各种方式都有所呈现，但是不可否认的是，家庭在地理上的分离加剧了个体的越轨冲动及其实践，甚至有专门针对乡城迁移者尤其是男性劳动力为市场的性服务行业出现，这些事件经常见诸报端，并因此为大众所知晓。这些越轨行为，是对一种极度匮乏的基本需要的"越界满足"。只有至少夫妻共同迁移形成的家庭

---

[①] 屈智勇、邹泓：《家庭环境、父母监控与青少年犯罪》，《中国青年研究》2008年第4期。

[②] 同上。

化迁移才能有效地解决这种广泛存在的性越轨，同时满足个体的正常需要。

家庭团聚对于每个社会人而言，都是一种自然的需求，更是一种社会功能需要。在长期居住地重建家庭初级群体，是社会有机体重构健康细胞、社会有效运行的需要，更是满足人性需求的一种基本需要。在家庭成员的物理空间相对集中的传统社会，为了满足这种需要，在历史传统中仍然形成如中秋、春节等节日。我们的现代化社会本应是更加美好的社会，更不应该使大量的社会成员只能通过仅有的几个传统节日的非常规方式来满足个体的日常需要。所以说，在基本的工具性目标和需要得到满足之后，乡城迁移者必然会在价值理性的作用下，主动地寻求家庭式迁移。来自底层行动者实践的家庭式迁移，在城市中的首要功能，必定也是实现其基本的初级群体的价值性功能，满足个体的生活意义和安全需要。

**二 化解家庭问题，促进家庭稳定**

乡城家庭迁移系统内部向家庭化迁移的变动、家庭化迁移趋势明显等，已经反映出农村家庭无法再忍受家庭分离，也与长期分离给家庭稳定性带来安全性威胁的形成有关。前文我们已经对乡城迁移的策略进行了深入的讨论，迁移行为选择决策标准中对所在家庭的安全是基础性的准则。完整而稳定的家庭是所有迁移者最重要和最终的目标。无论在迁移过程中挣到了多少金钱，取得了多么大的成功，他们都是为了自己的家庭能够完整、稳定和幸福。在当前社会情境中，长期的分离家庭式迁移，对于大量的乡城迁移者及其家庭而言产生了一个重大的安全隐患，那就是这种迁移方式带来更多的家庭危机和家庭解体压力。部分迁移和举家迁移的发生，可以被看作他们应对这种压力的一种主动回应性选择。因此，家庭式特别是举家迁移将有利于农民工家庭在迁入地的延续和重构，促进其家庭问题的解决，解决由于家庭成员分离而导致的各种家庭现实问题和潜在危机，保障家庭的稳定性。

1. 确保家庭稳定，完善家庭功能

乡城迁移者在迁移中已经不仅仅只注重经济利益，对于家庭的功能需要变得同样重要,并越来越重要。他们会想方设法地努力施行一系列适应、维系和修复性行为,以维系家庭基本功能,确保家庭在离散化中实现弥合。① 其中,家庭化迁移就是一种主要的方式,家庭化迁移是维系家庭功能和结构完整,确保乡城迁移者的家庭稳定的一种努力。2011 年发布的《广州市农民工幸福感调研报告》指出,家庭团聚等因素已取代传统的经济因素成为影响农民工幸福感的第一要素。② 有关留守妇女的幸福感的研究也发现,实现家庭团聚是提高其幸福感的一个主要机制。③ 融洽的家庭关系是农民工幸福感的最主要来源。④

家庭化迁移的转变,使家庭成员可以在同一空间内进行交流,通过共同面对生活、维护家庭的亲密关系形成的家庭社会网络,可以满足家庭成员的心理需要和生理需要。互动是持续的基础。随着家庭的现代化转变,亲密关系在家庭生活中被越来越视为不可或缺的组成部分,使得这种需要在乡城迁移者心中更为明确和重要。已有实证研究也确实已经证明:迁移类型模式对已婚农民工家庭功能的影响非常显著,举家迁移的家庭其家庭结构较完整、私密性较高;权利与义务在家庭成员之间的一致性较高,家庭拥有比较平衡的亲密度和适应性水平,家庭功能得到较好地发挥。

2. 解决与预防家庭危机

分离家庭,曾经是并可能依然会是被广泛使用的有效家庭策略。这种策略为处于强烈寻求解决温饱问题的广大农村家庭,提供了有效地利用农村和城市两种优势的方法。但是,这种策略在促进家庭收入提高的同时,也给自己的家庭带来了一系列越来越严重的家庭危机:婚姻危机、留守问题等。个体迁移为主的分离家庭,在很大程度上是一种生存理性驱使下的无奈、"被迫"采取的策略。在新的社会结构条件下,当生存危

---

① 金一虹:《离散中的弥合——农村流动家庭研究》,《江苏社会科学》2009 年第 2 期。
② 廖靖文:《夫妻团聚比钱重要 农民工幸福感较低》,《广州日报》2011 年 4 月 29 日(http://www.ce.cn/life/zclc/bysc/201104/30/t20110430_22393618.shtml)。
③ 王嘉顺:《农村留守妇女婚姻幸福感的影响因素——基于广东五市的数据分析》,《南方人口》2008 年第 4 期。
④ 吴静:《浙江农民工幸福感调查研究》,《财经论丛》2007 年第 6 期。

机基本被解决,当生存策略逐渐被生活策略所替代时,个体迁移所导致的各种家庭问题和家庭危机,便成为当前实现家庭生活正常化、实现满意生活的最基础和直接的障碍。这些由分离式个体迁移所带来家庭问题和危机在中国社会日益凸显。

采取个体迁移的乡城迁移者,所面临的婚姻解体的威胁越来越严重。前文中已有所论及,目前乡城迁移者特别是青年乡城迁移者,在新的人口条件和社会经济条件下,必须面对"闪婚、闪离、离婚率高、同居多等"家庭婚姻的新特征。一些地方性的数据分析均认为乡城迁移家庭面临越来越大的解体风险,家庭成员分离的家庭离婚率正在不断攀升。[①]"临时夫妻"现象也是愈演愈烈,在部分农民工输入集聚地(如浙江、上海等)很普遍,并形成群居效应。[②] 这些现象对于家庭的稳定和可持续发展构成了极大的挑战。各种研究、媒体所给出的政策建议,也主要是破除制度限制、降低体制成本,鼓励、实现乡城迁移者的家庭化迁移甚至是举家迁移。

此外,分离家庭所导致的各种"留守问题"——"留守儿童"、"留守老人"、"留守妇女"等,早已显现其副作用,并被众多农民工研究者、社会舆论所关注。它们已经超越了家庭的界限,成为具有广泛负面影响的社会问题。但是,这些"留守问题"对于每个发生家庭来说,确实是无奈的选择和痛苦。下面简单以留守儿童和留守妇女问题为例,对此加以说明。

近期在中国各地不断发生的悲剧又一次将人们聚焦在留守儿童身上。[③] 留守儿童已经是一个规模庞大的社会群体,据段成荣等人的估算,

---

① 赵春飞:《中国进城农民工婚姻问题探讨》,2012 年 11 月 11 日,中国农村综合改革研究网(http://znzg.xynu.edu.cn/Html/? 11384.html)。

② 周蕊、周竞:《挣扎在温暖与忠诚之间:农民工"临时夫妻"现象调查》,2013 年 7 月 12 日,半月谈网(http://www.banyuetan.org/chcontent/jrt/2013712/44599.html)。

③ 大众和媒体最近一次感慨发生在 2015 年 6 月的毕节 4 名儿童死亡事件。对于留守儿童悲剧,舆论关注已久,但是这一问题却一直没有得到有效解决,即使当地政府为此彻查全省留守儿童状况,但更像是一种形象工程、地方政府的自保行动。体制性的局限,使得这一些举措只能隔靴搔痒,这一系列悲剧的关注及其解决的舆论压力也注定像以往一样被时间淹没。

2000 年时的规模为 1981 万，至 2005 年上升为 5861 万，2010 年为 6973 万[①]。至 2013 年，流动人口动态监测调查数据表明依然有 31.9% 的 0—15 岁未成年人属于留守儿童。[②] 在中国传统家庭价值观中，对于每个家庭而言，孩子是家庭的核心所在；对于整个社会而言，孩子是社会的未来，孩子在今天社会化过程中所形成的惯习，将决定明天中国社会的面貌。所以，留守儿童问题成为一个不可以被社会忽视的综合性问题。由于教育制度、社会福利制度等一系列体制性的原因，乡村儿童作为整个社会的财富，在中国的制度设计中却被固定在乡村中，成为"固着于土地"的弱势群体。可以说他们就是由祖辈抚养成长的"体制性孤儿"。

留守作为一种家庭无奈的选择，对孩子本身和家庭都带来了严重的问题。留守会直接对留守儿童产生不可逆的长期性影响，对儿童本身造成社会化、人格发育和诸种社会心理问题。实证研究发现：留守儿童相对于流动和常态家庭儿童，在社会适应的各种指标上都处于不利的地位，他们会有更为强烈的孤独感、自卑感，抑郁程度会更高。[③] 留守儿童对于留守老人也会造成过重的劳动负担，使留守老人面临繁重的生活压力。据推算，全国留守儿童中 32.7% 由祖父母隔代照料，另外有 24.5% 是与父母一方以及祖父母一起生活，而祖辈的收入主要来自自己的劳动收入（68.9%）。此外，由于留守而造成的亲子之间长时间缺乏沟通和交流，流动家庭中亲子都面临情感的折磨。缺陷的儿童、缺失的家庭即意味着社会失序必然会发生。

留守妇女是乡城迁移诱发的家庭危机中另外一个"受害者群体"。由于传统的家庭角色分工和资本的性别爱好，留守的性别角色往往分配给了女性，这是一种处于两难抉择中家庭做出的无奈牺牲。[④] 留守女性经济

---

① 段成荣、吕利丹、郭静、王宗萍：《中国农村留守儿童生存和发展基本状况——基于第六次人口普查数据的分析》，《人口学刊》2013 年第 3 期。

② 国家卫生和计划生育委员会流动人口司：《中国流动人口发展报告 2014》，中国人口出版社 2014 年版，第 181 页。

③ 范兴华、方晓义、刘勤学、刘杨：《流动儿童、留守儿童与一般儿童社会适应比较》，《北京师范大学学报》（社会科学版）2009 年第 5 期。

④ 潘鸿雁：《面对城市与农村的两难抉择——对河北翟城村分离的核心家庭的考察》，《甘肃理论学刊》2005 年第 3 期。

上处于依赖地位,不仅要肩负整个留守家庭的繁重负担,而且要承受无所依靠的孤独。留守妇女的心理危机比较突出:生活压力感强,处在性压抑状态,具有强烈的孤单感;不安全生活事件、性骚扰以及对丈夫的担心等,这些又经常导致她们的安全感很低。[①] 这些心理危机的积累势必会对家庭关系造成破坏性影响。

这些分离造成的家庭危机,只能在家庭的重新聚合中加以解决。其他方式,都只能是治标不治本的补充性措施。因为相对于家庭,国家一直以来都是处于不在场的状态。家庭化迁移,特别是举家迁移,可以从家庭内部自然地将这些问题消化掉,这也是来自底层家庭的主动努力。

### 三 以低成本推进新型城镇化的实现

与乡城家庭化迁移的发生相伴随的是生活观念的城市化、现代化转型,家庭功能的重构,经济收益的提高等,这些将有助于乡城迁移者的城市社会融入和市民化转化,从而实现城市化的内在转型。这可能是家庭迁移最被寄予厚望的社会后果之一,是近些年来中国社会政策的目标之一,也是最近几年来乡城迁移的研究热点。中国共产党在十八届五中全会中即明确提出要让有能力在城市工作、生活的举家迁移家庭实现城市落户,可以被看作对这一思路的政策回应。以这些预设为基础,如何推动家庭迁移的发展,实现乡城迁移者举家迁移,从而更好地实现市民化和社会融合,也是诸多研究最终的政策取向。

而且,这种来自底层的自下而上的城市化冲动是在国家缺场的情况下的理性选择,家庭风险控制策略和家庭价值策略的共同发挥促使乡城迁移家庭迁移城市的过程是步步为营稳定推进的。这样,客观上就实现了以最小的国家成本、以城市化过程中可能发生的社会风险最小化的方式实现城市化。乡城迁移家庭的城市定居,也是以人为本的新型城镇化最重要的目标。

---

[①] 吴惠芳、叶敬忠:《丈夫外出务工对农村留守妇女的心理影响分析》,《浙江大学学报》(人文社会科学版) 2010 年第 3 期。

家庭迁移有助于乡城迁移家庭在城市形成更为稳定的预期，有助于更好地解决家庭和社会压力。长时间稳定的城市生活，使他们的参照群体、参照标准由乡村转为城市，城市化的认同则会促使他们主动融入城市生活之中。已有的研究发现，家庭化流动有助于乡城迁移家庭的城市融入。①

这样一种家庭迁移对城市融入的促进作用表现在春节期间出现了大量的非返乡乡城迁移者，这表明城市由于有家庭的存在，渐渐被视为"家"。在2014年流动人口春节返乡意愿调查中，37.5%的不返乡者表示因为"全家都已外出"。② 家庭化迁移可以被视为乡城迁移者及其家庭进行城市融入主观努力的标志之一。它是深度城镇化目标完成的一个重要条件。

对于这一结论有效性的一个重要检验，就是家庭化迁移特别是举家迁移是否将显著地提高乡城迁移家庭长期居留城市的意愿。城市居留意愿是乡城迁移家庭主动希望融入城市的最主要指标之一。特别是以城市生活观念为主要参照的新生代迁移人口这一群体，他们在打工城市定居意愿的形成，被众多的研究所聚焦。③ 乡城迁移家庭主动居留意愿增强，才是深度城镇化拓展的重要基础。农民工留城和返乡的意愿同时受到是否举家迁移的制约，举家迁移的农民工更偏好城市生活。

但是，整体上而言，有关迁移类型变动对城市居留意愿影响的研究目前还处于比较匮乏的状态，所形成的结论也并不一致。而且，以往的研究关注的是个体的城市居留意愿，而忽视了作为整体的家庭在城市居留意愿中所发挥的核心作用。家庭策略理论告诉我们，特别是在有着浓郁家庭价值观的中国，作为一个整体的家庭的作用，在个体迁移居住决

---

① 田艳平：《家庭化与非家庭化农民工的城市融入比较研究》，《农业经济问题》2014年第12期。

② 国家卫生和计划生育委员会流动人口司：《中国流动人口发展报告2014》，中国人口出版社2014年版，第26页。

③ 参见陈卫、刘金菊《人口流动家庭化及其影响因素——以北京市为例》，《人口学刊》2012年第6期；李强、龙文进《农民工留城与返乡意愿的影响因素分析》，《中国农村经济》2009年第2期；罗小锋、段成荣《新生代农民工愿意留在打工城市吗——家庭、户籍与人力资本的作用》，《农业经济问题》2013年第9期。

策中发挥着决定性的作用。所以接下来本书将使用数据,对乡城迁移家庭的居住意愿,以及迁移类型对这些意愿的影响进行验证。

(一) 居留意愿的测量及假设

本书采取调查主观意愿的方式,对乡城迁移者的未来居留选择进行测量。有关未来迁移居留打算,调查涉及三个方面:将来在城市长期居住 (5年以上) 的可能性;打算将来回到老家生活、居住的可能性;在未来2年搬离南京市,前往其他城市的可能性。这些可能性的大小都使用 "0—10" 的分数来表达,由0向10表示从很不可能到很可能的程度差异。乡城迁移家庭的居留意愿,则通过将每个家庭内成员的居留意愿加总求平均值的方式获得。虽然数据的性质是定序,但出于表达和解释方便,本书将其视作定距变量进行相关处理。所使用的模型为多元回归模型,据以往研究中的相关量化操作显示,这并不会对回归结果及其解释带来太多影响。

家庭化迁移是乡村家庭在城市进行重构的过程及其结果。依据家庭策略理论和社会网络理论所形成的,对乡城家庭迁移行为产生影响的风险控制策略和家庭收益策略两种方式,乡城迁移家庭在实施家庭化迁移,最终实现举家迁移的过程中,逐渐将生活重心由乡村完全迁到城市,并在城市中完善自己的社会网络。与此相应,对于个体迁移者来说,他的生活重心和未来的心理归宿依然在农村,出于未来生活风险的最小化,他会选择回到家乡。同时,由于举家迁移的潜在风险和迁移成本相对较大,所以举家迁移在决定自己的居留地点时会更加谨慎。相对于个体迁移,举家迁移家庭在短时间内更不可能离开南京而流向其他城市。据此,有关乡城迁移家庭的迁移类型对他们的居留意愿的具体影响,可以形成以下具体假设:

乡城迁移类型影响迁移家庭的居留意愿,家庭化迁移家庭更愿意在城市长期居留,而且在短时间内不愿意再流动,个体迁移家庭回乡居住意愿更明显。

(二) 结果分析

1. 乡城迁移家庭的居留意愿水平

由表6—1可知,就南京的乡城迁移家庭的平均水平而言,南京对乡城迁移家庭的吸附力较高,长期居住的意愿水平平均得分6.7分,乡城迁移家庭长期居住的倾向性比较明显。在他们的主观意愿中,选择在两年内离开南京的可能性非常小,平均得分仅为2.5分。而选择回老家的意愿可能性处于中等水平。这种状况和已有研究中流动人口的定居意愿相似,流动人口在城市中长期居住的打算比较确定[①]。

表6—1　　　　　　　　　　家庭未来居留意愿的分布

|  | 样本量 | 最小值 | 最大值 | 平均值 | 标准差 |
| --- | --- | --- | --- | --- | --- |
| 长期居住的可能性 | 799 | 0 | 10 | 6.7 | 3.3 |
| 回老家的可能性 | 795 | 0 | 10 | 4.9 | 3.2 |
| 两年内前往其他城市的可能性 | 791 | 0 | 10 | 2.5 | 3.0 |

他们在做出这样选择的原因上存在明显差异。长期居留意愿,反映的是乡城迁移家庭的主动选择,迁移家庭户主要是基于经济原因(老家没有合适的工作、报酬太低等)和生活原因(获得更好的社会保障、不喜欢老家的生活、老家不利于下一代的培养、随迁家属等)而选择长期在南京居留(见表6—2)。而被动式的原居住地气候和环境变化、征地拆迁等社会原因在乡城迁移家庭户中占比很少,这主要是与乡城迁移家庭的人口特征及其迁移目标的经济主动性特征有关。

表6—2　　　　　　　　　　长期居留城市的原因

|  | 频数 | 百分比 |
| --- | --- | --- |
| 经济原因 | 488 | 69.4 |
| 社会原因 | 13 | 1.8 |
| 生活原因 | 202 | 28.7 |
| 合计 | 703 | 100.0 |

---

① 盛亦男:《中国流动人口家庭化迁居》,《人口研究》2013年第4期。

乡城迁移家庭在未来回老家的原因，则表现出明显的被动性。结婚、生子和照顾老人等家庭生命周期的特殊需要，年老、生病等使其不能再继续在城市工作的自身原因，构成了未来回乡的主要原因，城市中工作、住房困难和子女入学、社会保障上的现实生活困境也是主要的动因。以发展为目标的回乡创业仅占 4.2%。由此可见，乡村的吸引力和激励作用，相对于城市而言是微不足道的。回老家，往往是一种无可奈何的选择。

乡城迁移家庭在城市之间流动的主要原因依然是经济原因。这一点体现在城市之间的流动主观动因方面。如表 6—3 所示，在未来 2 年农民工预期迁离南京前往其他城市的主要原因是更好的工作，如果其他城市中存在着工资或者工作条件更为优越的机会，他们就会选择进行流动。与老家的联系成为另一个主要方面，占到所有回答的 14.1%。而城市特性、子女入学和社会保障等扩展性需要，则是非常小的影响动因。

表 6—3　　　未来 2 年搬离南京前往其他城市的主要原因

|  | 频数 | 百分比 |
| --- | --- | --- |
| 工作（工资、条件）更好 | 413 | 77.8 |
| 寻求社会保障 | 7 | 1.3 |
| 子女能在城市读书 | 18 | 3.4 |
| 城市位置与规模 | 18 | 3.4 |
| 方便与老家联系 | 75 | 14.1 |
| 合计 | 531 | 100.0 |

2. 迁移类型对乡城迁移家庭居留意愿的影响

上面是迁移家庭户在居留意愿上的整体状况。家庭迁移系统中不同的家庭迁移类型，是否会在他们的居留意愿中产生差异？接下来，本书将从城乡居留意愿和城市间迁移意愿几个方面，使用多元回归模型对此进行检验，分别拟合出对留城意愿的影响的模型 1、对回乡意愿的影响的模型 2 和对城市间迁移意愿的影响的模型 3。模型结果如表 6—4 中所示，三个模型整体都具有统计显著性，通过了 F 检验。此外，笔者使用 VIF

共线性检验对其共线性问题进行检查，未发现明显的共线性问题。三个模型的变量分别可以解释所有模型中解释变量变异的16.58%、14.16%和20.34%。

（1）对长期居留城市意愿的影响。通过模型可以发现，家庭化迁移可以提高迁移的稳定性和持久性。如表6—4所示，长期生活居留南京的打算与迁移模式之间存在显著的相关性，部分迁移和举家迁移相对于个体迁移而言，大大提高了乡城迁移家庭在城市的长期居留打算，举家迁移家庭比部分迁移家庭的影响更大。这证实了假设中的城市居留部分，也证实了以往研究中家庭成员关系的存在，有利于农民工在打工城市定居意愿的形成[1]，举家迁移的农民工更偏好城市生活[2]。

在控制变量部分，第一批迁移者在南京的住房类型和居留时间对迁移家庭的长期居留打算也具有显著的影响。相对于居住在租住房中的家庭户，居住在免费房中的家庭户长期居留城市的意愿水平要更弱一些。第一批迁移者在南京的居留时间越长，迁移家庭户就可能更适应南京的生活，便会越有可能具备长期待下去的预期。

（2）对回乡居住意愿的影响。从表6—4可见，相对于个人迁移，部分迁移和举家迁移这两种家庭迁移模式对未来回老家的意愿呈负面的影响，举家迁移的家庭户比部分迁移的家庭户的负面作用更多，个体迁移家庭户回乡意愿更为明显。但它们在整体上是不显著的，并未通过统计显著性检验，不具有统计意义。回乡的可能性与乡城迁移家庭的迁移类型之间并不存在显著差异。这种结果在上文有关乡城迁移家庭最终回乡的预期原因中也可以看出来，除非没有更好的选择，乡城迁移家庭一般是不愿意回老家的。所以，这种整体状况对于选择三种迁移模式的迁移家庭来说，并未产生明显的差异性。假设中的回乡假设部分并没有得到验证。

控制变量中，对回乡意愿的影响机制可以区分为两个方面。一方面，

---

[1] 罗小锋、段成荣：《新生代农民工愿意留在打工城市吗——家庭、户籍与人力资本的作用》，《农业经济问题》2013年第9期。
[2] 李强、龙文进：《农民工留城与返乡意愿的影响因素分析》，《中国农村经济》2009年第2期。

迁移家庭中在南京购买房子，具有非农业户口、居留时间等具有负面抑制作用。将在城市中购置房产并获得非农户口，表明了迁移家庭户真正将生活重心放在了城市。另一方面，相对于来自东部地区的农民工家庭，来自中西部地区的农民工家庭则更愿意将来回到老家。

（3）对城市间迁移意愿的影响。从表6—4中可以发现，在未来两年内，乡城迁移家庭前往其他城市的可能性受到家庭迁移类型的影响。在控制其他变量的情况下，相对于个体迁移，家庭迁移中部分迁移和举家迁移家庭，在短时间内（未来两年内）更不可能离开南京，流向其他城市。家庭迁移类型是影响乡城迁移家庭未来城市间流动的重要机制，部分迁移和举家迁移这两种家庭化迁移类型将增强乡城迁移家庭在现居留城市的稳定性。这也证实了假设。

表6—4　　　　　　乡城家庭迁移类型对居留意愿的影响

| 变量 | 模型1 留城意愿 | 模型2 回乡意愿 | 模型3 城市间迁移意愿 |
| --- | --- | --- | --- |
| **自变量** | | | |
| 迁移类型[a] | | | |
| 部分迁移 | 1.063** (2.66) | −0.105 (−0.26) | −0.696* (−1.99) |
| 举家迁移 | 1.472** (3.05) | −0.198 (−0.41) | −1.261** (−2.98) |
| **控制变量** | | | |
| 家庭总人口数 | 0.088 (0.76) | 0.161 (1.38) | −0.063 (−0.62) |
| 孩子的数量 | 0.571 (1.53) | 0.249 (0.67) | −0.522 (−1.60) |
| 老人的数量 | 0.691 (1.02) | −1.137 (−1.68) | −0.492 (−0.83) |
| 家庭人均年收入对数 | 0.805 (1.75) | −0.233 (−0.51) | −0.736 (−1.84) |
| 家庭人均月总支出对数 | 0.531 (1.12) | −0.130 (−0.28) | 0.380 (0.92) |
| 住房[b] | | | |
| 免费房 | −0.781* (−2.37) | 0.853** (2.59) | −0.215 (−0.74) |
| 自购房 | 0.762 (1.27) | −1.376* (−2.30) | −0.694 (−1.31) |
| 户籍[c] | | | |
| 非农业户 | 0.288 (0.69) | −1.192** (−2.88) | −0.531 (−1.45) |

续表

| 变量 | 模型1<br>留城意愿 | 模型2<br>回乡意愿 | 模型3<br>城市间迁移意愿 |
| --- | --- | --- | --- |
| 迁移范围[d] | | | |
| 　跨省迁移 | -0.006（-0.01） | -0.574（-1.25） | 0.410（1.02） |
| 来源地区[e] | | | |
| 　中部地区 | 0.061（0.13） | 0.956*（2.13） | 0.049（0.13） |
| 　西部地区 | -0.368（-0.57） | 1.009（1.56） | 0.377（0.67） |
| 居留时间 | 0.093***（3.50） | -0.070**（-2.65） | -0.064**（-2.77） |
| 汇款 | -0.000（-0.62） | 0.000（0.59） | 0.000（0.77） |
| 年龄 | 0.100（0.96） | 0.037（0.36） | -0.086（-0.94） |
| 年龄平方 | -0.002（-1.39） | 0.001（0.54） | 0.001（0.75） |
| 性别[f] | | | |
| 　女 | -0.015（-0.06） | -0.267（-1.00） | -0.166（-0.71） |
| 婚姻状态[g] | | | |
| 　已婚有配偶 | -0.369（-0.85） | -0.005（-0.01） | 0.292（0.77） |
| 受教育程度 | -0.046（-0.97） | 0.014（0.28） | 0.065（1.55） |
| 职业[h] | | | |
| 　专业技术人员 | -0.647（-0.43） | 1.208（0.80） | 2.622*（1.99） |
| 　公务员、办事人员和有关人员 | -1.021（-0.58） | 0.943（0.54） | 2.120（1.39） |
| 　社会生产服务、生活服务人员 | 0.106（0.07） | 0.168（0.12） | 1.607（1.26） |
| 　生产制造及有关人员 | 0.297（0.20） | 0.182（0.12） | 1.554（1.18） |
| 就业身份[i] | | | |
| 　雇主 | 0.620（0.92） | -0.457（-0.68） | -0.381（-0.65） |
| 　自营业者 | -0.116（-0.32） | 0.362（1.00） | -0.310（-0.97） |
| 月收入对数 | 0.184（0.97） | -0.117（-0.62） | -0.308（-1.85） |
| 常数项 | -2.309（-0.72） | 4.786（1.51） | 8.130**（2.90） |
| 观察值 | 592 | 590 | 586 |
| $R^2$ | 0.166 | 0.142 | 0.203 |
| F | 4.15*** | 3.43*** | 5.28*** |

注：1.显著性水平：$^*p<0.05$，$^{**}p<0.01$，$^{***}p<0.001$。

2. a 以"个体迁移"为参照；b 以"租住房"为参照；c 以"农业户"为参照；d 以"省内迁移"为参照；e 以"东部地区"为参照；f 以"男"为参照；g 以"单身"为参照；h 以"国家机关、党群组织、企事业单位负责人"为参照；i 以"雇员"为参照。

同时，在控制其他变量的情况下，居留时间越长，农民工家庭户越不可能进行流动。居留时间越长，说明乡城迁移家庭对南京的生活更为适应，在南京的家庭收益越大，这一有益于其生活的优势使其选择继续居留南京。而在控制其他变量的情况下，相对于国家机关、党群组织和企事业单位负责人，专业技术人员家庭户更可能在未来两年前往其他城市。这可能主要是因为专业技术类的工作通过不断的城市之间的挑选，可以获得更高的工资报酬。

（三）小结

经过上面的分析可以发现，乡城家庭的迁移类型，对其未来的主观居留意愿的选择造成了显著的影响：部分迁移和举家迁移相对于个体迁移模式，大大提高了乡城迁移家庭的长期居留城市的意愿，而且在短时间内（未来两年内）更不可能离开现居城市，流向其他城市。所以，家庭成员关系的存在，有利于乡城迁移家庭在打工城市定居意愿的形成，采取家庭化迁移的乡城迁移家庭更会主动选择长期居住在城市。

来自乡城迁移家庭的长期城市居留，构成了未来新型城市化的底层主体行动。家庭化迁移是影响乡城家庭未来城市居留的重要机制，使乡城迁移者及其家庭融入城市社会，从而实现以人为本的新型城市化的内在转型的一种来自家庭的主动追求。

**四 家庭迁移倒逼社会制度改革**

乡城迁移者及其家庭对歧视性制度的容忍有一个转折点。[①] 曾经占据乡城迁移主体形式的个体迁移，可以说是由城乡隔离制度设计所产生的一个制度性后果。家庭迁移系统的变动，实际上是通过家庭自身的调整和内部适应，来消解笼罩在城乡之间的制度约束。这种调节达到了一定的程度，必定会在一个群体的层面上，主动表达出对市民化平等制度待遇的需要。个体的需要相对可以调节，而家庭的需要则更为刚性。乡城家庭化迁移的实现，特别是举家迁移被大量地采用，使大量的农民阶层

---

① 蔡昉、白南生：《中国转轨时期劳动力流动》，社会科学文献出版社2006年版。

转化为"准市民阶层"。这种"准市民"已经通过在劳动力市场的努力，实现了职业上的转变（尽管也依然受到各种歧视）。而在社会层面上也有越来越多的地方政府将其称为"新市民"。但是，"新市民"的社会身份始终没有获得，他们在再分配制度和城市社会公共服务的供给方面依然处于被隔离的状态。当个体在城市漂移的时候，这些更有可能被容忍。而当整个家庭期待着在城市中落地生根之时，整个阶层的力量就会导致对歧视性制度容忍点的逼近，不断促进要求改变需求。

对于社会体制的改革需求，来自两个主要方面：与工作相关的相应制度和社会福利制度。与工作相关的社会制度已经取得了非常大的进步，乡城迁移者在职业选择中越来越少地受到制度的限制。与之相比，社会福利制度则依然明显地存在着多元区隔，这种歧视性的制度在乡城迁移者及其迁移家庭中，依然在发挥着作用。家庭迁移类型的变化对社会福利制度的倒逼更为迫切和现实。接下来，笔者将从社会保险和其他社会福利制度两个方面来论述这种影响。

（一）对社会保障制度的改革需求是重要的表现

家庭迁移类型的变动，是乡城迁移者适应、融入社会经济发展的一种必然结果。这种个体性的努力所塑造的现实结构变动及其形成的潜在结构性力量，又迫使相应的社会政策必须进行必要的改革和更新。乡城迁移家庭已经通过自下而上的个体努力，实现了对市场中限制性政策的突破，能够主动地在乡城空间和职业上流动。从某一方面来说，他们已经可以掌控自身"准市民"的转化，完成家庭迁居。上面所讨论的居留意愿就是乡城迁移家庭的主动调节需求的一种表现。

乡城家庭化迁移的转向将直接产生与个体性流动差异显著的社会、经济和心理后果，对迁移家庭社会保护体系的策略性需要和选择，就是其中重要的一环。社会保障是当前社会中个体和家庭化解社会风险的一种主要的选择途径。举家迁移的变化，使得原有通过"分散家庭成员"的方式实现个体性的风险规避策略失效，他们必须寻求新的、适应城市化生活的制度化化解风险的方式——积极加入与工作相关的城市社会保障系列，或者参加农村的社会保障。这些结构性的制度需求的变动，必然会对迟迟难以取得进展的"农民工"社会保障制度造成倒逼之势。

以往的研究发现，家庭迁移类型的变化，确实会对其社会保障的选择造成影响，是构成社会保障制度选择差异的一个重要因素。王冉、盛来运发现家庭成员的外出情况对农民工参加社会保险具有显著影响，家庭成员随迁有助于提高农民工参加社会保险的概率，这里的保险实质上指的是城镇职工社会保险。[①] 已有研究也发现城市农民工参加城镇医疗保险的行为选择不再单纯出于经济计算，而更多地表现为一种基于"家庭整体利益考虑"的社会性计算[②]。

以往的研究多是以农民工个体为单位考察他们对社会保障的选择。而社会保障对于农民工而言，更多是一种家庭风险规避策略，而非仅仅是一个个人风险应对策略。所以，本文一再强调的以家庭为单位考察迁移家庭户的社会保障状况可能更为合适。

家庭迁移模式的变化，会影响到农民工家庭参加社会保障行为的选择，同样也会影响其对城乡不同社会保障制度的选择。虽然中国的社会保障已经实现了制度覆盖，但是，这种覆盖是以城乡分立、碎片化的社会保障制度为现实制度背景的。虽然在本书所使用的数据被收集之前，国家颁布了《城乡养老保险制度衔接暂行办法》，社会保障制度的统一逐渐纳入政府的议事日程，但是，对于乡城迁移家庭而言，在多元制度之下，他们仍然具有选择性，这种新建制度的效果也并没有影响到乡城迁移者的预期，所以，这种选择性在笔者的调查时间节点依然很重要。这些不同的选择性差异也真实地展现了乡城迁移者及其家庭对未来社会风险的预期和对防御风险的社会保障制度的真实态度。所以，这种选择性的特征及其表现应该在设计统一社会保障制度、实现制度有效快速衔接顶层设计时被充分考虑。

社会保障制度中，养老保险和医疗保险构成了两个最基本的组成部分，也是农民工应对生活风险最为重要的两个险种。它们又可以依据对象身份区分为城镇职工和农民——城镇职工医疗保险、城镇职工养老保

---

① 王冉、盛来运：《中国城市农民工社会保障影响因素实证分析》，《中国农村经济》2008年第9期。

② 杨一帆、李愚昊：《人群特征与制度参与：农民工参加城镇医疗保险行为的调查研究》，《社会保障研究》2013年第1期。

险，农村养老保险，新型农村合作医疗（新农合）——两套制度系统。家庭迁移模式究竟是否具有差异，以及拥有怎样的差异，表现了乡城迁移家庭户对这两套不同的制度系统的需求程度，本书考察乡城迁移家庭对制度改革需要和倒逼制度改革的一个路径。

1. 家庭迁移类型对社会养老保险制度选择的影响

正如上文我们所讨论的那样，乡城家庭迁移类型的选择，造成的一个典型的基础性社会影响，就是可能促成乡城迁移家庭对不同社会保险制度的选择，从而形成对不同社会保险制度的差异性需求，由此为原有差异性的社会保险制度带来了改革的压力。从现实实践需要来看，从乡城迁移家庭需求的角度，分析不同的家庭迁移类型的相应影响，会为未来社会保险制度建设中充分考虑迁移家庭的需求提供一种现实的参考。

（1）迁移类型对社会养老保险选择影响的初步考察。在研究调查前后，碎片化的制度存在，并没有因为统一社会保障相关政策的出台而产生变化。依据以往的经验，这种状况也会在一定时间内持续存在。以家庭为单位考察进城农民工家庭参与社会养老保险状况，可以发现：参加社会养老保险的家庭占 65.6%。乡城迁移家庭对社会养老保险的参与存在多样性特征，其中农村养老保险和城镇职工养老保险是两种最主要的选择，选择参与的占比分别为 37.3% 和 28.2%，这与城市职工的基本养老保险参保率之间存在较大的差距[1]，虽然其中两种制度都有选择的乡城迁移家庭仅占 0.06%，但却占参与社会养老保险家庭的一成以上（10.3%）。这说明乡城迁移家庭会主动选择、参加社会保险，并利用制度的不完善，做出多重选择。

此外，通过初步的交互表（表6—5、表6—6、表6—7）分析，可以发现乡城迁移家庭的社会养老保险的参与状况与其家庭迁移模式之间存在显著的相关关系。在回答是否拥有社会养老保险这一问题时，家庭化迁移中的部分迁移和举家迁移参保占比分别为 76.4% 和 75.9%，这种差异性在城镇职工养老保险和农村社会养老保险中也同样具有显著性。

---

[1] 我们所能查到的公开数据是南京市的城乡基本社会保险在2014年的覆盖率达98%以上（南京市统计局，2014）。

表6—5　　乡城迁移家庭拥有社会养老保险与家庭迁移类型交互表　　　单位:%

|  |  | 家庭迁移类型 |  |  | 合计 |
|---|---|---|---|---|---|
|  |  | 个体迁移 | 部分迁移 | 举家迁移 |  |
| 是否拥有社会养老保险 | 否 | 45.8 | 23.6 | 24.1 | 34.4 |
|  | 是 | 54.2 | 76.4 | 75.9 | 65.6 |
| 样本量 |  | 799 |  |  |  |
| Chi² (p) |  | 42.695 (0.000) |  |  |  |

表6—6　　乡城迁移家庭参与城镇职工养老保险与家庭迁移类型交互表　　单位:%

|  |  | 家庭迁移类型 |  |  | 合计 |
|---|---|---|---|---|---|
|  |  | 个体迁移 | 部分迁移 | 举家迁移 |  |
| 是否拥有城镇职工基本养老保险 | 否 | 75.5 | 74.9 | 62.9 | 71.8 |
|  | 是 | 24.5 | 25.1 | 37.1 | 28.2 |
| 样本量 |  | 799 |  |  |  |
| Chi² (p) |  | 12.96 (0.002) |  |  |  |

表6—7　　乡城迁移家庭参与农村社会养老保险与家庭迁移类型交互表　　单位:%

|  |  | 家庭迁移类型 |  |  | 合计 |
|---|---|---|---|---|---|
|  |  | 个体迁移 | 部分迁移 | 举家迁移 |  |
| 是否拥有农村社会养老保险 | 否 | 72.9 | 44.5 | 60.7 | 62.7 |
|  | 是 | 27.1 | 55.5 | 39.3 | 37.3 |
| 样本量 |  | 799 |  |  |  |
| Chi² (p) |  | 44.6 (0.000) |  |  |  |

（2）迁移类型对选择社会养老保险制度影响的分析。上面的交互分析，表现出乡城家庭迁移模式对迁移家庭选择社会养老保险制度，具有显著的差异性影响。那么这种影响是否真的存在，如果存在，究竟以怎样的机制在发挥作用？本书主要考察迁移家庭是否选择加入社会养老保

险、农村养老保险和城镇职工养老保险这三个方面。

依据因变量为二分类名义变量的性质,本书使用 binary logistics 模型对数据进行拟合,形成三个模型。自变量为迁移类型,控制变量依据以往研究和第三章的讨论,为有可能对社会保障的选择构成影响的家庭结构因素、社会经济因素和先行者的个体特征。从表6—8中我们可以看到,三个模型都通过了 LR chi$^2$ 检验,具有统计意义。

表6—8　家庭迁移类型对乡城迁移家庭农村社会养老保险的影响

| 变量 | 模型4<br>社会养老保险 | 模型5<br>城镇职工养老保险 | 模型6<br>农村社会养老保险 |
|---|---|---|---|
| **自变量** | | | |
| 迁移类型[a] | | | |
| 　部分迁移 | 0.400 (1.40) | 0.480 (1.50) | 0.437 (1.62) |
| 　举家迁移 | 0.473 (1.35) | 1.107** (2.92) | 0.115 (0.35) |
| **控制变量** | | | |
| 家庭总人口数 | −0.025 (−0.31) | −0.007 (−0.07) | 0.083 (1.03) |
| 孩子的数量 | 0.412 (1.42) | 0.598 (1.94) | −0.184 (−0.75) |
| 老人的数量 | 0.232 (0.38) | −0.080 (−0.13) | 0.539 (1.14) |
| 家庭人均年收入对数 | 0.404 (1.38) | 0.741* (2.11) | −0.368 (−1.27) |
| 家庭人均月总支出对数 | 0.497 (1.45) | 0.329 (0.86) | 0.140 (0.41) |
| 住房[b] | | | |
| 　免费房 | −0.128 (−0.55) | −0.453 (−1.73) | 0.230 (0.97) |
| 　自购房 | 0.899 (1.55) | 0.016 (0.04) | 0.307 (0.74) |
| 户籍[c] | | | |
| 　非农业户 | 0.546 (1.63) | 0.638* (2.15) | −1.452*** (−3.93) |
| 迁移范围[d] | | | |
| 　跨省迁移 | 0.545 (1.53) | 0.144 (0.40) | 0.474 (1.48) |
| 来源地区[e] | | | |
| 　中部地区 | −0.645 (−1.86) | −0.437 (−1.21) | −0.161 (−0.52) |
| 　西部地区 | −0.744 (−1.54) | −0.484 (−0.86) | −0.325 (−0.69) |
| 居留时间 | 0.009 (0.44) | 0.070** (3.18) | −0.022 (−1.22) |
| 汇款 | −0.000 (−0.46) | −0.000 (−1.90) | 0.000* (2.52) |

续表

| 变量 | 模型4<br>社会养老保险 | 模型5<br>城镇职工养老保险 | 模型6<br>农村社会养老保险 |
| --- | --- | --- | --- |
| 年龄 | 0.052 (0.68) | -0.051 (-0.61) | 0.120 (1.69) |
| 年龄平方 | 0.000 (0.16) | 0.001 (1.01) | -0.001 (-1.49) |
| 性别[f] | | | |
| 女 | 0.054 (0.28) | 0.173 (0.79) | -0.124 (-0.65) |
| 婚姻状态[g] | | | |
| 已婚有配偶 | 0.657* (2.19) | -0.320 (-0.92) | 0.720* (2.36) |
| 受教育程度 | 0.074* (2.08) | 0.159*** (3.92) | -0.072* (-2.12) |
| 职业[h] | | | |
| 专业技术人员 | 0.777 (1.57) | 0.177 (0.38) | 0.388 (0.80) |
| 公务员、办事人员和有关人员 | -0.112 (-0.12) | -0.188 (-0.24) | -1.320 (-1.11) |
| 社会生产服务、生活服务人员 | 0.035 (0.11) | -0.605 (-1.88) | 0.332 (1.08) |
| 就业身份[i] | | | |
| 雇主 | 0.557 (0.92) | -1.678** (-2.79) | 0.930* (2.00) |
| 自营业者 | -0.985*** (-3.67) | -2.968*** (-7.08) | 0.176 (0.73) |
| 常数项 | -5.820** (-3.00) | -6.238** (-2.87) | -2.314 (-1.24) |
| 观察值 | 652 | 652 | 652 |
| LR chi$^2$ | 134.35*** | 189.11*** | 130.35*** |
| Pseudo R$^2$ | 0.161 | 0.244 | 0.152 |

注：1. 显著性水平：$^*p < 0.05$，$^{**}p < 0.01$，$^{***}p < 0.001$。

2. a 以"个体迁移"为参照；b 以"租住房"为参照；c 以"农业户"为参照；d 以"省内迁移"为参照；e 以"东部地区"为参照；f 以"男"为参照；g 以"单身"为参照；h 以"国家机关、党群组织、企事业单位负责人"为参照；i 以"雇员"为参照。

由表6—8可以看到，在控制其他变量的情况下，部分迁移和举家迁移相对于个体迁移模式而言，会促进农民工家庭对社会养老保险的选择，但是，这种作用并不具有统计显著性。也就是说，乡城家庭迁移模式，并不会对其是否参与社会养老保险制度构成显著影响，这种影响在本例中并不具有统计意义。

接下来考察乡城家庭迁移模式，是否会对其选择城镇职工养老保险造成影响。所以因变量就是乡城迁移家庭是否参加了城镇职工养老保险。在控制其他变量的情况下，相对于个体迁移而言，虽然部分迁移和举家迁移都表现了有利于乡城迁移家庭选择城镇职工养老保险，这种影响却只在举家迁移类型的家庭中通过显著性检验。乡城家庭迁移类型，对乡城迁移家庭选择城镇职工基本养老保具有显著的相关性。这说明，对于迁移家庭来说，举家迁移的发生，已经改变了其对于城市社会养老保障制度的预期，他们确实在主动地去寻求更多的、来自城市的制度化养老保护。

农村社会养老保险不同于城镇职工（或城市居民）养老保险制度，成员资格的获得不需要以工作为前提，而是以农民身份为基础条件。农村社会养老保险并不是一种强制社会养老保险制度，而是一种激励性制度政策。由于农村社会养老保险的保障水平相对城市低很多，保险效果并不像城镇职工基本养老保险那样已经被实践所证实，所以，在农村地区也仅被作为一种"象征性"的养老保险而存在，解决的是农村养老保险的形式上的"有无"问题，以实际效果情况而言，是有"形同于无"。但是，对农村社会养老保险的选择，可以反映出乡城迁移者及其家庭对未来城乡生活的预期——未来养老要在农村，家庭的养老风险发生的范围是农村家庭，所以，家庭生活重心、未来预期在农村原生家庭的乡城迁移者更有可能选择加入。

由表6—8可见，乡城家庭迁移类型对迁移家庭是否选择参加农村社会养老保险的影响并不明显，虽然它们也同样地表现出，家庭化迁移更多地拥有农村社会养老保险的趋势。可能是农村养老保险并不具有辨识性，参与门槛较低，只要农民工愿意就可以参加，目前并没有任何实质性的限制。因此，无论现在农民工家庭的生活重心放在城市还是农村，只要他们愿意，都可以将农村养老保险作为一种"补充性"的保险。所以，作为一种家庭风险应对策略，并没有在不同迁移模式家庭中表现出明显的差异。

2. 家庭迁移类型对社会医疗保险制度的影响

正如上文我们所讨论的那样，医疗风险是乡城迁移家庭所要面临的另一个基础性的风险来源。中国的基本医疗保险制度也同样呈现出碎片化的特征,包含城镇职工基本医疗保险、城镇居民医疗保险、新型农村合作医疗保险(以下简称新农合)等。乡城迁移者及其家庭,依据自己的社会理性需要,对不同的医疗保险制度进行选择。这种理性是一种基于其生活中所能预见到的、"家庭整体利益考虑"的社会性计算,而非单独地表现为经济计算。

(1)迁移类型对社会医疗保险选择影响的初步考察。以家庭的角度,考察乡城迁移家庭的社会基本医疗保险制度的选择,可以发现:拥有社会医疗保险的乡城迁移家庭已经占76.6%。乡城迁移家庭拥有的社会医疗保险具有多样性,主要集中在城镇职工基本医疗保险和新农合,其中新农合的参保率达到了56.3%,而城镇职工基本医疗保险的参保率相对较低,占23.4%。这一结果相对于《2013年南京市人力资源和社会保障事业发展统计公报》中南京市城乡基本养老保险和城乡医疗保险覆盖率分别达到98.3%和98.1%的水平差距明显[①]。

通过初级交互分类(见表6—9、表6—10、表6—11),可以发现,与社会养老保险情况相似,乡城迁移家庭对不同医疗保险制度的参与情况与其所采取家庭迁移类型之间存在显著的相关性。家庭化迁移的家庭比个体迁移的家庭有更高的参保率,而且这种差异是显著的。

表6—9　　　　　　　　拥有社会医疗保险状况表　　　　　　　　单位:%

|  |  | 家庭迁移类型 |  |  | 合计 |
|---|---|---|---|---|---|
|  |  | 个体迁移 | 部分迁移 | 举家迁移 |  |
| 家庭是否拥有社会医疗保险 | 是 | 68.8 | 86.4 | 81.7 | 76.6 |
|  | 否 | 31.2 | 13.6 | 18.3 | 23.4 |
| 样本量 |  | 799 |  |  |  |
| Chi² (p) |  | 26.652 (0.000) |  |  |  |

---

① 南京市人力资源和社会保障局:《2013年南京市人力资源和社会保障事业发展统计公报》,2015年9月4日,南京政府网(http://www.nanjing.gov.cn/njszfnew/bm/rsj/201409/t20140904_2976815.html)。

表6—10　　　参与城镇职工基本医疗保险与家庭迁移类型交互表　　　单位:%

| | | 家庭迁移类型 | | | 合计 |
|---|---|---|---|---|---|
| | | 个体迁移 | 部分迁移 | 举家迁移 | |
| 家庭拥有城镇职工医疗保险 | 否 | 77.6 | 80.1 | 67.0 | 75.2 |
| | 是 | 22.4 | 19.9 | 33.0 | 24.8 |
| 样本量 | | 799 | | | |
| Chi² (p) | | 11.806 (0.003) | | | |

表6—11　　　参与新型农村合作医疗保险与家庭迁移类型交互表　　　单位:%

| | | 家庭迁移类型 | | | 合计 |
|---|---|---|---|---|---|
| | | 个体迁移 | 部分迁移 | 举家迁移 | |
| 家庭是否拥有新农合保险 | 否 | 50.5 | 31.4 | 42.4 | 43.7 |
| | 是 | 49.5 | 68.6 | 57.6 | 56.3 |
| 样本量 | | 799 | | | |
| Chi² (p) | | 19.134 (0.000) | | | |

(2)迁移类型对社会医疗保险影响的分析。上面的基本分析中,乡城迁移家庭类型与是否拥有社会医疗保险之间存在着相关关系。在控制其他变量的情况下,这种相关关系是否真的存在呢?与上文社会养老保险的考察类似,本书将从是否选择加入社会医疗保险、农村新农合医疗保险和城镇职工医疗保险三个方面进行考察。

这三个因变量为二分类名义变量,决定了这里依然需要使用binary logistics模型对数据进行拟合,形成三个模型。模型中的自变量为迁移类型,控制变量为有可能对社会保障的选择构成影响的家庭结构因素、社会经济因素和先行者的个体特征。从表6—12中我们可以看到,三个模型都通过了LR chi² 检验,具有统计意义。

从表6—12模型7中我们可以看到,在控制其他变量的情况下,不同的家庭迁移类型会对其参与社会医疗保险构成显著影响。相对于个体迁移,部分迁移会更多地选择参与社会医疗保障。医疗风险对于家庭来说是最为现实和迫切的潜在风险。老年是未来的事情,而疾病可能明天就会发生。中国的医疗费用对于任何普通家庭而言，都是难以承受之痛。所以，预防医疗风险，对乡城迁移家庭而言是最为迫切的需要。所以，部分迁移家庭更倾向于购买社会基本医疗保险。举家迁移相对于个体迁移虽然也表现了增强发生比的趋势，但并不具备统计显著性。

城镇职工基本医疗保险与城镇职工基本养老保险性质相似，也是一项与城市工作权益相关的一种城市基本安全网。表6—12回答了家庭迁移类型是否以及以怎样的方式，影响了乡城迁移家庭对城镇职工基本医疗保险的选择。在模型8中可以看到，该模型对乡城迁移家庭城镇职工基本医疗保险的选择具有较强的解释能力。

可以看到，在控制其他变量的情况下，家庭迁移类型的差异依然会对乡城迁移家庭的选择造成显著的影响，举家迁移的家庭户参加城镇职工基本医疗保险的发生率显著地高于个体迁移家庭户。采取部分迁移的家庭户和个体迁移的家庭户之间虽然也存在着相似的趋势，但是这种差异并不显著。而且，在模型中也可以发现，居留时间越长的家庭越倾向于加入城镇职工基本医疗保险。如笔者前文所论证的那样，与城市社会联系的增强，生活中心的城市化方向的转移有助于增加乡城迁移家庭对城市保护措施的需求，举家迁移家庭的城镇职工医疗保险方面的选择充分地说明了这一点。

如表6—12中模型9所示，家庭迁移类型对乡城迁移家庭选择新型农村合作医疗保险产生了一定的差异性影响，采取部分迁移和举家迁移的乡城迁移家庭比采取个体迁移的家庭具有更多的参加新农合的可能性。但这种差异并不具有统计显著性。作为一种非强制性的补充性医疗保险，新农合的参与需要一定的家庭剩余作为基础，对于部分迁移和举家迁移者来说，他们的家庭经济收入相对于个体迁移者来说要高得多，参加新农合就相对容易得多，参加新农合的花费在总支出中占比并不太多。这种选择是从家庭安全本位出发的一种策略选择。

在控制变量部分，可以看到其他影响农民工家庭选择新农合的影响因子及其作用方向。乡城迁移家庭户的经济状况同样也是一个基础性影响因素。家庭年收入的提高会使迁移家庭户更不倾向选择新农合，非农业户口相对于农业户籍的迁移家庭户来说，也不倾向于选择新农合。汇款对乡城迁移家庭户的新农合的选择表现出正向的影响，汇款数量越多，越有可能选择新农合。乡城迁移家庭的先行者特征也同样会对他们家庭选择新农合的行为构成显著的影响，受教育程度与选择新农合成反比，单身相对于已婚有配偶者的先行者中更不愿选择参加新农合。总之，相对于上面所述的对于城镇职工基本医疗保险的影响因子的分析，可以发现，新农合更多地表现为在城市竞争中处于劣势的乡城迁移家庭的一种医疗风险的应对策略选择。

表6—12　　家庭迁移类型对乡城迁移家庭医疗保险选择的影响

| 变量 | 模型7<br>社会医疗保险 | 模型8<br>城镇职工基本医疗保险 | 模型9<br>新农村合作医疗保险 |
|---|---|---|---|
| 自变量 | | | |
| 迁移类型[a] | | | |
| 　部分迁移 | 0.762*（2.47） | 0.307（0.93） | 0.442（1.63） |
| 　举家迁移 | 0.580（1.62） | 1.021**（2.62） | 0.024（0.07） |
| 控制变量 | | | |
| 家庭总人口数 | 0.101（1.11） | 0.005（0.05） | 0.124（1.51） |
| 孩子的数量 | −0.065（−0.22） | 0.447（1.42） | −0.172（−0.66） |
| 老人的数量 | −0.144（−0.25） | 0.131（0.21） | −0.207（−0.43） |
| 人均年收入对数 | −0.392（−1.28） | 0.606（1.67） | −0.903**（−3.15） |
| 人均月总支出对数 | 0.333（0.96） | 0.589（1.47） | 0.264（0.82） |
| 住房[b] | | | |
| 　免费房 | −0.300（−1.27） | −0.654*（−2.35） | −0.064（−0.29） |
| 　自购房 | −0.084（−0.18） | −0.405（−0.87） | 0.125（0.31） |
| 户籍[c] | | | |
| 　非农业户 | −0.384（−1.29） | 0.505（1.67） | −1.229***（−4.14） |
| 迁移范围[d] | | | |
| 　跨省迁移 | 0.115（0.32） | 0.116（0.31） | −0.111（−0.36） |
| 来源地区[e] | | | |

续表

| 变量 | 模型 7<br>社会医疗保险 | 模型 8<br>城镇职工基本医疗保险 | 模型 9<br>新农村合作医疗保险 |
| --- | --- | --- | --- |
| 中部地区 | -0.135（-0.39） | -0.326（-0.86） | 0.250（0.82） |
| 西部地区 | 0.095（0.19） | -0.592（-0.97） | 0.659（1.40） |
| 居留时间 | 0.029（1.32） | 0.051*（2.29） | -0.003（-0.16） |
| 汇款 | -0.000（-0.10） | -0.000**（-2.74） | 0.000*（2.17） |
| 年龄 | 0.075（0.99） | 0.042（0.49） | 0.032（0.47） |
| 年龄平方 | -0.001（-0.90） | -0.000（-0.04） | -0.001（-0.90） |
| 性别[f] | | | |
| 女 | -0.139（-0.70） | 0.295（1.29） | -0.266（-1.45） |
| 婚姻状态[g] | | | |
| 已婚有配偶 | 0.311（1.00） | -0.287（-0.80） | 0.606*（2.06） |
| 受教育程度 | 0.010（0.28） | 0.155***（3.67） | -0.085*（-2.55） |
| 职业[h] | | | |
| 专业技术人员 | -0.257（-0.53） | 0.199（0.42） | -0.962*（-2.12） |
| 公务员、办事人员和有关人员 | 0.992（0.87） | 0.353（0.44） | -0.134（-0.17） |
| 社会生产服务、生活服务人员 | -0.277（-0.83） | -0.525（-1.58） | -0.123（-0.43） |
| 就业身份[i] | | | |
| 雇主 | -0.553（-1.12） | -2.598**（-3.21） | 0.270（0.57） |
| 自营业者 | -0.337（-1.17） | -2.791***（-6.49） | 0.764**（2.97） |
| 常数项 | -0.117（-0.06） | -8.167**（-3.58） | 3.405（1.87） |
| 观察值 | 652 | 652 | 652 |
| LR chi$^2$ | 45.54*** | 172.03*** | 120.58*** |
| Pseudo R$^2$ | 0.064 | 0.238 | 0.135 |

注：1. 显著性水平：$^*p<0.05$，$^{**}p<0.01$，$^{***}p<0.001$。

2. a 以"个体迁移"为参照；b 以"租住房"为参照；c 以"农业户"为参照；d 以"省内迁移"为参照；e 以"东部地区"为参照；f 以"男"为参照；g 以"单身"为参照；h 以"国家机关、党群组织、企事业单位负责人"为参照；i 以"雇员"为参照。

## （二）其他城市社会福利政策的改革要求

社会保险之外的，与工作无关而与身份有关的城市福利，不具有选择性，乡城迁移家庭福利资格的缺乏导致了他们社会福利的缺失。对于这种制度性的歧视和缺失，他们必须利用自己的力量去侵蚀旧体制才能解决。这种侵蚀力量一方面来自中国整体的人口结构变动。伴随着超低生育率的持续，中国的劳动力人口供给正在渐渐陷入困境，人口红利机会窗正在逐渐关闭，对劳动力人口的争夺将成为未来城市经济发展的必备政策措施。这些都使乡城迁移者具有了"用脚投票"的社会群体谈判实力和影响力，各地频现的"用工荒"已经为这种权利的变现拉开了序幕。家庭迁移类型的变迁使得实质性的人口迁移已经形成，这一系列内在需求的变化，使以往政府以经济发展和社会稳定为目标的、排斥性的"生存型"社会政策已经难以为继[1]，相关制度变革与完善势在必行。

另一方面，乡城迁移家庭整体规模上的不断扩大，使他们日益成为具备影响政治和社会稳定的力量。虽然从总体上乡城迁移者依然是被消解、被遮蔽的主体，即使在新闻媒介中话语权也表现出整体性的缺失[2]，但是在一种小群体的层面上，他们已经寻求通过自己的行动来表达对公共服务、融入城市的需要。比如，除了对工作权益受损时的整个家庭出动参与表演式抗议[3]，当他们的家庭社会权益遭受损害时，他们也往往会以表演的方式来表达抗议，如2011年北京的农民工子弟学校被强行拆除后，农民工们通过"躺地"等表演式的方式来积极寻求媒体的注意，表达出自己的不满和诉求[4]。这些现实社会力量比较形势的变化，乡城迁移

---

[1] 陈藻：《农民工"定居型就业迁移"的城市化模式研究》，《中共青岛市委党校青岛行政学院学报》2013年第6期。

[2] 吴麟：《主体性表达缺失：论新生代农民工的媒介话语权》，《青年研究》2013年第4期。

[3] 这种表演性抗议很明显的例子就是2014年年末在农民工讨薪中将家庭中的孩子、老人和妻子等都派出来参与抗议表演，并通过媒体展示向政府和企业施加压力。

[4] 网易新闻图片集：《北京农民工子弟学校遭拆，家长躺地抗议》，2011年8月16日，网易网（http://news.163.com/photoview/00AP0001/17058.html）。

家庭的整体发展态势、积蓄的潜在力量和需要的表达等，反过来肯定会倒逼隔离性社会制度的改革。乡城迁移者的倒逼力量给政府带来的合法性压力，成为政府改变农民工相关政策，推动以新型城市化为形式的社会融合目标的设立。

乡城迁移家庭是珍视家庭传统的中国社会的基本构成单位，是社会有机体正常运转的基本社会细胞。中国许多城乡领域的体制改革，改革的方向和实现效果的判断，必须依靠这一社会细胞的充分参与和能量交换，要符合这些活跃的社会细胞的自身运动。中国进一步的社会改革中，在没有达成共识的情况下，可能在某些时刻仍然需要不可抗拒的倒逼之势才能确保相应政策的确立。

### 五 举家迁移是未来中国社会稳定的一个新基点

家庭是社会稳定的最基本单位。而这一基本单位和谐稳定的基础就是家庭中夫妻子三角的成立并物理靠近。[1] 在迅速的现代化过程之中，中国的家庭结构和家庭价值都在发生变化，这给中国的家庭问题、进而对中国的社会问题的解决带来了一定的冲击。中国社会已经进入了矛盾集中突发期，风险迅速积累叠加。家庭化迁移的稳定推进可以帮助解决这些社会危机，为社会带来稳定和发展。举家迁移形成的初级群体在城市中的重建，构成了未来城市社会稳定的基本支点。

众所周知，中国在剧烈变革的过程中依然能够保持长期的稳定，一个重要的方面，就是农民工心目中浓烈的家庭意识以及由此带来的家庭责任感。正是这种家庭责任感，让他们甘于忍受各种不公正的待遇、忍受各种不公平和歧视。

一般而言，在一个迁移社会中，乡城迁移的家庭化可以增强社会的稳定性，如纽约犹太人的举家迁移的稳定效应[2]。因为家庭化后乡城迁移的不确定性大为减轻，对于家庭的归属和责任，使其减少了生产生活中的越轨甚至犯罪行为；也因为有家庭成员之间的互动，减轻甚至消除了

---

[1] 费孝通：《生育制度》，商务印书馆2008年版。
[2] 林广：《纽约外来移民状况简论（1820—1920）》，《历史教学问题》2004年第6期。

农民工对于城市的对抗和不满情绪，这些都有助于减少流动人口的犯罪[①]。实现家庭完整化，家庭功能的重构，家庭将发挥出对乡城迁移者个体，特别是儿童、青年迁移者的价值约束机制，可以有效约束个体越轨的发生，化解家庭危机，解决分离家庭造成的各种潜在问题，提高家庭幸福感，从而提高整个社会的幸福感。作为最基层的农民工家庭幸福感的提升，会在很大程度上提升整个社会的幸福感和社会和谐程度。

伴随着中国快速的少子老龄化进程，进一步稳定劳动力供给，是实现经济社会可持续发展的基础和基本路径。对于近年增幅降低的农民工来说，推动他们稳定供给的一个最为重要的方式，就是家庭迁移的实现[②]。改革开放以来，久被压制的人口红利，只需要减少个体劳动力城市就业障碍，就可以实现农村剩余劳动力的充足供给与人口红利的充分释放。人口形势、经济社会趋势发展至今，劳动力流动障碍已经微乎其微，农民工整体的增长潜力已经几乎见底。近几年来的增长速度放缓已经表现出这样的趋势。所以，为了在未来的经济社会发展中避免出现"民工荒"、"养老危机"等，城市政府也已经具有了吸引农民工进行市民化转变或者说长期居留的动力。而只有清除他们家庭迁移的障碍，才会在下一步深度城市化中获得充足的劳动力人口的回应。

对于社会稳定、幸福的巨大贡献，对于稳定地为城市提供充足的劳动力的巨大潜力，使家庭迁移可以成为未来中国社会稳定的一个新基点。

## 第二节 家庭迁移的负向社会效应

乡城家庭迁移除了具备以上正功能之外，不可避免地也会产生一系列的负功能。家庭迁移作为对原有的旧迁移社会秩序的一种冲击，在旧秩序并未完成转型的一定时期内，必然也会产生一系列难题和问题。秩

---

[①] 参见王培刚、庞荣《都市农民工家庭化流动的社会效应及其对策初探》，《湖北社会科学》2003年第6期；张秀梅、甘满堂《农民工流动家庭化与城市适应性》，《福建省社会学2006年会论文》，福建厦门，2006年。

[②] 纪月清、刘迎霞、钟甫宁：《家庭难以搬迁下的中国农村劳动力迁移》，《农业技术经济》2010年第11期。

序的变动意味着矛盾和冲突的发生。这些社会秩序既有旧的家庭秩序，又有乡城群体的秩序乃至国家规定的秩序结构。但是必须认识到，这些秩序问题可能是形成新秩序之前的阶段性问题，但如果问题的倒逼机制没有发挥作用，规则制定者和秩序行动者未就新社会秩序的到来进行充分的准备和努力的话，这些秩序转变中的社会矛盾和危机也有可能成为一种长期性的负面效应。

**一 形成新的家庭风险**

乡城家庭迁移不仅实现了地理位置上的变动，同样也带来了社会关系的转型。乡城迁移家庭渐渐失去其原有的农村社会关系和结构，在城市社会中需要实现新的社会化过程，融入城市社会，扮演城市中的社会角色。如上文所述，家庭化迁移有利于解决那些因分居（分离）而产生的潜在家庭危机，但是，在家庭重新实现社会地理的安置之后，一系列新的潜在的风险是它必须面对的。其中最突出的，是由于原有社会网络资源的萎缩所带来的安全性风险，和新家庭角色产生的角色冲突。

"在乡在村"的社会生活，主要是建立在亲友邻里相对封闭的社会网络之中，在这个社会网络包含的先赋性秩序中，就可以获得生活的意义和价值。家庭的发展嵌入这一社会网络之中，构成网络并充分利用社会网络资源。土地，在最后的无奈时刻，可以为家庭解决最基本的生存问题，为家庭的苏醒提供最后的缓冲。对于举家迁移者，特别是新生代农民工而言，乡村已经是回不去也不愿回的社会。虽然与乡村社会的联系依然存在，但是空间距离和社会心理距离将不断削弱这种社会网络给家庭所能带来的影响。在城市，他们面对开放空间带来多样选择性时，必须自我负责地做出独立的选择。举家迁入城市，使他们将更为全面和直接地面临家庭生活的城市风险：工作风险、收入不稳定、健康风险、工作生活冲突、住房风险和子女教育等。在这一环境中，失去群体保护的家庭是脆弱的和无力的。航行在大海中的孤帆，需要在靠岸之前冲破随时可能将船拍翻的恶浪强风。

任何一种社会风险都有可能轻易地使举家迁移家庭陷入脆弱和困境之中，因为他们原有社会网络的支持在城市中趋于崩溃，而在城市中的社会网络资源支持系统极其有限,尤其缺乏组织化的社会支持——无论这种组织化的支持是来自国家还是城市市民社会。在西方社会,宗教中的教会和发达的市民社会公益组织,可以在国家未进入的情况下提供必要的组织资源,帮助迁移家庭应对可能遇到的城市生活的风险。反观中国,由于宗教和公民社会的发育并未完善,针对新进入的乡城迁移家庭的相关公民社会组织更加阙如。所以,回不去乡村的举家迁移者在城市中生活的潜在风险也将是巨大的,没有退路的。这种风险需要国家,尤其是在社会保障方面的及时介入和帮助。

此外,乡城迁移家庭大致延续了父权制传统家庭中的性别关系[1]。但同时,以夫妻为主的家庭化迁移,使男女两性暴露在城市化工作方式和生活方式的转变中,夫妇双方社会性别意识的再社会化和经济社会地位的再造,带来了解构传统的效应。城市化生活方式促进了个体主义的发展,"男主外,女主内"的模式更多被"双方在外都工作,女性依然做家务"的模式所替代,女性权利获得提高的同时,使得家庭内的性别关系形成新的协商和调整,这对女性的意义尤为重要,对男性重新适应、学习相处的关系同样有一定困难。家庭权力关系的调整,往往会造成与传统家庭中父权制文化的冲突,这造成家庭中性别角色的冲突在所难免(冲突关系最严重的,应该是成长在农村、打工在城市的老一辈农民工家庭)。早期的打工妹研究,就已经突出了女性争取自身权利、抵抗父权制的社会性别权力关系图景。有关流动对夫妻间性别权利的研究也表明,在传统的社会性别角色统领之下,双方因此发生的抱怨正在合理化。[2] 女性角色的变化,家庭社会性别角色的重新建构,不可避免地会产生夫妻之间关系的冲突与紧张。夫妻关系的紧张,则对家庭的稳定性和完整性带来了直接的冲击。

此外,对依然以生存发展为基础的乡城迁移群体来说,虽然家庭化迁移可以提高他们在城市中的收入,降低他们的平均支出。但是,对于

---

[1] 金一虹:《流动的父权:流动农民家庭的变迁》,《中国社会科学》2010年第4期;罗小锋:《父权的延续——基于对农民工家庭的质性研究》,《青年研究》2011年第2期。

[2] 张传红:《乡城流动对夫妻家庭性别分工的影响研究》,《中国农业大学学报》(社会科学版)2010年第3期。

双职工乡城迁移家庭来说，他们的工作性质（乡城迁移者所能进入的职业依然处于职业体系的底层）决定了他们在城市中的家庭生活同样是不轻松的，有可能对他们的家庭生活本身产生新的紧张。工作与家庭生活之间的冲突可能是前所未有的。王东亚、赵伦、贾东的研究就关注到了由于工作，家庭休闲时间很可能得不到保证，全家人参与共同的休闲活动对他们来讲很困难。① 虽然已有研究发现目前家庭化迁移农民工感受到的工作和家庭之间的冲突水平并不高，且低于工作和家庭之间的促进水平。② 但应该看到，目前的乡城迁移家庭依然是以工作为中心目标所存在的一种家庭应对策略。当乡城迁移家庭真正转变为"城市家庭"时，迁移家庭的重心变成了家庭的城市生活，工作与家庭之间的冲突感会越来越强烈。随着家庭生活的参照对象更多变成了周边城市家庭而不再是农村家庭，这种依然存在较大差距的生活体验可能给他们的内心带来新的紧张。

**二 农村的地理性衰败**

家庭化迁移对于农村而言，不可避免地会导致农村的衰败。但从长远来看，这种衰败是一种地理性衰败，是传统农村迈向现代化新农村所必要付出的阶段性阵痛。因为农村的现代化，需要建立在生产方式上的现代化和城市化的协同并举，这往往意味着大量的乡村人口离开农村进入城市。现今中国大地已经出现了大量农村消失的现象。城市化的成功其实就是农村在地理空间败退的同义词，因为城市化的实现就是以农村人口的城市化，为一个最主要的维度来展现。城市化越成功，意味着越多的农村人口向城市集聚而彻底远离农村；农村人口的消减必然意味着更多的农村将从地理空间中消失和败退。

因为如同个体迁移的选择性，实现家庭迁移的人口一般是具有较强社会能力的家庭，它们相对而言具有较强的生产能力。家庭迁移的发生

---

① 王东亚、赵伦、贾东：《构建农民工和谐家庭关系研究》，《技术与市场》2007年第11期。

② 钱文荣、张黎莉：《农民工的工作——家庭关系及其对工作满意度的影响》，《中国农村经济》2009年第5期。

意味着农村人力资本、经济资本的外逃，缺少人力资源基础的农村如果不能实现农业生产的现代化转型，那么伴随部分农村消亡而产生的可能是农业的衰败，而不是农业的现代化转换的成功。

如果说随着城市化的快速推进，农村的消亡重组是一种不可避免的发展趋势的话，那么农业的衰退则是必须加以大力解决的重要问题。西方的农业现代化，是伴随着农业人口的举家迁移发生的，是农业工业化或者可以从更加落后的地区吸引劳动力，而中国的现实情况使其只能选择农业现代化的路径。举家迁移为农业现代化所要求的集中化生产、规模生产提供了农地集中的条件，如土地流转等在全国都已在实践。但是举家迁移所带来的资金、人力资本的流失是农业现代化必须面对的一个潜在局限。这需要国家进行必要的顶层设计。

同时，家庭迁居也给农村人居环境带来了一些负面影响，主要表现在住房资产的闲置、浪费，农村基础设施供给不足，社区环境进一步恶化等[1]。西方的家庭乡城迁移虽然也产生过这些问题，但是它们是在一百年的时间内缓慢发生的，而后发展的中国一切都是发生得那么迅速而剧烈，这种规模效应在破坏性方面同样剧烈而紧促。仿佛在一夜之间，人们由讨论农村该如何发展突然间变成了每年都有多少农村在消亡。

### 三 社会流动及融合困境的显性化

农民工的社会流动问题一直是社会学研究关注的焦点，一些基本的结论共识也已形成，那就是农民工虽然在职业上实现了转变和向上流动（由农业劳动者变成为工业劳动者，在社会经济地位上获得了上升），但是他们的社会身份仍然没有获得完全的转变（包括制度的认同和城市社会的认同和认可，这种外在认同与特别是新生代农民工的自我城市身份认同之间存在着明显的背离）。国家的再分配制度和公共服务制度，依然对乡城迁移者采取限制的态度，而这些是实现社会地位向上流动的社会制度和政策的基本保障。

他们从一个社会底层重新进入另外一个社会底层，基本上只是完成

---

[1] 邵书峰：《家庭迁移背景下农村人居环境优化》，《商丘师范学院学报》2011年第4期。

了水平流动,而真正的垂直流动少之又少。它是社会结构转型在中国具有极大的不彻底性和艰巨性的体现。[①] 而真正切身体验这些苦难的,就是实行家庭迁移的农民工们,他们想通过在城市中的生活、工作融入城市,获得向上的社会流动。但是,他们很少能够真正实现西方乡城迁移者所能明显体会到的社会经济地位上的提高,使下一代有能力获得职业上的向上流动。[②]

那么对于乡城家庭迁移者来说,这种冲击将更为现实和强烈,"半城市化"的结构张力将给城市社会本身也带来极大的风险。社会单位的影响比单个的社会人来说要大得多。家庭式迁移完成了家庭职业和生活方式的转变,但是社会身份的转变依然面临困境。实际上已经在城市社会运行的基本社会单位,却始终得不到相应的社会地位制度赋予,必然会带来社会角色的冲突和紧张。特别是对于农民工中的新生代来说,自己"亚社会圈子"的建立,将有可能产生更大的"半城市化"结构张力。[③]

社会流动不畅的一个表现,就是社会融合困境的始终存在,社会隔离问题突出。这种隔离即使在举家迁移之下依然存在,由于家庭单位所涉及的社会接触面更多,这种社会隔离给乡城迁移者所带来的相对剥夺感将更加强烈,不公平感也将更加强烈。乡城迁移者都是自选择的人群,由于他们的就业等信息大多依然是来自同一地区和乡村社会的社会网络,他们倾向于聚集到类似的社会环境中生活、工作。相似的地理分布、迁移的社会选择将会显著地增加社会经济隔离。这种隔离在西方表现出明显的贫民窟问题和种族、族裔居住区问题。而由于以往中国乡城迁移多是个体性迁移,制度的限制起到了将群体打散的作用。但是,随着家庭迁移的不断推进,社区隔离、住房隔离、教育隔离和公共隔离等社会问题将越来越突出,并被要求尽快加以解决。正是面对这种冲击风险,学

---

① 王春光:《农民工的社会流动和社会地位的变化》,《江苏行政学院学报》2003 年第 4 期。
② Long, Jason. "Rural – urban migration and socioeconomic mobility in Victorian Britain", *Journal of Economic History*, 65.01 (2005): 1 – 35.
③ 王春光:《农民工的社会流动和社会地位的变化》,《江苏行政学院学报》2003 年第 4 期。

界和官方近期都在积极寻找社会融合之策。这种隔离后果的严重性,在乡城迁移者及其家庭与城市居民的冲突关系中集中反映出来。

已有的国内人口迁移研究多关注自上而下的管理变革或者自下而上的权益要求,以及乡城迁移所导致的乡城迁移者,特别是农民工和农民工子女的弱势地位及其利益受损情况,而对乡城迁移造成的流动人口与城市居民之间的关系的研究较为缺乏。少量的研究,较多地将焦点放在城市居民与农民工的交往及其形成的对农民工的看法和态度之上[1]。

为什么要关注城市居民与乡城迁移群体之间的关系?因为就利益集团的观点来看,城市居民在城市利益格局中属于既得利益集团,与城市的管理者共同拥有城市,农民则被排斥在外。而乡城迁移家庭的进入则是对原有利益格局的一种冲击,是对城市居民既得利益的一种冲击和竞争。如果说市场中农民工的到来与作为城市中既得利益者的城市居民之间存在着互惠性也存在着冲突,那么城市社会中乡城迁移家庭的进入则更多地表现在利益竞争之中,特别是原有体制赋予城市居民的特权,如教育、社会保障等福利的分享(或者说争夺)。农民工通过市场的嵌入行动已经使得城市的日常生活的正常运转必须依赖他们。但是,乡城迁移家庭的迁入,将使城市不仅仅成为他们的生产空间,也成为他们的消费空间和家庭再生产空间。在消费和家庭再生产过程中,对城市公共资源和公共服务的需求和追求便成为一种紧迫的现实。

对城市社会利益的竞争,意味着城市社会利益格局重新调整的现实需要,而如果协调不好,重新调整可能带来的就是问题与危机。这种利益矛盾所导致的群体冲突和社会融入困境,在世界各个国家的城市化进程中都有所体现,中国特有的制度性社会背景,有可能会更加加剧冲突的程度。[2]

由于自允许乡城迁移发生以来,严厉的户口登记制度及其一系列保

---

[1] 如李强:《关于城市农民工的情绪倾向及社会冲突问题》,《社会学研究》1995年第4期;刘林平:《交往与态度:城市居民眼中的农民工——对广州市民的问卷调查》,《中山大学学报》(社会科学版)2008年第2期。

[2] [美]苏戴瑞:《在中国城市中争取公民权》,王春光、单丽卿译,浙江人民出版社2009年版。

护城市居民的制度依然在持续实行,依然将流动人口排斥在合法的获得市民权益者行列之外(最仁慈的方式是给予他们进入的通道,但是门槛出奇地高),所以至今乡城迁移家庭仍然在整体上处于城市社会的底层,他们虽是中国的国民,但是在城市中依然只是"城市中的二等公民"。特别是对于中国乡城迁移群体来说,他们的情境和可能的社会结果更像是发达国家城市化过程中,由于国外移民的到来所形成的阶层分化和阶层冲突问题,而这些情况都潜伏着群体矛盾和群体冲突的巨大可能。[1]

在市场的推动下,乡城迁移家庭进入城市。随着家庭化迁移的发生,"半市民"成为城市居民的邻居,与城市居民有相同的公共服务需要。但是,乡城迁移家庭意味着家庭的再生产也同时发生在城市,它同城市家庭一样需要教育、医疗、公共交通等资源。乡城迁移家庭在市场上对城市居民的挤压、工作上的争夺、公共资源上的竞争、对城市居民原有"特权"的冲击,往往会带来城市居民群体的不满,引发社会冲突。这种冲突最明显地表现在对城市教育资源的把控之中。代表城市阶层舆论的城市政府,特别是大城市政府,面对国家必须承担的义务教育责任,也在资格准入中对乡城迁移家庭设置诸多限制。

乡城迁移家庭市民权的获得对于城市既得利益群体而言,就是一种相对的竞争,是对既定利益秩序的挑战。早已习惯了生活在特权之中,将特权习惯化的城市群体在自认为遭受到侵犯之后,反应必然是歧视和冲突,城市既得利益集团,必然也会产生各种不适应。但是特别是第二代农民工家庭成员的来临和在城市的成长,他们的欲求和需要更为迫切和明确,如果处理不好,整个社会都会面临如欧洲的法国等地所发生的"移民第二代的骚乱"。

乡城家庭迁移的完成,意味着整个家庭生活在城市的展开。随着乡城迁移家庭的迁入而来的,相对于个体迁移者,就是将原有的文化价值观念和行为方式带进城市生活。那么这些差异性的文化行为,自我文化、权利意识的觉醒,使得他们在与市民阶层的互动中所引发的文化价值摩

---

[1] 李强:《关于城市农民工的情绪倾向及社会冲突问题》,《社会学研究》1995年第4期。

擦和矛盾时有发生。可以说在这方面，乡城迁移家庭依然与城市市民的家庭分属在两个世界。文化上的冲突最直接地表现在符号歧视之上。城市社会在日常生活中也会在话语逻辑等方面以话语、符号的形式人为建立起一种社会不平等的社会事实，复制具有差异性的社会文化，如向迁移家庭的孩子贴上农民身份标签将其称为"农民工子女""民工子弟"等，使得社会差异等的再生产和固化，形成相应的话语、指示间隔和政策符号，用以区分、固化社会类别[1]。农民工个体受歧视还有可能被忍受，当这种歧视加诸在一个家庭的下一代身心之上的时候，冲突便更加难以避免。当以城市家庭为参照标准的时候，乡城迁移者心中也会被更多的不公平感和歧视感所冲击，往往更容易产生对城市居民的越轨行为。已有研究表明，乡城迁移者最不能忍受的就是文化上的歧视。[2]

利益的冲突和文化上的缺乏认同，使得社会期盼已久的乡城迁移群体与城市居民的社会融合举步维艰，难有起色。城市人一直以来都是受到国家保护的"一等公民"。乡城迁移者一直担任着制度挑战者的角色，在管理空隙中努力生存，他们生活在国家体制保护之外。但是，在过去，乡城迁移者及其家庭始终没有对城市居民的特权发起挑战，即使他们普遍遭受着城市居民和城市管理者的歧视。正是由于以往城市管理者和城市居民的态度，使得被接纳的机会大大降低，社会融合进程缓慢，他们在城市中被作为外来者看待，在身体和社会上都与城市居民隔离开来[3]。这种冲突在教育、医疗等公共资源配置改革中的反对意见中已有显现。一直以来两个阶层之间的联系多是存在隔阂、浮于表面，两个社会群体之间的关系有可能会因此走向冲突而不是和谐地融合。但是，也应该看到，这是实现城市融合中不可避免的一种调试。巨大规模乡城迁移家庭的融入困境，对于中国社会来说是一个日益发酵的火药桶。

---

[1] 潘泽泉：《社会分类与群体符号边界：以农民工社会分类问题为例》，《社会》2007年第4期。

[2] [美]苏戴瑞：《在中国城市中争取公民权》，王春光、单丽卿译，浙江人民出版社2009年版，第129页。

[3] 同上书，第150页。

**四 争取公民权导致与国家冲突的可能性**

乡城迁移家庭在城市争取各种权益的可能负面影响就是与国家的冲突。以上我们已经讨论,乡城迁移家庭在城市中的重建所影响涉及的不再仅仅是城市的生产空间、消费空间而是泛及整个"社会生活领域"——城市社会、经济和政治生活——的变动。举家迁移在为个体带来更好的城市生活预期的同时,也使个体及其家庭面临着前所未有的潜在风险:举家迁移导致他们之前所依赖的社会网络的萎缩乃至中断,这将导致原有社会支持的中断,而全家居住在城市使失业、教育和养老等各种城市风险直接冲击乡城迁移家庭。个体式劳动力迁移流动,是国家制度型构的结果。而对于自下而上自发形成的家庭式流迁,国家一直处于缺场的状态,这种情况下,这些风险是举家迁移家庭所无法克服的。随着举家生活在城市,他们的参照对象也发生了变化,市民家庭成为他们的基本参照。当他们面临相似的风险时,他们也希望获得同市民家庭一样的来自国家的支持。我们在上文中对乡城迁移家庭社会保险制度需求的探讨充分说明了这一点。

而从整体上来看,这种变动所产生的结果,就是对国家的城市制度乃至国家制度等产生的冲击方向。如果国家对这种倒逼之势回应不及时或者不恰当,动态性冲突将极有可能发生。到目前为止,乡城迁移家庭融入城市的制度障碍、经济障碍和自身能力障碍依然没有获得强有力的清除,虽然有来自乡城迁移家庭自身的不断努力,但是当结构性障碍对这一群体的希望造成难以抗拒的压力之时,不可避免地会产生群体越轨事件以主动打破障碍,乡城迁移家庭这一城市底层社会的草根动员、底层政治会爆发出更多的群体性事件。考虑到这一群体的规模和力量,这一社会群体的挑战,使社会所要遭遇的危机和矛盾将会是基础性和颠覆性的。

对于中国乡城迁移问题,美国学者苏戴瑞做出了精准的判断,那就是他们在中国城市中争取公民权的问题,理解相关问题的关键,是中国的国家体制。[①] 乡城迁移的农民工，乃至发展至今的乡城迁移家庭，在与市场、政府和城市居民的互动中进行的是一场争取城市公民权的社会行动。在与市场的互惠性互动中，乡城迁移家庭已经以单身农民工的主体形式，重塑了城市劳动力市场这一城市管理部门的核心制度，冲破了国家影响城市劳动力分配的垄断力量，获得了城市"二等公民的资格"。与市场之间的互惠性互动关系，帮助很多乡城迁移者在城市获得了容身之处，为他们在城市的生存铺平了道路。农民工及其家庭在城市中的存在，就已经参与书写了城市生活的新规则。这种新规则，本质上就是与国家摩擦性互动的一种后果，这些新规则包含着乡城迁移者被遣送、被强制和被限制等牺牲内容的变动，这些新规则也在城市居民的文化歧视中慢慢被建立起来。

自20世纪80年代以来，乡城迁移者就在与国家的互动中，以无数"违法行为"，迫使国家给予"合法化"认可。社会形势和人口形势的综合作用，在今天更倾向于促使国家，逐步将他们通过某种方式有序地纳入国家体制之内（例如目前正在推进的新型城镇化运动）。乡城家庭迁移的发生，已经使城市社会中产生公民权益需求问题，而非仅仅是劳动力的劳动权益的需求问题。但是，乡城迁移家庭目前依然是被甩在城市社会制度之外的，主要表现就是城市社会身份的缺失导致的市民权的缺失，仍然被排挤在城市的住房、保障等福利制度供给之外。

时至今日，国家已经失去了将"农民身份"固化在社会底层的力量。权利意识的觉醒、"用脚投票"可能带来的群体权利（城市生产生活的正常进行已经离不开乡城迁移者）、国家合法性的要求等，都在迫使结果朝着给予乡城迁移家庭平等市民权的方向进行（流行的话语，是公共服务的均等化）。

特别是日益壮大的新生代群体，所独具的与城市、资本、国家不完全相同于上一代的关系类型，使他们会主动向企业争取利益，向国家要

---

[①] [美]苏戴瑞：《在中国城市中争取公民权》，王春光、单丽卿译，浙江人民出版社2009年版，第3页。

求权利。[①] 他们在城市中向社会地位的上层流动的期望也更大。权利的长期受损，权利意识的逐渐觉醒，随着乡城迁移家庭迁入城市之后的是融入城市日常生活的权利需要的日益迫切。除了通过市场的方式进行倒逼，乡城迁移者及其家庭采取社会抗争的可能性也不断增大，这种社会抗争不可避免地会引起社会冲突。

家庭化迁居使得乡城迁移家庭不仅仅是城市的后备劳动力，它已经努力将人口的再生产同时迁移到城市之中，并不断尝试在国家之外形成自己的日常生活空间，而国家并没有将这些空间合法化。比如解决乡城迁移家庭教育问题的农民工子弟学校，本就是一种来自底层的努力，但是因城市需要被强拆的事件却时有发生，北京的农民工子弟学校被拆就是一个具有代表性的典型。城市管理部门依然首先重视的是城市秩序，由此对乡城迁移家庭的"农民"身份保持着强烈的执着。随着经济发展和中国人口结构的快速转型，国家对农民强制性的身份设定面临着严重的两难。发展的阶段性需要，使国家必须让农民更顺利地成为城市居民；为了秩序，国家又不希望过快地失去对农民的制度性限制。国家对农民社会地位的界定正在发生着难以阻止的变化。

家庭的城市融入，更加需要制度的支持和帮助，政府的公民权进入许可，是获得平等公民权的基础。市场的力量在乡城迁移家庭城市身份转变中并不会表现出线性的演变关系，如同苏戴瑞的判断，在整个中国政治体制缺乏根本性转型的情况下，乡城迁移者及其家庭无法通过"结构性同化"（即广泛参与到核心社会的主流群体当中去，所表述的社会关系网的渗透而融入城市社会）。

而这种转型的发生如何可能呢？由于政府长期以来不赋予乡城迁移者及其家庭以市民权益，而且中国并没有如同其他国家的城市选举等可以制度化的表达权利需求的制度化渠道。所以，并没有任何一个实体，有争取乡城迁移家庭的支持的需要。从而，没有任何一个实体，特别是政治利益实体，会为乡城迁移家庭的利益代言。似乎可希望的，只有宏

---

[①] 郭于华、黄斌欢：《世界工厂的"中国特色"：新时期工人状况的社会学鸟瞰》，《社会》2014年第4期。

观社会结构形势的变动和政府领导层的顶层改革雄心。这是自上而下的一种判断。

到目前为止，农民依然没有顺利获得举家迁入城市、轻松平等地获得公民权的预期。那么从社会底层来看，随着乡城迁移家庭规模的不断扩展，在城市中所占的结构性比例的扩大，只有不断高涨的对权利需求和社会抗争，及其所带来的反叛和剧变的忧虑，才最有可能会推动政治精英撤除官方障碍，引导城市既得利益结构变动，使乡城迁移家庭完全、合法地融入城市世界。利益多元化和权利竞争的时代，作为城市底层的乡城迁移家庭与国家（城市制度）的冲突在所难免。冲突的发生难免会带来社会的短期紊乱。

# 第七章

# 结论与讨论

前面几章已经就乡城家庭迁移的基本状况、决策机制以及社会效应进行了详细的探讨，本章将对这些发现进行总结并就乡城家庭迁移相关的研究议题进行一些基本问题的探讨。具体而言，第一节对研究发现进行总结说明；第二节对乡城家庭迁移研究中存在的几个基础性问题进行进一步地讨论和反思，在此基础上，为将来进一步拓展乡城迁移家庭领域的研究提出展望。

## 第一节 结论

中国经济奇迹的背后，是无数乡城迁移者特别是农民工辛勤的生产和服务，更是无数的家庭分离南北。源源不断的农民工、低廉的用工价格，提供了中国制造业起飞时最大的竞争优势。这种竞争优势及随之而来的快速发展，不可否认，是建立在对乡城迁移者及其家庭不公正的政策约束基础之上的，可以说是建立在对农民工及其家庭社会权利和福利剥夺的基础之上的。改革开放后的乡城迁移者，是国家主导的改革开放的产物，是中国将自己打造为世界工厂过程中所创制的新的政策、法律、伦理规范、城乡关系和社会模式的产物。虽然其表现了来自底层家庭的主动性，但从某种角度来看，其迁移多少也是一种被动的无奈行为，他们为了家庭的生存而义无反顾地进行自我牺牲式的劳作。

在国家缺场甚至设置障碍的情况下，乡城迁移家庭通过自身的不懈努力逐步将家庭迁入城市。虽然至今为止，在市场力量驱动下无数的乡城迁移者的主要决策依然是为了改善经济福利而选择流动。但当前这种迁移，已经是乡城迁移家庭基于社会理性选择的结果，乡城迁移家庭的能动性、家庭策略及其影响下的社会和权力关系，成为理解当代中国人口流移的根本出发点。随着国内乡城家庭迁移的实践，作为处于新社会结构情境下的家庭策略选择，已经使乡城家庭迁移系统由个体迁移向家庭化迁移（部分迁移和举家迁移）的演进成为一种不可避免的社会事实和必然趋势。

对于这种社会事实的探测，本书使用南京市家庭迁移调查数据，依据家庭策略理论和社会网络理论的理论视角，选择乡城迁移家庭作为基本的分析单位，从静态类型特征和动态迁移过程两个维度对乡城迁移家庭的基本现状、家庭迁移决策机制及其社会效应进行探究，得出如下几个主要结论。

（一）乡城迁移的整体状况

1. 乡城迁移人口状况

和全国的情况相似，青壮年劳动力人口依然是乡城迁移人口的主要组成部分，新生代成为乡城迁移人口的主要部分；性别处于基本平衡状态；已婚者构成了乡城迁移人口的主要部分，超过六成为已婚人群；他们的文化程度依然较低，以高中及以下受教育程度为主。乡城迁移人口的户籍依然以农业户籍为主，来源地存在着广泛却又高度集中的特点。他们在城市中以就业为基本状态，主要从事第三产业。工作收入高于全国乡城迁移者平均水平，接近市民收入，但工作合同保障程度依然较低。乡城迁移虽然依然以追求经济福利为主要目的，但更多已经是城市职业转化意义上的迁移而非农业迁移，已经呈现出稳定性较高、流动性较弱的特点。

2. 家庭迁移系统

家庭迁移系统变动的社会事实，已经在其静态迁移模式的变化和动态迁移过程中迁移批次和批次间隔的选择上，表现出了明显的特点。南京市的家庭迁移水平与全国相当，家庭迁移率过半，完整家庭迁移率占比近三成（30%），家庭化迁移成为乡城家庭迁移的主体类型之一。乡城迁移者原生家庭和迁移家庭的规模都呈现小型化的趋势，成员关系丰富多样,但是以核心家庭为主,代际数较少,平均仅为1.3代。因此,乡城迁移家庭形成了"核心家庭和单身身份双峰并存、扩展家庭为辅"的特点。

从迁移过程看,乡城迁移家庭的迁移批次平均为1.39批,最多的迁移批次数也只有4次,迁移次数随着家庭规模的扩大而降低。整体而言,家庭成员的批次跟进呈加速之势,间隔时间呈递减之势,分别耗时4.9年、4.5年和3.1年。

批次迁移人员具有选择性的特征,第一批往往是男性劳动力或者夫妻共同进行迁移,第二批迁移人口主要是妻子和子女的迁入,第三批迁移人口则主要是儿女。

(二) 乡城家庭迁移类型决策机制

风险控制和家庭收益,是乡城家庭对迁移类型进行选择的主要策略。迁移家庭家庭收益策略的展开,使得拥有已婚有配偶的先行者家庭更多采用部分迁移和举家迁移,拥有女性先行者、自营业者和孩子的随迁家庭更多地采取举家迁移。

迁移家庭风险控制策略下,来自家庭人口数量方面的迁移成本压力,往往使其更倾向于选择个体迁移或者部分迁移;而随着居留时间的增长、住房能力上的改善所带来的风险应对能力上的提升,使这些乡城迁移家庭更多地选择举家迁移。所以,风险控制策略的运行使乡城家庭迁移更加谨慎地进行家庭化迁移,只有具备了应对风险能力的家庭才会更多选择举家迁移,而家庭收益策略则会促进家庭式迁移模式的选择。

(三) 迁移过程中的作用机制

综合风险和家庭收益的考量,先行者会依据自己的生命阶段对风险的控制能力,选择家庭迁移所采取的批次数量——呈现出先减少后增加的"U"形曲线形态。而作为家庭中重要的生活风险来源,孩子数量的增加会促使家庭进行更多批次的迁移。家庭成员在城市居留时间的延长,则使他们更加认识到城市风险的所在,所以会增加迁移批次以缓解风险的挑战。

先行者的职业为其所在的家庭提供了基本风险控制的能力基础;迁移距离导致的风险,促使来自西部地区的家庭放缓第二批成员的随迁。

家庭收益对迁移批次间隔具有反作用。最直接的表现是婚姻这一指标，已婚有配偶家庭第二批迁移的时间，会大大低于单身先行者所在的迁移家庭。

（四）社会效应

研究乡城家庭迁移的重要价值，不仅仅是因为乡城家庭迁移本身具有的理论意义，更是因为乡城家庭迁移本身能带来的重要社会影响。本书进行研究的实用目标，也是挖掘发挥其正向社会价值、弥补纠正负向社会影响。

家庭化迁移会带来如下有益的社会效应：实现初级群体在城市的重构，为乡城迁移者提供支撑和约束，减少个体越轨；解决家庭问题，促进家庭稳定；推动新型城镇化目标的实现；通过解决个人、家庭困境，倒逼体制改革，举家迁移为未来社会的稳定提供了一个新基点。

本书使用数据中观察到的居住意愿和参加社会保险的行为选择差异，对它们是否有益于城镇化目标实现，和倒逼体制改革的意义进行了有效的论证。乡城家庭的迁移类型，对未来主观居留意愿的选择造成了显著影响，部分迁移和举家迁移相对于个体迁移模式，大大提高了乡城迁移家庭长期居留城市的意愿，而且在短时间内（未来两年内）更不可能离开现居城市，流向其他城市。家庭化迁移，是影响乡城家庭未来城市居留的重要机制，是乡城迁移者及其家庭融入城市社会，从而实现以人为本的新型城市化的内在转型的、一种来自家庭的主动追求。

对于迁移家庭来说，举家迁移的发生已经改变了他们对社会制度设置的需要，如本书所探讨的城市社会养老保障制度的参与预期，他们确实在主动地寻求更多的、来自城市的制度化养老保护，以预防未来城市生活的风险。部分迁移家庭，会更多地选择参加社会医疗保障。举家迁移的家庭户参加城镇职工基本医疗保险的发生率显著地高于个体迁移家庭户。这些实证数据说明，不同的迁移类型，的确对制度预期产生了明显的影响。

当然，作为对原有旧迁移秩序的一种冲击，乡城家庭迁移模式在转变过程中，也会引发甚至导致一些阶段性的问题：形成新的家庭风险；农村的地理性衰败；使农民工社会流动和城市融合困境显著化；主动或者被迫向国家要求公民权利过程中,存在发生群体性事件的风险等。

## 第二节 讨论

讨论,是在现有研究结果基础上进一步的理性思索。通过以上分析,本书已经对中国乡城家庭迁移的现状、动因和后果进行了初步考察,并得到了比较明确的结论。但是,回顾整个研究,还有一些相关重要话题需要进一步加以陈述,以形成对研究的进一步明确和反思。在本节中,本书将依次对研究理论和研究实践的规范性后果两个维度进行深入讨论。

理论和实证构成了社会科学研究的基石。理论如手电筒一般,为社会科学研究寻找社会事实投射出特定的视域。社会科学研究是一个理论与实证循环互动的持续过程。实证的具体展开也会形成对理论的反思和完善。首先,需要也应该对本书所使用的研究理论——它在本书中对实践的解释力度和限度——进一步进行反思性考察。进而在已有研究所得的基础上,进一步尝试提出一种适合中国社会背景的、描述中国特色乡城家庭迁移过程与机制的理论——雪球迁移理论。希冀能够在理论层面为中国人口迁移研究做出些许贡献。

社会科学研究虽然在研究过程中需要遵循价值中立的研究态度,但是区别于自然科学,社会科学研究的温度主要体现在"学以致用"中。社会科学研究在选题和目标实用价值方面,无不体现着特定的社会价值目标。对特定社会规律的了解,是为了实现社会的发展和秩序。在发现社会事实的基础上,本书认为需要对乡城迁移者及其家庭迁移的相关社会规范性的未来进行展望,并就着力陈述社会制度层面的回应需求,对需要改进的制度层面进行相应讨论。

社会实践的复杂性,社会研究在时间、条件特别是研究者本人研究能力上的局限性,必然使得任何一项研究的过程及其结果都是一种不够完美的协商。科学的审慎需要一种对研究不足的明确意识,并在后续研究中尽量实现突破。所以,在本书讨论的最后部分,将就本书的不足进行反思,并指出相关进一步研究需要努力的方向。

## 一 理论与实践

（一）理论的优势与限度

从上文的分析中可以看到，本书所使用的研究视角对正在进行中的乡城家庭迁移实践机制具有解释力。本书认为乡城家庭迁移，是乡城迁移家庭作为行动主体，在考虑迁入地的家庭成员的迁移能力、家庭结构和生命周期等家庭迁移的压力、家庭户所拥有的社会经济资源和家庭所处的社会结构所提供的机会和限制等所预期的家庭迁移安全之下，采取的相应策略性行为。这样，笔者尝试将家庭迁移中个体性、结构性和互动性的因素都融合进家庭迁移系统的实际运行之中，以提供更为整体的解释。接下来需要对这种理论的解释力——它在分析中具备哪些优势，理论的限度在什么地方——进一步展开讨论。

1. 理论优势

结构与行动者、宏观与微观的融合是现代社会理论所追求的目标。这也是本书选择具有融合性的中层理论性质的家庭策略和社会网络理论的一个基本出发点。使用社会策略的概念，本书强调行动者的主动性，同时强调这种行动者行动是嵌入在特定的社会结构之中的。它依然承认行动者理性选择的基本假设，认为经济因素是乡城迁移者选择特定迁移类型的重要因素，迁移所带来的经济收益最大化是工具行动的基本目标。研究结论也证明了这一点。但是，家庭策略理论和社会网理论实现了对以往以经济学中的自由主义与新自由主义的个体行动者决策论和历史——结构理论中的制度结构决定论的突破和综合，将分析建立在适合中层分析的家庭行动者之上，以家庭为单位，综合个体行动者、社会结构要素等多重维度，获得了对乡城家庭迁移选择机制的充分理解。

同时，本研究将家庭策略理论应用于迁入地的乡城迁移家庭的策略行为分析中，拓展了家庭策略理论的分析范围。此外，在概念化过程中，家庭策略目标中的经济收益扩大为社会收益的概念，包含家庭本身所包含的心理收益等价值理性目标，成为收益最大化衡量目标，从而突破了经济分析，实现以家庭为单位的社会理性选择。综合使用社会网络理论的社会学视角，并将收益方式的理解社会学化，从而实现对经济学视角的突破。

经济学认为收益就是经济收入特别是工资上的实际、预期与相应的城市生活的经济开销之间的差异，是迁移决策的原因。而笔者认为作为社会人，他们的理性计算中不仅有经济理性即工具理性在发挥作用，而且价值理性必定也是理性中的重要方面。家庭价值的界定中，笔者将家庭亲密关系的价值放在他们的理性算计之中，通过夫妻、亲子和老人等指标将这些价值影响展现出来。研究发现表明，社会学的视角使对乡城迁移家庭决策原因的探索更为有效，城市生活方式、生产方式所带来的观念认同可以作为迁移的预期收益之一来决定迁移方式。

理论具有不同的层次，依赖于不同的预设。但从普遍意义上来说，理论是探照灯，它只能帮助研究者在研究过程中，在使用特定工具的基础上，看清楚"灯光"范围之内的事物。具体到迁移理论方面，可以说，目前所有关注迁移的理论都是现代性理论的一部分，预设现代性的发生——如吉登斯所述最早出现在西方的现代的生活、生产方式的转变和现代性的认同等——是各种迁移背后最终的根源。自拉文斯坦 50 年代开始国内迁移研究的理论化以来，此后的理论，无论是行动者范式还是结构范式，特别是对乡城迁移而言，理论焦点始终被放在市场机制作用下的"自愿主动"迁移机制。这些理论都可以被看作现代性理论范式。在此范式笼罩下，中国的国内迁移和国际迁移作为类似的显著社会事实被研究者瞩目。它们被看作在 19 世纪末所呈现出的快速城镇化和生产方式的改变，以及与世界资本主义相联系的现代化的一种表现。

迁移作为一种社会转型中体现的人口重新适应过程，与由农业转向非农业（工业和服务业）的工作类型转型、生活生产的城市场域转型等密切相关。世界范围内，现代化所带来的城市化、工业化都伴随着大量的乡城家庭迁移，受到市场的吸引、城市化生活方式的吸引，城市和工业目的地成为家庭迁移的目的地。中国目前的乡城家庭迁移和欧美发达国家发生在 19 世纪和 20 世纪早期的家庭迁移的迅速增加具有相似的特征。当今中国的大规模乡城迁移同样是现代性的产物，是对现代性的认同。笔者所使用的家庭策略和社会网络理论作为现代性理论的一部分，所看到和所发现的一系列结论同样在欧美社会、各种发展中国家中有所

2. 理论局限

以往的迁移理论，无论是个人主义路径还是历史——社会结构进路，关注和考察的都是"人口"这一结构性社会事实，描述"迁移人口"整体的数量、类型和迁移方向，分析导致一定结构和数量的人口迁移发生的原因，即侧重于解释集体情况下各种人口群体的迁移规律。而家庭，是一个中观层次的现象，需要一种中观层次的理论视角。前文理论阐述部分我们分析了家庭策略和网络理论在考察中注重家庭单位，寻求中观层次的突破。但是，这种突破的侧重点仍然存在差异。家庭策略虽然重视家庭，但是这一"家庭"焦点是农村家庭（即迁出家庭）的需要，假定农村家庭将家中的劳动力进行城乡配置是为了解决农村的经济风险，以获得原农村家庭经济收益的最大化。家庭策略理论重视了个体迁移的发起，而忽视了家庭迁移系统中举家迁移方向的变动，即忽视了乡城迁移中个体迁移往往只是家庭迁移的初始阶段，家庭迁移是一个不断自我推进的过程。而且，这一理论过于重视经济理性，忽视了对于家庭而言，价值理性甚至家庭价值观这样的感性要素，同样在决定家庭成员的迁移决策中发挥着举足轻重的作用，而网络理论则只是将家庭视作迁移网络的基础网络之一，虽然对来自家庭（亲属关系）的网络支持作用进行了深入研究，但是网络理论的焦点还是放在利用网络资源的"个体"迁移行为，正如前文我们所论述的那样，网络理论重视从行动者所处的社会网络关系出发去解释社会现象，重视分析网络对个体的限制和网络回报的关注。[1] 网络迁移理论更多地被用来分析跨国迁移现象，而对于国内迁移中的家庭迁移过程，并没有明显地把握，如缺乏对乡城家庭迁移的系统性和"批次迁移"特征的把握。

同时，现代性理论范式看到了各种社会中乡城家庭迁移共性的一面。虽然今日中国家庭化迁移快速增加的一个社会结构性基础，是快速现代化所导致的交通条件、信息条件的极大改善，是这些有利条件带来的农村人不再对外界知之甚少，是可以方便、快速、详细地了解外面的世界，

---

[1] 周雪光：《组织社会学十讲》，社会科学文献出版社2003年版，第114—119页。

为自己的家庭迁移决策提供充足的信息和信心。但是不得不承认的一点是，乡城家庭迁移作为中国人口迁移的一个特殊现象，发生在特定的中国社会结构背景之下，而西方的理论视角对此都不具备解释的充分性[①]。同时，有关中国乡城家庭迁移的特定理论是缺乏的。

中国农民乡城家庭的变动远比现代化理论预言的要复杂的多，需要在中国特有的制度和结构下，即中国特定历史时期所形塑的流动模式变化中去做解读。比如，由于中国特殊隔离式社会制度的存在，中国的乡城家庭迁移必然会表现出中国特色。[②] 本书使用的家庭策略和社会网络理论强调微宏观的融合，主要是从行动者的实践角度来探讨其家庭化迁移的原因和过程机制，并努力将特定的结构因素纳入模型分析（比如户口），但对社会结构或者场域特征可能带来的影响没有进行充分的挖掘。

同时，迅速的社会转型，已经使过往研究结论展现出阶段性适应的特征，如范芝芬等认为的分离流动作为长期实践的家庭策略的判断趋于失效[③]。家庭化迁移特别是举家迁移，将越来越成为乡城家庭迁移的常态迁移模式。最初在生存理性支配下的农民工，在迁移起始阶段采取分离式家庭策略，演进到当前以社会理性为标准，寻求家庭式特别是举家迁移的家庭策略，努力尝试在迁入地建立家庭社会网络。本书使用的理论只能在更接近于转变结果的一侧，来表现同样的主体如何在不同的社会结构之下完成了不同的策略选择。虽然策略本身强调动态的协调过程，但是由于数据的限制，本书在实证部分不能充分考虑如社会结构转型、文化结构转型和经济结构的转型所带来的具有中国特色的社会结构性因素对乡城家庭迁移所造成的影响。特别是在现代性理论范式统率下，本书未能就这种社会律动所展现的理论内涵进行充分的挖掘，以突破现有理论局限。

---

① 郭于华、黄斌欢：《世界工厂的"中国特色"：新时期工人状况的社会学鸟瞰》，《社会》2014 年第 4 期。

② 盛亦男：《中国的家庭化迁居模式》，《人口研究》2014 年第 3 期；[美] 苏戴瑞：《在中国城市中争取公民权》，王春光、单丽卿译，浙江人民出版社 2009 年版。

③ [美] 范芝芬：《流动中国：迁移、国家和家庭》，邱幼云、黄河译，社会科学文献出版社 2013 年版。

(二) 雪球迁移理论建构尝试

中西家庭化迁移发生机制的结构基础，是社会制度在家庭化迁移中的作用方式及其结果。不同的社会制度目标带来各自主体不同的制度回应。概言之，西方的国内迁移大多采取的是默认乃至鼓励性的社会制度设置，而国内的迁移，特别是乡城迁移，一直以来对应的制度设置则是限制性的：制度层面上阻碍，延续至今的依然包含如户籍制度、教育制度和福利制度等的排斥性。这种迁移的制度背景和国外的跨国迁移情境有很多相似之处。由此，中国乡城迁移家庭化的进行和加速，是来自社会的、自下而上的个体性努力，并不断倒逼制度的变革和进步。如当前时期，乡城迁移家庭化加速的一个重要的条件就是各种留守问题的展现。悬浮于农村的国家，在失去对流动人口的管控能力之后，也没有太大的动力和能力去解决这些问题，农村的家庭日益脆弱。这种条件下，家庭化行为的逻辑就是以安全为基础的，为了捍卫"家庭安全"，确保家庭的完整和发展，进一步获得家庭收益好处的步步为营。将农村家庭迁入城市，使其在城市中成为越来越显著的在场者，倒逼城市社会的制度回应。

简言之，中国的乡城迁移可以说是制度性的产物，如范芝芬所言，是独特的迁移劳动体制的产物，国家在形塑迁移劳动体制、与农民之间的关系、对城市化中乡城迁移者的定位，是理解中国乡城迁移的关键。国家以发展为导向，为了快速实现工业化，利用计划经济时代就存在的户籍制度及其一直为基础的社会公共服务供给等排斥性制度，人为地将农民以"二等公民"的社会身份引入城市劳动力体制，形成新的"政治—经济"二元社会结构。这一基础性的差异结构，形成了中国特色的迁移劳动力体制。这一迁移体制，大大提高了乡城家庭迁移的社会经济成本。所以本书认为，正是这种社会结构的基础性差异，构成了之前的理论在解释中国乡城迁移上的不足，从而需要构建一种新的理论，在中国特有的社会结构基础上，描述、分析中国乡城家庭迁移的具体形态、过程及其机制。

所以，有必要针对中国乡城家庭迁移构建出一个更为有效的理论框架，以更为准确地反映出乡城家庭迁移的过程特征。接下来，依据本书的研究发现，本书尝试建构一种新的理论视角，即雪球迁移理论，以对中国的乡城家庭迁移进行更为充分的分析。

正如所有行动者及其家庭自主展开的迁移行为那样，中国的人口迁移具有滚雪球的特点，先是选择一个或者数个有能力的家庭成员迁移到城市之中，然后逐步将家庭成员在城乡之间进行配置，并倾向于不断扩大在城市中的家庭成员数量，并最终依据各种条件形成个体迁移、部分迁移和举家迁移的迁移后果，依据本书的研究和其他学者的最近研究，家庭迁移正在成为主流。从整体进程来说，即如道格拉斯·S.梅西（Douglas S. Massey）等所认识到的那样，迁移一旦开始，往往是一个不断自我推进的过程，通过将迁出地的关系人不断带入迁入地，从而不断在迁入地重塑自己的社会网络，迁移是一种可以自我推动的累积性因果机制。[1] 这种特点在乡城迁移人口中非常明显，已经被现有研究所证实，这些机制在宏观政治经济关系中被不断地强化和形塑。

具体而言，雪球迁移是指乡城家庭迁移就像滚雪球一样，一旦某个家庭中的先行者开始迁移，随后就会有越来越多的家庭成员卷入以先行者驻守城市为目的地的迁移之中，并趋向于在迁入地不断扩大自己的迁移家庭社会网。

客观及主观的社会结构机会成就了推动迁移持续进行的动力——势，它客观上决定了迁移的流向和迁移强度。中国乡城家庭迁移的势即来自城乡之间的宏观社会经济结构差异及其相对预期，乡城之间存在的社会经济机会的大小，以及在乡城迁移者心中所形成的相应的"向上流动"的期待差异形塑了势的强度。这种"势"的一种最直接的表现就是家庭经济收益的城乡差异。

雪球迁移的形成除了客观的"势"之外，先行者是雪球形成时所必需的内核，先行者及其家庭成员依据对迁移势的研判，对家庭经济收益、家庭情感和功能满足的价值收益等进行评判，以此形成对家庭成员随迁雪球的内在引力和动力。不断扩展的迁移关系网所提供的信息、资源和情感等为迁移的顺利展开提供了安全基础和持续自我推动的动力。家庭

---

[1] Massey, Douglas S., et al., "Theories of international migration: A review and appraisal", *Population and development review*, 19.3 (1993): 431-466.

成员不断被卷入乡城迁移之中，并围绕核心迁移人员自动加速推进，依据与核心关系形成的家庭价值位阶，不同人员会分批卷入家庭迁移之中，迁入成员数不断扩大，批次迁移间隔时间不断缩短。

不断在城市中形成的家庭的生活安全是迁移"滚动"持续进行的基础，而安全风险形成了内在的张力条件。同时，外在基本生存压力将对涉及的迁移规模进行挤压，在遇到无法越过的障碍时就会导致迁移家庭主动采取分离家庭的分散风险策略。比如在遭遇经济危机时期有大批乡城迁移人员选择回乡。

雪球迁移因此强调家庭迁移的过程性和阶段性。这种阶段过程性就是家庭迁移系统动态性维度的展现。这种过程动态特征在本书中，同样表现出养家者先行，被抚养人口随后随迁的特征。这种动态性的特点在新迁移经济学和网络迁移理论的表达中都不是很明确。雪球迁移理论将焦点放在乡城迁移家庭在城市中不断积聚的过程及其机制，表现目前中国乡城家庭迁移形态演进的特点。

雪球迁移的形成机制之一是迁移的路径、依据是家庭亲属关系。这种理论假设家庭是一个策略性理性单位，首要的目标是确保家庭的安全，其次才是更进一步的要求。所以当迁移者在城市中立足之后，或者在进入城市之前，就依据各种分析采取更多的家庭化的迁移。雪球迁移是一种对家庭主义的适应和反映。雪球迁移强调家庭亲属网络在迁移决策、城市适应等方面的重要作用。所以它不强调新迁移经济学所重视的劳动力的分离配置过程，而是强调家庭人口在迁入地的集中过程。

和雪球迁移比较近似的一个概念是链式迁移（chain migration）。和雪球迁移相同，这一概念在西方人口迁移研究中被作为一个描述朝向某一既定目的地的特定网络迁移方式的概念而被提及。20世纪60年代以来，西方学者对家庭亲属迁移所形成的链式迁移进行描述和研究，约翰·S. 麦克唐纳等[1]在1964对链式迁移进行了明确的界定，将链式迁移定义为有机会迁移的潜在迁移者借助于先行迁移者的基本社会关系获得交通、

---

[1] MacDonald, John S. and Leatrice D., "Chain Migration Ethnic Neighborhood Formation and Social Networks", *The Milbank Memorial Fund Quarterly*, 42.1 (1964): 82–97.

最初的食宿和职业安排等方面的支持。

与雪球迁移理论不同的是，链式迁移中涉及的迁移路径除了家庭关系之外，还包含其他社会关系网链。依据链接新老迁移者的链式关系将其分三类：第一类是"包工头"链，一些已经安顿下来的迁移者出于自身获利的目的，鼓励和帮助工作年龄的潜在迁移者，他们通过直接剥削或者为雇主提供劳动力资源而获取酬劳；第二类是"工作链"，一系列的养家糊口者，这些单身迁移者在决定长期定居之前，往往帮助其他养家糊口者的到来和安置；第三类是"家庭链"，是"延迟的"家庭迁移，即单身男性迁移者最终决定定居后，会将妻儿老小接到定居地，进行家庭迁移。据此分类，很明显，家庭迁移是链式迁移的一个重要关注类别和对象。目前中国的乡城家庭迁移主要就是"家庭链"作用下的链式迁移过程。

此外，雪球迁移理论不同于链式迁移，也是超越链式迁移的一个重要方面，就是雪球迁移理论强调发动迁移和决定家庭化迁移进程的一个重要的方面是"势"的存在和不断内卷的迁移结果形态——家庭迁移的形成。也正是对这种"势"的判断，乡城迁移家庭会注意控制它迁移的类型和过程，并在当前中国的结构背景下越来越选择家庭迁移。而链式迁移的概念更多地强调迁移路径的选择及其依据。

最后，链式迁移的研究注重更多的是国际移民，认为迁移的后果之一就是聚居区的形成。通过链式迁移，为合法移民建立公共设施和私人服务，为无合法文件的或非法的移民建立非正式的服务网络，而这些又促成连锁移民流的持续或扩大。其直接后果是在许多国家大城市和农村地区形成了一些异族的和国外出生者的飞地。而雪球迁移形成的直接后果是在城市中形成一个个规模扩大、功能完整的乡城迁移家庭。虽然它们都反映了迁移者对迁出地社会关系的依赖和情感认同，并通过在迁入地共同居住来实现。[①]

"滚雪球"既具有形象地展示乡城家庭迁移特征的优势，也可以将其内部运行机制更鲜明地表达出来。本书认为，雪球迁移理论的建构尝试

---

① 顾朝林主编：《人文地理学导论》，科学出版社2012年版，第199页。

可以为中国乡城家庭迁移提供巨大的理论建构空间,以此概念为核心,可以构建解释中国乡城家庭迁移现象、原因及后果预测。当然,这仍需要在未来的研究加以证实和补充。

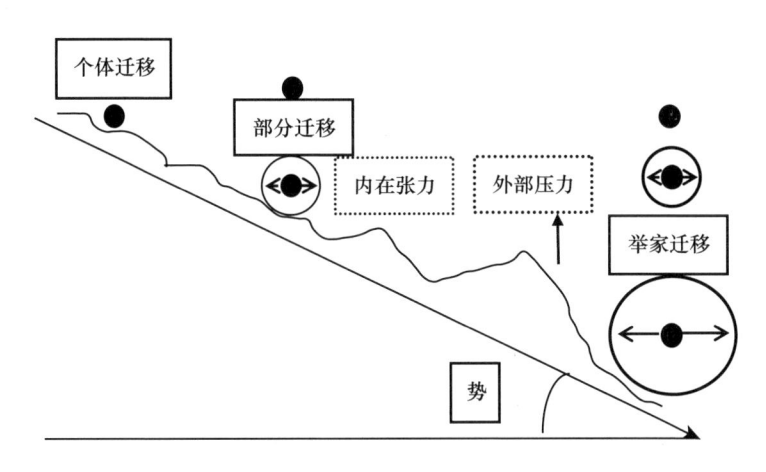

**图7—1 雪球迁移理论图示**

### 二 乡城家庭迁移的评价与未来

对于乡城家庭迁移系统的系列变化,应如何评价?乡城家庭迁移是否存在问题?应如何对待它?这是研究乡城家庭迁移立项之初和研究之后不可回避的规范性问题。既然是规范性问题,就需要一个比较的标准。这一问题答案的标准,不仅仅应该以已经完成此经历的现代化国家和地区为标准,更应该立基于中国特定的社会结构和乡城发展历程之中,更应该以有关乡城迁移者的未来"定位"和当前展现的特征之间的比较来确定。尤其需要强调的是来自迁移者及其家庭的自我定位本身就设立了一种标准,是相关问题判断、建立政策目标的基础。对他们的未来定位不仅关系到他们的社会体验,更会影响到未来中国的稳定与发展。此外,无论标准的确立如何缺乏共识,目前可以肯定的是:乡城家庭迁移模式变动乃至迁移本身并不是问题的关键所在,迁移家庭所面临的结构性(政策)不平等及其所造成的一系列社会矛盾,才是问题的实质所在。

随着时间、社会结构的变化,国家对乡城迁移者特别是农民工的认识和定位已经发生了深刻变化。处于破产边缘的农民工，最初是被城市所限制的"盲流"，最多允许存在于那些没有城里人愿意做又对城市生活不可或缺的地方。发展至今，他们已经被视为中国经济社会的可持续发展不可或缺的"新型劳动大军"，他们已经成为"中国产业工人的主体，是推动国家现代化建设的重要力量"，是需要进行"新型城镇化"的"农业转移人口"。①可以说，国家对农民工越来越表现出支持和需要的愿景。因而国家政策目标已经明确为："2020年，转移农业劳动力总量继续增加，每年开展农民工职业技能培训2000万人次，农民工综合素质显著提高、劳动条件明显改善、工资基本无拖欠并稳定增长、参加社会保险全覆盖，引导约1亿人在中西部地区就近城镇化，努力实现1亿左右农业转移人口和其他常住人口在城镇落户，未落户的也能享受城镇基本公共服务，农民工群体逐步融入城镇，为实现农民工市民化目标打下坚实基础。"②国家现代化目标的阶段性要求、乡城迁移主体的客观变动，使得国家将农民工的未来定位为市民化。这种定位的变化和政策改变，也是在新的社会结构条件下，政府寻求自己的"合法性"的一种努力。中国共产党是工人阶级先锋队，而农民工形成了工人阶级的主要组成部分，中国共产党必须更明确地考虑到他们的需要。

在实践中，作为常住人口的农民工已经不再仅仅是流动的劳动力。农民工更多在城市中的出场身份已经不仅仅是个体的流动劳动力，更是一个迁移家庭的成员。乡城家庭迁移系统内部的变动，日益提升的家庭化迁移比例，表明家庭迁移成为中国社会一种阶段性发展的现实和趋势。乡城流动模式的改变，不仅仅对流动家庭而言，正如上文所述，也对整个社会带来了广泛而深刻的影响。

他们在城市社会的在场，提出了新的要求和挑战。如本书所证实的那样，具有更为强烈的定居城市意愿等向市民化转变的现实需要。但是以户籍制度为典型代表的中国多元隔离性社会制度的限制，使他

---

① 国务院：《国务院关于进一步做好为农民工服务工作的意见》，2014年9月30日，中国政府网（http：//www.gov.cn/zhengce/content/2014-09/30/content_9105.htm）。

② 同上。

们难以通过个体的努力完成准市民向市民的转变，这一进程并不在他们自己的掌握之中。举家迁移最终目标的实现需要制度性的改变和建设。

乡城家庭迁移模式的变动所带来的综合性社会影响中的利弊比较与权衡成为对乡城家庭迁移模式进行社会评价的标准。正如第六章乡城家庭迁移的社会效应部分所述，作为一种来自底层的自发形成的趋势，它的存在从一定程度上来说就已经显示出它对社会的均衡所具有的不同于以往跑单帮式个体迁移主导模式的新冲击，是乡城家庭迁移系统在新的社会经济条件下取得的一种新的平衡的动态过程。

从整个人口发展趋势和社会经济发展的需要来看，在少子老龄化的持续性人口压力之下，乡城迁移者及其家庭的流动迁移，在未来肯定会成为更多寻求发展的城市争夺的对象，而不再是排斥的对象。对于整个国家来说，乡城迁移家庭是市民化转化的主体，是实现劳动力持续有效供给和配置的主要着力点。乡城迁移者家庭迁移构成了实现国家新型城镇化目标的基本条件，乡城迁移家庭的社会融入将成为未来中国城市化、可持续发展成功与否的核心构件。

农民工是在特定的历史阶段呈现出来的政策性后果。这种特定历史阶段的政策性更多指向的是国家政策和市场的"合谋"，国家并没有积极地构建起以完备的公民身份为基础的公平使用社会公共服务等的公平性制度，"农民工"本身就是一种城乡、区域分割社会政策设定下的特定产物，是歧视性制度安排的代名词。

而农民工的"自我转换"，不是通过个体劳动力的流动，而是必须通过家庭迁移的方式来实现。虽然农民工及其迁移家庭的最终未来，不一定非要居住在城市，但大部分肯定是要城市化的，这种城市化更多指的是生活方式的城市化。这种城市化是以一套现代社会政策体系为基础，而现代社会政策所要面对的客体将是公民。比如现代社会保护政策应该是建立在公平的公民权基础上、城乡统一的、适度普惠的政策体系。这就涉及有关农民工家庭的社会政策建构问题。

本书在上面的讨论中已经阐述了乡城家庭化迁移对于农民工、他们的家庭、城乡社会等总体上是利远大于弊，也将成为未来正常社会的一种常态迁移形式。而随着家庭形式和家庭观念的现代化，使得拥有家庭的乡城迁移者进行个体化流动，将越来越被视为一种需要加以解决的社会问题。社会政策需要适应现实，为可持续发展提供支撑。以此，它必须以基本价值为指引并以未来为目标，进行适时的调整与改动。不能再因为社会政策的滞后而形成新的社会问题。对待乡城家庭迁移，不能再仅仅使用城市利益单极思维来消极地看待，过多地强调城市的负担，重新回到"控制人口"的简单粗暴应对之上。在已经成为城市事实性移民的进城务工人员的现实和未来需求的基础之上，各级政府、社会组织和农民工本身要经过多方博弈与合作，进行合理定位与社会政策回应：赋予他们平等就业发展权、实现体面就业，以举家迁移的形式实现以家庭为单元向城镇移民并真正融入。[1]

### 三 有关乡城家庭迁移社会政策的讨论

本书的研究，站在社会规范和指导实践的高度上，是为未来实践中采取及时、有效解决路径的探索提供证据和理论指导。社会问题的解决，必须经由社会整体性力量的介入。政府作为强制性力量的保有者，对影响社会稳定与发展的社会问题的解决负有不可推卸的责任。中国是社会主义国家，党的性质和国家的性质，要求它必须对涉及大范围社会群体的基本利益事项更加重视。而社会政策是指导、规定以政府为主导和主体的相关社会行动与权责分配的规范性法律文件，社会政策的强制性使它所提供的解决方式最可靠、最有效。因此，本书的规范性讨论指向社会政策，指向社会政策背后的政府主导力量。

有关农民工的社会政策在近年来成为学术和政府讨论的热点。中央政府就在2006年和2014年连续制定了专门"服务农民工"的社会政策。而对于社会政策的制定来说，本书一个重要的发现就是迁移中的家庭拥有自身的需求和策略，他们是主动行动的主体，他们的现实选择往往会比政策对人口迁移流动的塑造更为有力。

---

[1] 陈藻：《农民工"定居型就业迁移"的城市化模式研究》，《中共青岛市委党校青岛行政学院学报》2013年第6期。

农民工社会政策的有效性，在于其是否回应乡城迁移家庭的真实需要和追求。虽然中国已经制定了很多针对农民工的社会政策，这些政策也确实对改善农民工的境遇、保障农民工的权益起到了一定的作用。但是，不可否认，目前涉及农民工的社会政策及其制定中还存在几个基础性的问题。

（一）由谁来制定政策

社会政策的一个基本问题是由谁来制定政策。政策是一种权力、资源分配的规则，社会政策本质上是一种分配社会价值和社会资源的权威性分配方案。但是，它的有效性不仅来自它的权威性（即是国家暴力作为保障的强制性），更来自它的合理性和公平性。公正，或者社会正义本质意义上就是对社会资源的合理配置①。社会正义的确定，同时需要来自所有配置使用者的认可，即社会价值分配规则适用对象是否觉得这种政策是符合正义的。任何社会政策的有效发挥离不开政策施行对象的认可和主观配合。认可和主观配合的一种主要来源是社会参与。

在民主政体下，厄尔莱·瑟姆认为公共政策其实就是利益集团斗争的结果，是他们为了自身的利益通过相互斗争达成的一种平衡，并通过立法程序对其合法化，确保其符合正义。② 中国目前已经成了一个利益多元化的社会。李强的研究认为变迁中的中国也形成了利益趋同的四个集团：特殊获利者集团、普通获益者集团、利益相对受损集团、社会底层集团。③ 很明显，乡城迁移者是社会底层集团也是利益相对受损集团。但是直到现在，公共政策制定规则中，并没有他们表达利益诉求的途径和方式，他们在公共政策制定中处于失声的状态。

作为社会中多重弱势的农民工群体，即使在现代信息技术条件下具有了一定的"发声"能力，由于缺乏精英代言人和社会组织的代表，正如赵德余在讨论中国医疗体制改革时所说的那样，"零碎的呼声对政策决

---

① ［美］罗尔斯：《正义论》，何包钢、廖申白、何怀宏译，中国社会科学出版社2001年版，第5页。

② Latham, Earl, "The Group Basis of Politics: Notes for a Theory", *American Political Science Review*, 46.02 (1952): 376-397.

③ 李强：《转型时期的中国社会分层》，黑龙江人民出版社2002年版。

策者的影响是十分微弱的"①。乡城迁移者的权利意识正在不断提升，但大多数争取权利的抗议规模依然很小，主要发生在工作场所等，往往直接针对具体事件，而很少针对政策。缺少利益相关者的参与，社会政策很难达到正义的期待。

目前，对农民工及其迁移家庭制定相应的社会政策，如各级政府的各种"意见"和条例，只是解决了"对谁"或者专门"为谁"制定社会政策的问题，政策的内容和限度很少有来自农民工及其家庭的"意见"，有的只是少数对政策制定有影响性的"研究者"的概括。作为专门针对农民工及其迁移家庭的政策却缺乏政策对象的声音，这也必然导致农民工对政策执行监督的缺失。只在政府自我推动方向上展开的社会政策，其成效值得怀疑。政策制定不仅仅应该反映精英思想，也应该融合主体声音。

目前在政府努力创新社会治理、实现社会治理体制和治理能力现代化改革目标下，最重要的是要如何构建制度化吸收来自底层的农民工声音的渠道。这是一种更为艰难的自我革命，其中有效率的怀疑，更有对自己的利益构成挑战的后顾之忧。

(二) 社会政策的价值原则

社会政策是以一定的价值目标为导向，政府为主导者所展开的政策性调解社会资源配置的规则体系。杨团认为："是指以社会公平为核心价值，以促进社会和谐与人的可持续发展为基本目的，以政府和其他公共机构为主角，主要运用立法（立法倡导）或者制定行事规则的制度化手段，推动各类资源尤其是公共资源的合理配置，通过组织和提供社会公共物品与公共服务的方式，调整社会现行的生产与分配关系。"② 这是一种较为理想的社会政策定位。乡城迁移者及其家庭在城市中所要面临的社会风险境遇，很大一部分是源于中国长期以来所形成并持续发生影响的歧视性社会政策所致，这些政策是缺乏社会公平的价值目标的。如罗

---

① 赵德余：《政策制定中的价值冲突：来自中国医疗卫生改革的经验》，《管理世界》2008年第10期。

② 杨团：《中国社会政策演进、焦点与建构》，《学习与实践》2006年第11期。

尔斯所言，是"社会的基本结构，或更准确地说，是社会主要制度分配基本权利和义务，决定由社会合作所产生的利益之划分的方式"①。

歧视性的社会政策使乡城迁移者及其迁移家庭面对的是整体性、结构化的社会公共资源分配不公。比如城市家庭和迁移家庭的差异来源主要是一种政策福利性差异：城市的社会政策往往将乡城迁移家庭排斥在社会政策对象之外，因为中国大部分社会政策的目标是属地化的，即使是新近的改革，也是以政府需求为目标取向的"新市民"或者"持居住证的常住人口"为对象。在这样一种制度价值导向下，农民工政策更多的是治疗补救性的而非预防性的，更多的是出于对现有矛盾危机的解决，这一问题的主要原因就是农民工社会政策缺少必要的价值目标指引。

中国今天的社会政策体系，正在改进、成型的过程中，更应该明确地追求社会公平目标和原则。虽然在各种国家政策规划中，这一类目标和原则往往作为重要的一部分加以呈现，但是一个重要的原则却没有被提及：确保公民权基础上的底线公平，区分公民权和市民权的边界。社会政策中往往讨论更多的是某一地区内市民权的均等化，它是依据权责对等原则来确定进入资格的，比如"积分落户"等。但是，农民工的社会保障权和子女受教育权等应该是建立在公民权基础上的普惠性的权利，平等的公民权利应该是社会公平的底线。

（三）社会政策的基本单位

农民工的迁移是一种乡城家庭迁移策略的结果，乡城家庭迁移将成为未来农民工迁移的主要形式，成为家庭策略选择下的常态。在新型城镇化、继续深化改革等宏观背景下，国家自我设定的农民工社会政策的总目标也具有了明显的家庭指向："到2020年，转移农业劳动力总量继续增加——引导约1亿人在中西部地区就近城镇化，努力实现1亿左右农业转移人口和其他常住人口在城镇落户，未落户的也能享受城镇基本公共服务，农民工群体逐步融入城镇，为实现农民工市民化目标打下坚实基础。"农业人口转移的目标被指向了"市民化"，落户和市民化的基本

---

① ［美］罗尔斯：《正义论》，何包钢、廖申白、何怀宏译，中国社会科学出版社2001年版，第5页。

来源，很显然的就是目前已经常住城市的迁移家庭。

农民工社会政策的一个重要问题就是政策选择单位上的不合理。由于国家在有关家庭政策中持功利性立场，在"家国同构"逻辑下，家庭政策产生了制度缺位、价值取向不明、公私界限暧昧等制度性缺陷。支持保障等政策大都是以个体为对象，而约束性的政策却又强调家庭，这直接导致了中国现行家庭政策的公平性和效率性的问题。[①] 所以，在社会政策中必须对家庭进行重新定位，确定家庭为基础的政策视角，构建家庭友好型政策。以家庭为社会政策单位，是转型中国走出社会政策困境，促进家庭和社会健康发展的重要维度。[②]

对于农民工家庭而言，"分田到户"的农村改革使农民家庭又恢复到了传统家庭功能的状态，有关家庭福利政策基本属于缺位的状态，仅仅少量存在于对农村"五保户"这样的问题家庭的补缺状态。这种家庭福利短缺延续到乡城迁移家庭之中。或者说，由于迁移家庭的"流动状态"和"属地性福利政策"忽略的状态，他们的家庭面临更多的风险，这种风险由于缺少了乡村共同体的庇护，显得更为严重。所以，农民工家庭在社会福利上处于双重短缺状态。即使是允许农民工加入城市社会保护，也是以就业为前置条件、将个人作为基本的政策客体或福利对象，并未将不同的家庭福利需求考虑进来。

针对农民工的社会政策不能再仅仅以农民工个体为基本单位，而要以家庭为单位适应并促进家庭化迁移的实现。应认识到，社会融合的基本单位选择，肯定不能以原子化的个体为核心，而应该以家庭为核心，社会融合应该更多地强调"新市民家庭"，而不是"新市民个体"。流动人口的社会融合，不可能以个人的形式呈现和完成，社会融合的潜在目标就是新市民家庭的形成。

家庭作为社会基本的细胞，作为社会政策的发生地和作用焦点，是社会政策中最基本的政策客体，应该成为最基本的社会政策单元。只有

---

[①] 李莹、周永新：《中国农民工社会政策的变迁：一个分析框架及其应用》，《中国人民大学学报》2012 年第 5 期。

[②] 吴小英：《公共政策中的家庭定位》，《学术研究》2012 年第 9 期。

将家庭作为基本的社会政策单位加以强调，才能适应中国的传统家文化、保证家庭的完整性，真正地实现对家庭功能和责任的社会支持和强化，激发家庭的潜力。[1]

这种社会政策的社会福利供给，应该是允许乡城迁移家庭更加易于选择家庭化迁移，实现其家庭在常住地的快速整合，有效地发挥家庭的功能，从而实现家庭的稳定，并带来社会的稳定。

所以，中国的社会政策，特别是对农民工的社会政策，需要明确其家庭倾向，向适度普惠的发展型家庭政策方向推进，提高乡城迁移家庭的发展能力。只有这样，才能顺应农民工家庭迁移的趋势，实现"新市民家庭功能的完善与家庭社会融合"，推动农民工家庭迁移和社会发展的协调共进。

对于农民工而言，最为重要的一项社会政策就是社会保护政策。农民工流动模式的多元性构成了对社会保护政策不同的需求，需要在这种需求现实基础上，以"城市融合"和"城乡一体化"的目标进行完善和拓展。而目前的社会保护政策乃至社会政策的一个现实就是"隔离性"和"碎片化"。虽然社会保障制度的一体化已经纳入了政府的政策规划中，这种最终的顶层目标和原则应该说已经达成了共识。但是，如何又好又快地推进，是目前所要面临的更为紧迫的现实。

（四）社会政策意涵

在研究确立之初的部分，本书论述了可能具有的现实意义：形成对家庭迁移及其机制的明确认知，因势利导，以实现融合乡城迁移者需要的、高质量新型城镇化的国家规划目标，促进社会与经济的可持续发展，解决中国城市化社会转型的问题，实现家庭这一基本社会细胞的正常化，从而实现中国社会的新常态；对乡城迁移家庭自身的福利影响、对流入地和流出地公共资源的配置等社会制度安排、政府施政等都将提供新思考基点。这些规范性意涵如何实现？最有效的方式就是将这些发现和价值标准融入中国有关社会政策中。社会政策是以社会公平为基础的社会

---

[1] 胡湛、彭希哲：《中国当代家庭户变动的趋势分析——基于人口普查数据的考察》，《社会学研究》2014年第3期。

资源的配置规则，而社会政策的意涵就是指对某一特定方向的社会政策的指向和内容上的规范性导引。

上文有关社会政策决策权、价值目标和政策回应单位三个基础性问题的回答，已经为中国有关乡城家庭化迁移的社会政策回应提供了基础性指向。接下来，本书结合整体研究结论的判断，尝试为中国乡城迁移家庭发展及其需求的社会政策回应提供以下几个方面的建议。

1. 明确社会政策的价值目标

（1）立基社会正义，建立普惠性社会政策。如时任国务院总理温家宝所言，要让公平正义的阳光照耀在中国大地上，中国社会才会拥有不断进步的力量。社会政策制定的核心价值目标，就是要保证对社会资源的分配符合社会正义原则，或者最大限度地接近社会正义原则。只有这样，社会政策才能被利益相关的各方所普遍接受并内化为自己的行为规则，真正指导未来的社会行动。秉承社会公正公平的制度建构，才能获得制度对象的认可，实现制度改革的目标。

社会正义是最基本的底线性目标。底线为何？目前虽然在学术界和政府实践中都有所争议，但是，现代政府的底线应该是追求对于平等公民需要的社会制度，消除歧视性制度，消灭制度性歧视。在此基础之上，追求社会政策的普惠性，使社会政策发挥自下而上的兜底性作用，以此确保社会的稳定和秩序。虽然在各种国家政策规划中，这一类目标和原则往往作为重要的一部分加以呈现，但是一个重要的原则却没有被提及：确保公民权基础上的底线公平，区分公民权和市民权的边界。社会政策中往往讨论更多的是某一地区内市民权的均等化，它是依据地区贡献权责对等原则来确定进入资格的，比如"积分落户"等。但是，农民工的社会保障权和子女受教育权等应该是建立在公民权基础上的普惠性的权利，平等的公民权应该是社会公平的底线。

当然，社会正义不是自然赋予的，需要社会政策主导者的不懈努力。其中，"壮士断腕"表明的是自己的牺牲精神，"打破既得利益格局"才是真正的战斗。比如至今尤为严重的以"户籍制度"等为基础的歧视性社会福利制度，这虽然在特定历史时期具有不可否认的正功能，但是，在面向未来的社会政策语境中，这些社会福利制度遗产却充满着歧视。

这是改革过程中所要面临的困境、既有利益格局的限制，必须加以正视，才能有序渐进地推进改革。社会主义政府只有作为社会正义的代表，才能实现其"三个代表"的郑重承诺。消除政策上的歧视，应该是所有改革的基础，这是改革的一个基本原则和目标。

（2）要具有前瞻性，预防和治疗并重。社会政策的制定，不仅仅是为了纠正已经发生的社会问题，解决已然存在的社会危机，更是依据社会发展规律，促进社会的和谐科学发展，预防社会问题的产生。然而，我们必须面对的现实是，有关农民工及其迁移家庭的社会政策更多的是补救性的而非预防性的，更多的是出于对现有矛盾危机的解决而未表达明确的未来价值期待。这一问题产生的主要原因就是农民工社会政策缺少必要的价值目标指引。

乡城家庭迁移的前瞻性是它将成为不可避免的常态，是未来中国城市化的实质性内容。相关社会福利供给等社会政策的落脚点，应该是去除陈旧的"属地"意识，允许乡城迁移家庭更加易于选择家庭化迁移，实现其家庭在常住地的快速整合，有效地发挥家庭的功能，从而实现家庭的稳定，并带来社会的稳定。

（3）强调家庭重要性，以家庭为政策单位。家庭作为社会基本的细胞，作为社会政策的发生地和作用焦点，是社会政策中最基本的政策客体，应该成为最基本的社会政策单元。这对于异常强调家庭价值观的中国而言尤为重要。但是，在现实中，我们却经常发现中国的社会政策实际上是在过度地使用中国家庭的分离韧性。当中国的家庭实现了现代转型，家庭凝聚的传统价值观失去其功能意义的时候，中国家庭分离韧性的消失将为中国社会的稳定带来冲击。所以，社会政策应该正视中国家庭、社会结构关系的变动，尽快地承担起保护家庭而不是利用家庭甚至是分解家庭的作用。

乡城家庭迁移城市化中，社会融合的基本单位选择，肯定不能以原子化的个体为核心，而应该以家庭为核心，社会融合应该更多地强调"新市民家庭"，而不是"新市民个体"。以往农民工社会政策的一个重要的问题，就是政策选择单位上的不合理。在社会政策中必须对家庭进行重新定位，确定家庭为单位的政策视角，构建家庭友好型政策。

以家庭为社会政策单位，是转型中国走出社会政策困境，促进家庭和社会健康发展的重要维度。所以，中国的社会政策，特别是应对乡城家庭迁移的社会政策，需要明确其家庭倾向，向适度普惠的发展型家庭政策方向推进，提高乡城迁移家庭的发展能力。只有这样，才能顺应家庭迁移的趋势，实现"新市民家庭功能的完善与家庭社会融合"，推动农民工家庭迁移和社会发展的协调共进。

2. 政府角色及其政策责任。在社会主义中国，社会政策主要还是由党和政府来领导和决定的，所以，本书的社会政策建议也主要是针对政府提出。以往研究中容易被忽视的一点是，在社会政策制定中，中国政府是以"角色丛"的形象，而不是某一单一角色的形象呈现出来的。中国的政府和政治制度，使中国的政府在社会政策制定过程中的角色丛具有明确的层次性——不同层次的政府拥有不同的权责配置角色。

具体而言，有关乡城家庭迁移的社会政策制定中，自上而下，作为组织混合体的政府可以区分为中央政府、地方城市政府和地方乡村政府等。它们之间既相互联系又互有不同。本书认为，任何组织都具有自利的倾向和偏离同一目标的倾向，所以为了保证在有关社会政策制定和实施中完整统一政府角色的呈现，各层级政府必须明确自己的角色及其社会政策责任。在统一的政策价值目标规范下，分工协作，实现社会政策的真正效力。

中央政府对基础性和整体性的社会政策标准负有责任。中央政府要将社会政策的价值标准完整地体现在社会政策的顶层设计中，要转变思想，将底线的基本公民权利体现在顶层设计中。如农民工的社会保障权和子女受教育权等应该是建立在公民权基础上的普惠性的权利，平等的公民权应该是社会公平的底线。中央政府应该改变基础性和整体性的歧视性社会政策，使乡城迁移者及其迁移家庭面对的整体性、结构化社会公共资源分配不公的现状得以改变。

中央政府应努力使自己拥有基本公民服务全国统筹的权限和能力，做好转移支付、做到钱随事配。这样，才能最大限度地在全国范围内实现中央与地方权责的明确划分，打破中国大部分社会政策的属地化的现实，突破地方城市利益困境——确保公民权基础上的底线公平，区分公民权和市民权的边界。

其次,做好参与机制的顶层设计。目前在中央政府提出努力创新社会治理、实现社会治理体制和治理能力现代化的改革目标下,一大着力点应该是如何构建吸收来自底层的农民工声音的制度渠道。比如在人大、地方政府利益相关的决策中,实现农民工代表的比例化。

这是一种更为艰难的自我革命,其中有效率的怀疑,更有对自己的利益构成挑战的后顾之忧。

此外,营造社会舆论环境是中央政府的重要职责之一。现代技术的基础支撑,有利于中央政府在全国范围内同时实现政策宣示。中央政府要利用现代技术,在舆论上引领、监督地方相关社会政策的普遍参与。

地方政府的主要职责是对顶层设计的实施和操作,关注相关社会政策的操作性和现实性,即所谓的"因地制宜"地实施社会政策,包括制定地方化的社会政策。但是,地方政府尤其是城市地方政府,应该打破区域意识和"属地"意识,将自己的服务对象最低应该放在服务常住人口之上。

以往研究中经常批评的一点是:政策是落后的、有缺陷的。所以,每一项研究最后都要提供一套依据自己研究推论的政策建议。但是,这种情况在今天似乎在发生改变,政府在制定社会政策方面往往是及时的甚至是超前的,他们早已在文件中将乡城家庭迁移中可能遭遇到的问题分门别类、"有效"实现了政策性解决方案。如《国务院关于进一步做好为农民工服务工作的意见》中,对于主要问题、解决的原则,路径预设等,都有了较为明确的交代。[①] 当前,重要的不是社会政策本身,而是社会政策的落地和真正实现。这是地方政府不可推卸的责任。而对地方政府实施效果的监督,不仅应有制度化的自上而下的体制内监督,更要吸收、有效利用现代技术提供的来自体制外的监督。

从研究发现出发,本书认为,乡城家庭迁移的社会效应是利大于弊,所以政府应该从迁移家庭需要的视角,积极地降低迁移家庭市民化的社

---

① 国务院:《国务院关于进一步做好为农民工服务工作的意见》(国发〔2014〕40号),2014年09月12日。

会成本，优化其社会环境。可以着力从以下几个针对性的领域展开，促进乡城迁移家庭稳定与功能发挥：

就业是最根本的保障，也是家庭迁移的主要目标和安全性来源。中央与地方配合，增强其人力资本投资帮助，形成就业能力；完善统一劳动力市场建设，消除就业歧视，像北京最新的鼓励雇用北京人政策，就存在就业歧视之嫌疑；鼓励、扶持第三产业发展，原因不仅在于这是农民工家庭就业的主要领域，而且也是未来能够容纳低技能劳动力的主要领域。

住房，是农民工家庭迁移实现的基本要素，为家庭迁移的实现提供必备的物理空间。城市房价的高企，租房价格的不断上扬，保障房政策的排斥性，寻求政府保障意识不足等，使得部分农民工真正实现举家迁移定居只能成为一种奢望，而不具备迁移定居的能力。解决这一基本的阻碍因素，就应该从将乡城迁移家庭视作未来的"新市民"的角度，将其纳入保障性住房政策对象范围。一个可以操作的方案就是，按照权责对等的原则（乡城迁移家庭在城市中的贡献水平，如工作年限或者社保年限），循序渐进地为其提供基本的住房扶持。

3. 乡城迁移家庭

乡城迁移家庭也是相应社会政策的利益相关方——经常作为政策作用对象的面目呈现。乡城迁移家庭也应该在社会政策的制定和回应中展现出自己的在场。

乡城迁移家庭虽然来自农村，但是他们基本是从传统农村社会关系中被抽离出来的"城市人口"，而且他们缺乏为共同利益在平等协作基础上组织起来的意识和能力。所以他们很少以组织化的力量表示自己的城市在场。而作为个体的乡城迁移家庭，在城市社会中又是最微不足道的弱者。因此乡城迁移家庭除了利用市场中"用脚投票"的群体性潜在权力之外，足以使其发声的能力匮乏。要使自己真正成为倒逼改革的现实力量，乡城迁移家庭就应该学会组织起来——以协会等诸多合理的方式。其次，要善于利用现代移动互联网所提供的的发声平台，明确表达出自己的要求和需要。以这些方式和途径，积极参与到社会政策讨论和回应之中。

**四 研究展望**

本书以南京市的乡城迁移家庭为研究对象，对中国目前正在快速推进的乡城家庭迁移系统的演进进行了考察，从乡城家庭迁移系统的静态类型和动态过程两个维度对其发生机制进行了分析，并以此发现为基础对他们的社会影响进行了探索，形成了较为明确的结论和清晰的认知。但是，由于使用的数据和分析方法等的局限，本书依然存在需要在未来的研究中进一步努力加以完善的地方。回顾研究的整个过程，仍然有许多遗憾和可以进一步挖掘及详细分析的内容，可以在今后的研究中进一步地推进，其中既包括对影响乡城家庭迁移决策的重要因素之一——家庭价值的进一步发掘，也包括在具体研究方式和方法上的改进。

**（一）未被详细考察到的重要因素：家庭价值**

通过前三节的探讨，可以发现乡城迁移家庭对风险的感知使其更谨慎，而家庭网络收益的追求则使乡城家庭化迁移更为迅速和迫切。关于家庭网络收益，现有研究中，多是对物质方面的作用有所研究，如对家庭禀赋影响的强调[①]。这方面的作用机制依然是经济学范式的推演。而有关家庭价值等的社会价值资源的作用机制，一方面由于以往的研究中缺乏相应的数据支持，另一方面由于经济学范式在乡城迁移研究中的独霸地位，往往被研究者所忽视，也较少出现于现有的乡城家庭迁移模式研究之中，特别是在量化研究中，基本难觅其影。

作为对特定社会群体的社会学考察，需要超越乡城迁移中的经济学视野，看到更多的社会关系结构机会与制约对乡城流动迁移机制所产生的影响。虽然本书已经使用了婚姻这一指标来表达家庭网络收益的非物质部分，但前文所述的部分主要还是从经济安全和家庭经济收益的角度强调了先行者特征。由于数据限制，本书也没有能够将其操作化为更多具体变量纳入模型分析之中。在此，本书将在这里对其作补充性的讨论。

---

① 参见盛亦男《流动人口家庭化迁居水平与迁居行为决策的影响因素研究》，《人口学刊》2014年第3期；石智雷、杨云彦《家庭禀赋、家庭决策与农村迁移劳动力回流》，《社会学研究》2012年第3期。

家庭价值，是指家庭生活，特别是完整的家庭组织给家庭成员带来的家庭价值功能和意义，既包括家庭为个体提供的各种物质和劳务支持，也突出地体现在满足家庭成员心理需求的精神资源——家庭文化价值供给，其中最为核心的部分是家庭中的亲密关系和社会支持，它为家庭成员乡城迁移的策略选择提供了基本的价值向导。应该认识到，"职业与心中的家"是每一个乡城迁移者最重要的两件人生大事和基本目标。[①] "立业"是为了"家"，家庭对于乡城迁移者来说，既是迁移的目标，也是获得稳定支撑的所在。对于家庭价值的追求同样是形塑乡城家庭迁移的重要机制。

对于迁移家庭而言，迁移家庭的家庭价值可以是经济上的优势，如上面所讨论的自营业者有可能通过家庭迁移中随迁家属来降低、消除家庭工资性支出所带来的经济优势。同样，对于以"家为本位"的中国人来说，家庭价值观的心理效应，往往比家庭的经济效应，更为有效持久地影响着人们的行为选择。

"跑单帮"时代的乡城迁移人口，所采取的分离式家庭策略，是在严格的制度隔离下，乡村家庭受中国传统"家"文化支撑的一种家庭策略行为。在中国家庭价值观中，典型性的父权思想影响下的性别角色分工和不平等的性别关系，是这种家庭迁移策略施行、持续的基础。[②] 这种家庭价值也是维系千万个体流动、分离的乡城迁移者的家庭依然稳定的隐形契约。正是这种家庭观念价值的发挥，才具有了稳定的家庭利他主义倾向，在外的农民工为了家庭，甘愿牺牲自身需要。不管在城市中自己遭受到什么样的不公正待遇，吃多少苦，他们都会为了留在乡村的家——妻子、孩子和父母——而努力拼搏。在外打工只是一种暂时性的无奈选择，为了农村家庭的生存和更好生活的一种必要牺牲。这种价值机制的作用已经在无数的研究和文学、影视作品中被揭示。

随着社会结构、人口结构的现代转型，农村家庭和乡城移民，同样

---

[①] 风笑天：《农村外出打工青年的婚姻与家庭：一个值得重视的研究领域》，《人口研究》2006 年第 1 期。

[②] ［美］范芝芬：《流动中国：迁移、国家和家庭》，邱幼云、黄河译，社会科学文献出版社 2013 年版。

经历了现代化的洗礼，特别是乡城移民家庭在城市中的生活经验，已经使他们的生活方式和生活观念趋于现代。家庭价值的含义也正在随着家庭的嬗变而发生现代化的转向，只是中间仍然难以避免地融合着传统的经验和预期。

上文已经提及，随着中国家庭的现代转型，乡城迁移家庭同样经历着家庭结构日益小型化、核心化的过程。内部关系体系正在从传统的父权父系制大家庭走向平等的核心（夫妇）家庭，在现代乡城迁移家庭中，亲子轴已经逐渐被夫妻轴所代替，夫妻轴在家庭生活中占据着越来越重要的地位，而夫妻轴至少取得了和父子轴一样重要的地位。[1] 正在从大家庭转向"个体家庭"，个体家庭的形成作为一种传统与现代博弈的结果呈现出来。家庭功能也在经历现代化转型：传统的家庭的生产功能、经济保障功能和教育功能等都在日益向外转移和缩小，家庭功能从生产单位转向消费和情感满足单位。

虽然传统家庭价值在乡城迁移人口中依然有所传承，但现在的家庭观念也越来越出现个体主义倾向，"以人为本"、"人的需求至上"的新观念，有了代替传统大家庭观念下的"家庭利益至上"的旧家庭观念倾向和可能。所以，现在虽然在乡城迁移人口中依然留有传统家庭本位观念，但是这一"家庭"的内涵已经发生了本质性变化。伴随这些现代家庭的基础性结构和功能的变化，随之而来的是现代家庭价值的确立。即使中国家庭观念中的家庭本位依然是中国当前的家庭的核心价值观[2]，家庭情爱价值已经被现代家庭视为个体幸福、满足的基本来源。家庭价值越来越被视为满足个体需要的价值，而不再是以往为了家庭而忽视个体的家庭价值导向。这种观念背后隐含的是对家庭情感化和私人生活的肯定，而家庭经济互助和生育合作的传统性的追求则不再代表所有。[3]

---

[1] Yan, Yunxiang, "The triumph of conjugality: Structural transformation of family relations in a Chinese village", *Ethnology*, 36.3 (1997): 191–212.

[2] 彭大松：《家庭价值观结构、代际变迁及其影响因素》，《当代青年研究》2014年第4期。

[3] 刘汶蓉：《家庭价值的变迁和延续——来自四个维度的经验证据》，《社会科学》2011年第10期。

在这种新的家庭价值观下,家庭团聚的价值对于乡城迁移者个体而言更为明显,家庭团聚也越来越成为乡城迁移者为了自身满意生活的主动追求,从而成为家庭化迁移的内在动力。正如前文所述,随着经济条件的改善,乡城迁移者及其家庭的基本生存风险已经很小,他们的目标也在向非经济需求方向转型。这种转型代表了经济需要的相对下降和家庭的非经济功能需要的进一步提高。近代中国乡城迁移家庭作为一种历史经验,已经出现过这种趋势,随着乡城迁移者打工生活的适应,"新型妻子"出现,家庭关系随之发生变化,家庭由传统的"功能性"向"情感性"角色转变。[①] 生活不再只是要求吃喝拉撒睡,还要有情感交流与支持,有家庭成员在一起的温馨。这是一种在常态下正常的心理需要和生活需要。也将越来越成为一种正常社会的需要。

家庭的情感性价值成为乡城迁移者生活满意度的重要来源,可以解决他们的诸多心理需要,成为乡城迁移者家庭选择迁移的重要动力。已有调查证明,家庭成员特别是夫妻共同迁移、居住相对于个体性迁移,会显著地提高乡城迁移者的生活满意度。[②] 此外,来自家庭的亲密关系是乡城迁移人口应对压力的主要支持来源,这种支持的重要性远高于业缘、朋友、老乡的比重。亲密关系之所以是不可替代的,正是由于它所能带给关系内成员的彻底的支持和情感信任。而亲密关系发挥作用的必备条件之一就是亲密空间的存在。家庭化迁移,就是在城市中形成并重塑乡城迁移者的亲密空间和亲密关系。

这种家庭价值的需要对乡城迁移者的家庭迁移行为的促进作用也可以从目前乡城迁移者所面临的"家庭缺损危机"方面得到凸显。本书将以乡城迁移者所面临的婚姻危机为例对此加以说明。

乡城迁移者以往的个体式迁移所导致的性需求危机、婚姻危机等,由于媒体的关注已经成为社会普遍感知,却又充满猎奇性质的社会事

---

① 池子华:《近代城市化过程中农民工婚姻家庭的嬗变》,《福建论坛》(人文社会科学版) 2010 年第 2 期。

② 如以下研究所展现的:李国珍《已婚农民工婚姻生活满意度研究》,《兰州学刊》2012 年第 1 期;薛菁《进城务工对农民工婚姻生活影响研究》,《科学经济社会》2013 年第 3 期。

件①，但对于亲历其中的乡城迁移者来说，这种社会事件背后的个体危机的影响和感受是鲜明的，也使他们以此反思自身的行为后果具有了某种现实强迫性。因为处于匮乏状态时的紧张和压力，会促使个体更为迫切地采取弥补、补充的行动。比如"临时夫妻"的影响，无论对处于城市中的个体迁移者还是对于留守在乡村的"剩余家庭"，都是具有现实强迫性的。个体式迁移的结果之———"临时夫妻"——在被曾经作为乡城迁移者一员的全国人大代表刘丽作为重大国事提请政府注意后，成为社会关心的事件②。这种社会的热议和诧异本身，首先说明了我们的社会一直以来并没有将农民工的个体性迁移所造成的性问题及农民工的社会心理需要视为一种正常的社会需要而纳入视野中；其次，随后诸多追踪式的新闻报道也说明了家庭化迁移对于乡城迁移者和国家社会的建设性意义逐渐获得了社会的认同，更为重要的是，经过媒体的传播发酵，对于乡城迁移者及其家庭内部夫妻信任问题将会产生更为深刻的影响，这种疑虑本身就足以促成他们对家庭迁移的选择。为了不成为下一个这样的牺牲品，每个受到影响的家庭成员都会积极地采取行动，最为直接的结果就是形成夫妻共同迁移。

与现代家庭的小型化、现代化和情感化相伴随的是现代家庭的变动性和脆弱性。传统中国家庭，超高的稳定性是一个典型的特征。由于家庭中极少强调个体价值，每个人都是为"家庭而活"，所以，无论个体的地理空间分布如何，"心中的家"对其总是一种约束和结构性的存在，个体很少因分居、距离、感情等个体性问题而采取离婚行为。

"打工"、现代信息技术等，使城市化的现代理念迅速传播和被认同。随着个体的观念和行为更加独立和自由，长期分居所造成的情感世界的裂痕对于乡城迁移者婚姻的维系具有很大的破坏性。现代中国的婚姻状况的巨大变化，传统的农村社会、婚姻秩序已经被打破，婚姻危机成为一种很容易被他们感知的现实风险。已有调查显示，在控制了社区、家

---

① 郭华平：《农民工婚姻为何频亮红灯》，《江西日报》2007年6月20日第B2版。
② 胡龙江、刘彤、王笛：《农民工"临时夫妻"：失德还是无奈》，2013年03月13日，新华网（http://news.xinhuanet.com/2013-03/12/c_114990853.htm）。

庭以及个人特征等诸多条件之后,城乡劳动力流动(个体性迁移)依然显著提高了乡城迁移者的离婚率,个体流动往往意味着其将承受更高的离婚风险。[①] 乡城迁移者的分离家庭相对于城市家庭,相对于稳定在农村的家庭,超高的离婚率近年来经常被作为新闻事件在新闻报道中呈现。新闻报道的深入,以及自己身边的老乡、工友的不幸生活事件,不可能不对乡城迁移者形成一种冲击性参照,他们会以此为参照来考量自己的迁移方式,并倾向于通过家庭迁移来实现家庭价值的维护和保持。

"打工"的目标,就是为了家庭生活的稳定,而婚姻风险是对这一目标越来越沉重的现实打击。为了保护家庭价值,规避家庭价值的损失,家庭化迁移成为一种来自家庭内部的家庭化迁移压力和动力。所以,解决乡城流动人口家庭婚姻危机的一种重要方式,就是主动采取如降低家庭迁移成本的方式促进以家庭为单位的流动模式的形成。

这种家庭价值对乡城家庭迁移的作用机制,在新生代农民工中更为鲜明地体现出来。农民工群体内部代际更替已经发生,新生代(1980年之后出生)逐渐成为主要组成部分,劳动年龄流动人口中新生代在2013年已经占到了51.4%[②],新生代不同于老一代农民工,其价值观念、行为方式等将深刻地影响到未来乡城迁移的走向和特征[③]。他们现在不仅为了经济福利、人力资本积累等目的离开农村,他们也越来越多地为了"幸福的家庭生活"而流动。在城市中担当劳动力资源的过程中,也会更加主动面对和考虑自己的婚姻和家庭事务,通过个人生活幸福来实现家庭幸福。新生代的乡城迁移人口,从家庭的组建起就往往希望建立在感情的基础之上,他们对家庭亲密关系的需要和表达更为明确。

受制于现实的约束,乡城新生代迁移者的家庭和婚姻观念既受到城市生活的影响日趋城市化、现代化,又内嵌于中国的高性别比失衡的人

---

① 杜凤莲:《中国城乡劳动力流动对婚姻稳定性的影响》,《经济社会体制比较》2010年第5期。
② 国家卫生和计划生育委员会流动人口司:《中国流动人口发展报告2014》,中国人口出版社2014年版,第181页。
③ 王春光:《新生代农村流动人口的社会认同与城乡融合的关系》,《社会学研究》2001年第3期。

口结构和农村婚姻市场存在严重挤压的社会结构之中,不得不依赖于、妥协于传统,他们往往成长在"弱化"的传统家庭之中,在父辈的焦虑和催促中又只能接受传统家庭策略"催化"他们的家庭婚姻的现实[①],他们的家庭婚姻策略是传统与现代共存。

性别比例失衡造成的婚姻挤压不仅对婚姻策略[②]、未婚者的打工策略[③](在婚姻市场中寻求竞争优势而打工挣钱)造成显著的影响,而且对婚后的家庭策略依然保持着显著的影响。这些变化,将为乡城迁移以家庭式的方式发生提供极大的动力。受制于择偶困境,找对象难、结婚难越来越成为困扰乡城迁移者特别是男性迁移者的社会现实。他们只能利用传统婚姻策略糅合现代因素确保自身在找对象、结婚的竞争中获得成功,所以,"闪婚"等建立在非个体性情感基础上的婚姻依然存在。[④] 婚姻市场的激烈竞争,使形成家庭的代价,特别是对于受挤压的男性来说是高昂的。成家的高昂代价意味着家庭破裂的潜在成本同样是难以接受的,会为个体特别是男性带来剧烈的冲击。而如何守护好难得的婚姻和家庭成为意义重大的目标。

对于自己情感的追求、现代思想弱化了新生代对"家庭整体利益"坚守上的个体牺牲意愿,使他们往往不能忍受长期的家庭分离所带来的种种矛盾和不满。高昂婚姻代价,婚姻的失败对于家庭的损失、个体的损失是巨大的。这一系列压力之下所形成的婚姻事实却同样面临着高离婚率的风险,使他们认识到保护家庭需要先从保护婚姻开始。保护婚姻,最直接的行动努力就是进行家庭化迁移。完整家庭迁移因而成为一种基于社会理性的现实策略,高离婚率是其重要的压力来源。

所以,无论是传统的家庭团聚所带来的物质与精神价值,还是现代

---

① 陈雯:《从"弱化"到"催化":新生代农民工家庭与婚配悖论研究》,《中国青年研究》2014年第3期。

② 靳小怡、李成华、李艳:《性别失衡背景下中国农村人口的婚姻策略与婚姻质量——对X市和全国百村调查的分析》,《青年研究》2011年第6期。

③ 孙旦:《农村男女比例失衡对农民进城务工意愿的影响》,《人口研究》2012年第6期。

④ 陈锋:《家庭经济与婚姻模式的互嵌与融合——对江西安义农村"闪婚"现象的分析》,《南京人口管理干部学院学报》2012年第1期。

家庭价值的倡导，以及来自解决实现家庭危机的压力，都对乡城家庭迁移系统中由个体迁移向完整家庭迁移的转化起到了巨大而现实的促进作用。家庭价值是促使乡城迁移者选择家庭迁移的重要影响因素。

(二) 研究方式上的进一步努力

首先，是研究方法上的局限。本书所使用的分析单位为迁入地的乡城迁移家庭，对迁移家庭迁出地的综合影响等较少涉及。因此，本书对于乡城迁移家庭迁出地对其迁移的影响的推拉因素，迁移对迁出地的影响分析，都存在着一定的局限性。这是在未来研究中需要大力推进的方向。

其次，研究分析上的不足。虽然笔者以乡城迁移家庭为分析单位，在分析中从先行者、家庭和家庭外在的社会结构关系层面对家庭迁移决策进行分析，但是基于数据局限，分析上依然存在分析力度不足的情况，未能全面地从乡城迁移家庭的生命周期的动态发展中对其家庭迁移行为进行考察。乡城家庭迁移系统既是一个结果也是一种过程，特别是对于每个迁移家庭而言更是如此。作为一种时间序列事件，放在一定的时间空间线索内进行可能会更好地实现对乡城家庭迁移的动态过程实质的考察。本书使用横截面数据对乡城迁移进行考察，对乡城家庭迁移的动态过程分析不是很充分。双向因果关系的区分性有待进一步完善。未来研究中可以尝试从纵向上对某个或某类完整家庭单位的生命周期变动做考察，在因果关系探索上更加深入、明确。

最后，未来的研究需要进一步将乡城家庭迁移研究与城市化、现代化研究相结合。乡城家庭迁移是中国城市化、现代化的一个重要组成部分，在未来的进一步研究中，需要充分融合中国城市化研究的方向。乡城家庭迁移是中国城市化、现代化进程中的一个必然过程，他们之间存在着互为因果的关系，他们之间的相互关系究竟应该如何协调，需要进一步研究。

# 附　　录

# 调查问卷（部分）

## A　家庭人口状况表

A1　您家共有几口人？　　＿＿＿＿＿＿＿人（广义家庭成员定义：家庭收支在一起的所有成员，包括居住在本市和老家以及在外打工、上学或参军等尚未分家的成员）

A2　是否所有家庭成员与您一起生活在南京市？

1 是→A4　　　　　　　　2 否

A3　那些没有生活在南京市的家庭成员居住在哪里？

1 本省（江苏）非本市　　　2 外省（填写省代码：见代码表）：

以下问题由狭义家庭成员回答，即家庭收支在一起的居住在本市的所有成员构成的家庭，包括您本人、配偶和孩子以及父母和兄弟姐妹。

| A4 | 个人编码 | 1 | 2 | 3 | 4 | 5 |
|---|---|---|---|---|---|---|
| A5 | 答卷人代码（1为本人，其他成员按年龄排序，从大到小填写） | 1 | | | | |
| A6 | 与本人关系（见代码表） | | | | | |
| A7 | 性别　　1 男　　2 女 | | | | | |
| A8 | 出生年月？　（年/月） | | | | | |
| A9 | 婚姻状况？　1 未婚 2 初婚 3 再婚 4 离婚 5 丧偶 | | | | | |
| A10 | 民族（见代码表） | | | | | |
| A11 | 政治面貌？ 1 中共党员　2 民主党派　3 共青团员　4 无党派 | | | | | |
| A12 | 过去一年里，您在本市累计居住了多少个月？ | | | | | |
| A13 | 过去一年里，您在老家（或户籍所在地）累计居住了多少个月？ | | | | | |

续表

以下问题由狭义家庭成员回答，即家庭收支在一起的居住在本市的所有成员构成的家庭，包括您本人、配偶和孩子以及父母和兄弟姐妹。

| | | | | | | |
|---|---|---|---|---|---|---|
| A18 | 您目前的最高文化程度（见代码表） | | | | | |
| A19 | 您现在的户口性质？　1 农业　2 非农业　3 其他 | | | | | |
| A20 | 您现在的户籍所在地？　1 本市　2 本省非本市　3 外省　4 港澳台及国外 | | | | | |
| A21 | 如果是外省，请填写省代码（见代码表） | | | | | |
| A24 | 您到现在为止，在本市一共生活了多少年？（保留一位小数点） | | | | | |
| A26 | 您这次来本市的最主要原因是什么？<br>1 获得更多（更好）的养老/医疗等社会保障　2 土地被征用　3 本家庭有多余劳动力　4 老家没有合适工作　5 老家工作报酬太低　6 外出学习技能　7 不喜欢老家的生活　8 老家条件不利于下一代的培养　9 不会做农活　10 原住地气候与环境变化　11 工程移民　12 拆迁搬家　13 分配录用　14 婚姻嫁娶　15 随迁家属　16 其他（请注明：　　　　） | | | | | |
| A28 | 假如您不来本市，在老家每月大约能挣多少钱？（元） | | | | | |

# B　目前就业与收入状况表

（16 岁以上并居住于本市所有家庭成员填写）

| 个人编码 | | 1 | 2 | 3 | 4 | 5 |
|---|---|---|---|---|---|---|
| B1 | 您这次来本市之前的就业状态是什么？<br>1 就业　2 失业　3 无业（从未从事过任何工作，包括家庭经营、农业生产）　4 操持家务　5 退休　6 在学　7 务农 | | | | | |
| B2 | 您目前在本地的就业状态是什么？<br>1 就业→B4　2 失业　3 无业　4 操持家务　5 退休 | | | | | |
| B3 | 在过去的一个月中您是否在积极地找工作？　1 是　2 否 | | | | | |
| B4 | 您现在一共干几份有工资收入的工作？ | | | | | |

续表

| 个人编码 | | 1 | 2 | 3 | 4 | 5 |
|---|---|---|---|---|---|---|
| B5 | 您现在收入最多的工作职业是什么？（由编码员填写：见代码表） | | | | | |
| B6 | 这份工作的所属行业？（见代码表） | | | | | |
| B7 | 这份就业的单位性质属于哪一类？（见代码表） | | | | | |
| B10 | 您现在的就业身份？<br>1 单位或个体雇员  2 机关（事业）单位正式职工雇员  3 家庭帮工  4 雇主→B14  5 自营劳动者→B14 | | | | | |
| B12 | 您签订的是何种类型的劳动合同？<br>1 固定期限劳动合同  2 以完成一定工作任务为期限的劳动合同<br>3 劳务派遣合同  4 无固定期限劳动合同→B16  5 未签订劳动合同→B16 | | | | | |
| B13 | 您签订了多长时间的劳动合同？<br>1 一年及以下  2 一到三年  3 三年及以上  回答完跳至 B16 | | | | | |
| B16 | 您上个月或上次就业的收入是多少？（包括实物折现、货币性收入、加班费、扣除"五险一金"）（元/月） | | | | | |
| B17 | 2013年您从工作（包括家庭经营、生意、就业）中得到的总纯收入是多少元？ | | | | | |

# C 养老保险表

（16周岁以下或在上学或参军的家庭成员不用回答，此部分最好由本人回答，如果无法找到本人，可由家庭中最知情的人代答）

| 个人编码 | | 1 | 2 | 3 | 4 | 5 |
|---|---|---|---|---|---|---|
| C1 | 您是否参加了城镇职工基本养老保险？  1 是  2 否 | | | | | |
| C17 | 您是否参加了城乡（或城镇）居民养老保险？  1 是  2 否 | | | | | |
| C36 | 您是否参加了农村养老保险？  1 是  2 否 | | | | | |
| C76 | 您是否购买了商业养老保险？  1 是  2 否 | | | | | |

## D  医疗及其他社会保险表

(医疗保险部分,所有家庭成员都回答;工伤、生育保险部分,
16 周岁以下或在上学或参军的家庭成员不用回答)

| 个人编码 | | | | | 1 | 2 | 3 | 4 | 5 |
|---|---|---|---|---|---|---|---|---|---|
| D4 | 您是否参加了城镇职工基本医疗保险? | 1 是 | 2 否 | | | | | | |
| D37 | 您是否参加了城乡居民基本医疗保险? | 1 是 | 2 否 | | | | | | |
| D38 | 您是否参加了新型农村合作医疗(新农合)保险? | 1 是 | 2 否 | | | | | | |
| D56 | 您是否参加了大病医疗互助补充保险(大病医疗保险)? <br> 1 是　　2 否 | | | | | | | | |
| D70 | 您是否购买了商业医疗保险? | 1 是 | 2 否 | | | | | | |

## E  2013 年家庭经济状况

(家庭收支在一起的居住在本市的所有成员构成的家庭)

| | 备注:请其他人员回避 | 2013 年 |
|---|---|---|
| E1 | 您家在本市(或前一个打工城市)2013 年总纯收入多少钱? <br> (包括工资收入、经营收入、财产收入、转移性收入等)(元) | |
| E6 | 您家在本市(或前一个打工城市)的每月总支出多少钱? <br> (除借贷支出以外的全部实际支出,包括折算为现金的支出)(元/月) | |
| E7 | 过去一年您寄回或带回老家的钱(物)合计多少钱? <br> (包括给夫妻双方老家的钱、物以及各种礼金)(元) | |

## F  将来迁移打算与社保关系

| 个人编码 | | 1 | 2 | 3 | 4 | 5 |
|---|---|---|---|---|---|---|
| F1 | 您打算将来在城市长期居住(5 年及以上)的可能性有多大? <br> 很不可能 0　1　2　3　4　5　6　7　8　9　10 很可能 | | | | | |

附录　调查问卷(部分)

续表

| 个人编码 | | 1 | 2 | 3 | 4 | 5 |
|---|---|---|---|---|---|---|
| F2 | 您将来"在城市长期居住(5年及以上)"的打算中,最主要的考虑因素是什么?<br>1 获得更多(更好)的养老/医疗等社会保障　2 土地被征用　3 本家庭有多余劳动力　4 老家没有合适工作　5 老家工作报酬太低　6 外出学习技能　7 不喜欢老家的生活　8 老家条件不利于下一代的培养　9 不会做农活　10 原住地气候与环境变化　11 工程移民　12 拆迁搬家　13 分配录用　14 婚姻嫁娶　15 随迁家属　16 其他(请注明:　　) | | | | | |
| F4 | 您打算将来回到老家生活/居住的可能性有多大?<br>很不可能 0　1　2　3　4　5　6　7　8　9　10 很可能 | | | | | |
| F5 | 您打算"回到老家生活/居住"的最主要原因是什么?<br>1 家庭原因(如结婚、生子、照顾老人等)　2 住房困难　3 子女入学/入托困难或费用高　4 自身原因(如回乡养老、生病、年纪大了不能干重活等)　5 找不到合适的工作　6 回乡创业　7 农村户口不能获得与城镇居民同等的养老/医疗保障　8 其他(请注明:　　) | | | | | |
| F7 | 您在未来2年搬离南京市,前往其他城市的可能性有多大?<br>很不可能 0　1　2　3　4　5　6　7　8　9　10 很可能 | | | | | |
| F8 | 您在未来2年"搬离南京市,前往其他城市"的打算中,最主要的考虑因素是什么?<br>1 工资水平更高　2 工作条件更好　3 提供养老金　4 提供失业保险　5 提供医疗保险　6 提供生育保险　7 (子女)能在城里读书　8 城市所在的地理位置(东部、中部或西部地区)　9 城市规模(大、中或小城市)　10 方便与老家联系　11 其他(请指明:　　) | | | | | |
| F10 | 在未来2年您打算搬往何处?<br>1 回老家　2 北京　上海　广州　3 省会城市(其他大城市)　4 地级(中等)城市　5 县城(小城市)　6 港澳台　7 国外　8 其他(请指明:　　) | | | | | |

## G　家庭住房状况

| | |
|---|---|
| G1 | 您现住房属于下列何种性质?<br>1 租住单位/雇主房　2 租住私房　3 政府提供廉租房　4 单位/雇主提供免费住房（不包括就业场所）　5 借住房　6 就业场所　7 自购房　8 自建房　9 其他非正规居所 |

# 参考文献

**中文译著**

［法］皮埃尔·布迪厄：《文化资本与社会炼金术》，包亚明译，上海人民出版社1997年版。

［法］皮埃尔·布迪厄：《实践感》，蒋梓骅译，译林出版社2003年版。

［美］阿瑟·格蒂斯、朱迪丝·格蒂斯、杰尔姆·D. 费尔曼：《地理学与生活》，黄润华、韩慕康、孙颖译，世界图书出版公司2013年版。

［美］范芝芬：《流动中国：迁移、国家和家庭》，邱幼云、黄河译，社会科学文献出版社2013年版。

［美］罗尔斯：《正义论》，何包钢、廖申白、何怀宏译，中国社会科学出版社2001年版。

［美］苏戴瑞：《在中国城市中争取公民权》，王春光、单丽卿译，浙江人民出版社2009年版。

**中文图书**

蔡昉、白南生：《中国转轨时期劳动力流动》，社会科学文献出版社2006年版。

蔡禾、刘林平、万向东：《城市化进程中的农民工问题》，社会科学文献出版社2007年版。

费孝通：《生育制度》，商务印书馆2008年版。

风笑天：《社会学研究方法》，中国人民大学出版社2005年版。

宫留记：《布迪厄的社会实践理论》，河南大学出版社2009年版。

国家卫生和计划生育委员会流动人口司:《中国流动人口发展报告 2013》,中国人口出版社 2013 年版。

国家卫生和计划生育委员会流动人口司:《中国流动人口发展报告 2014》,中国人口出版社 2014 年版。

刘建娥:《中国乡—城移民的城市社会融入》,社会科学文献出版社 2011 年版。

王雯菲、范芝芬:《西方国内人口迁移研究进展及趋势》,载梁在主编《人口学》,中国人民大学出版社 2012 年版。

杨善华:《家庭社会学》,高等教育出版社 2006 年版。

赵峰、沈崇麟、李东山:《变迁中的城乡家庭》,重庆大学出版社 2009 年版。

周雪光:《组织社会学十讲》,社会科学文献出版社 2003 年版。

**中文期刊**

白南生、李靖:《城市化与中国农村劳动力流动问题研究》,《中国人口科学》2008 年第 4 期。

北京市体改委信息处、北京市工商联调研室课题组:《关于外地来京人员经商活动的调查报告》,《经济研究参考》2000 年第 31 期。

蔡昉:《迁移决策中的家庭角色和性别特征》,《人口研究》1997 年第 2 期。

蔡昉:《城市化与农民工的贡献——后危机时期中国经济增长潜力的思考》,《中国人口科学》2010 年第 1 期。

蔡昉:《被世界关注的中国农民工——论中国特色的深度城市化》,《国际经济评论》2010 年第 2 期。

蔡玲:《以 ABC – X 模型为基础的农民工家庭压力研究》,《江汉论坛》2010 年第 6 期。

陈凯渊、樊禹彤:《农民工劳动权益及影响因素的实证研究——以南京市为例》,《现代经济信息》2013 年第 13 期。

陈卫、刘金菊:《人口流动家庭化及其影响因素——以北京市为例》,《人口学刊》2012 年第 6 期。

陈贤寿、孙丽华：《武汉市流动人口家庭化分析及对策思考》，《中国人口科学》1996 年第 5 期。

陈映芳：《"农民工"：制度安排与身份认同》，《社会学研究》2005 年第 3 期。

陈藻：《农民工"定居型就业迁移"的城市化模式研究》，《中共青岛市委党校青岛行政学院学报》2013 年第 6 期。

邓曲恒：《农村居民举家迁移的影响因素：基于混合 Logit 模型的经验分析》，《中国农村经济》2013 年第 10 期。

董向荣：《为什么韩国的"农民工"较快地融入了城市?》，《国际经济评论》2014 年第 3 期。

杜鹏、张文娟：《对中国流动人口"梯次流动"的理论思考》，《人口学刊》2010 年第 3 期。

段成荣、杨舸、张斐等：《改革开放以来中国流动人口变动的九大趋势》，《当代中国人口》2008 年第 4 期。

段成荣、杨舸：《中国流动人口的流入地分布变动趋势研究》，《人口研究》2009 年第 6 期。

风笑天：《农村外出打工青年的婚姻与家庭：一个值得重视的研究领域》，《人口研究》2006 年第 1 期。

郭于华、黄斌欢：《世界工厂的"中国特色"：新时期工人状况的社会学鸟瞰》，《社会》2014 年第 4 期。

郭志刚：《北京市家庭户的变化及外来人口影响》，《北京社会科学》2004 年第 3 期。

洪小良：《城市农民工的家庭迁移行为及影响因素研究——以北京市为例》，《中国人口科学》2007 年第 6 期。

侯佳伟：《人口流动家庭化过程和个体影响因素研究》，《人口研究》2009 年第 1 期。

侯亚非、洪小良：《2006 年北京市流动人口家庭户调查报告》，《新视野》2007 年第 2 期。

胡湛、彭希哲：《家庭变迁背景下的中国家庭政策》，《人口研究》2012 年第 2 期。

胡湛、彭希哲：《中国当代家庭户变动的趋势分析——基于人口普查数据的考察》，《社会学研究》2014 年第 3 期。

黄祖辉、宋瑜：《对农村妇女外出务工状况的调查与分析——以在杭州市农村务工妇女为例》，《中国农村经济》2005 年第 9 期。

纪月清、刘迎霞、钟甫宁：《家庭难以搬迁下的中国农村劳动力迁移》，《农业技术经济》2010 年第 11 期。

金一虹：《离散中的弥合——农村流动家庭研究》，《江苏社会科学》2009 年第 2 期。

金一虹：《流动的父权：流动农民家庭的变迁》，《中国社会科学》2010 年第 4 期。

李培林：《流动民工的社会网络和社会地位》，《社会学研究》1996 年第 4 期。

李强：《关于城市农民工的情绪倾向及社会冲突问题》，《社会学研究》1995 年第 4 期。

李强：《关于"农民工"家庭模式问题的研究》，《浙江学刊》1996 年第 1 期。

李强：《"双重迁移"女性的就业决策和工资收入的影响因素分析——基于北京市农民工的调查》，《中国人口科学》2012 年第 5 期。

李强：《农民工举家迁移决策的理论分析及检验》，《中国人口资源与环境》2014 年第 6 期。

李强、龙文进：《农民工留城与返乡意愿的影响因素分析》，《中国农村经济》2009 年第 2 期。

李晓燕、谢长青、杨翠迎：《中国农民工社会网络转型及制度诉求分析》，《学习与探索》2009 年第 2 期。

李莹、周永新：《中国农民工社会政策的变迁：一个分析框架及其应用》，《中国人民大学学报》2012 年第 5 期。

林燕、张忠根：《孤身外出还是举家迁移？——制度对劳动力家庭迁移决策的影响分析》，《2010 年（第十届）中国制度经济学年会》，中国浙江金华，2010 年。

刘靖：《农民工家庭迁移模式与消费支出研究——来自北京市的调查证

据》,《江汉论坛》2013年第7期。

刘林平:《交往与态度:城市居民眼中的农民工——对广州市民的问卷调查》,《中山大学学报》(社会科学版)2008年第2期。

鹿立:《关注流动人口家庭变迁的城镇化元素》,《中国人口报》2013年10月21日。

罗小锋:《制度变迁与家庭策略:流动家庭的形成》,《安徽农业大学学报》(社会科学版)2010年第6期。

罗小锋、段成荣:《新生代农民工愿意留在打工城市吗——家庭、户籍与人力资本的作用》,《农业经济问题》2013年第9期。

马春华等:《中国城市家庭变迁的趋势和最新发现》,《社会学研究》2011年第2期。

马瑞等:《农村进城就业人员的职业流动、城市变换和家属随同状况及影响因素分析》,《中国农村观察》2011年第1期。

俐莉:《家庭型人口流动:现状、影响因素及问题研究》,硕士学位论文,南京大学,2013年。

潘鸿雁:《面对城市与农村的两难抉择——对河北翟城村分离的核心家庭的考察》,《甘肃理论学刊》2005年第3期。

潘泽泉:《社会分类与群体符号边界:以农民工社会分类问题为例》,《社会》2007年第4期。

彭大松:《家庭价值观结构、代际变迁及其影响因素》,《当代青年研究》2014年第4期。

屈智勇、邹泓:《家庭环境、父母监控与青少年犯罪》,《中国青年研究》2008年第4期。

商春荣、王曾惠:《农民工家庭化迁移的特征及其效应》,《南方农村》2014年第1期。

邵岑、张翼:《"八零前"与"八零后"流动人口家庭迁移行为比较研究》,《青年研究》2012年第4期。

邵书峰:《家庭迁移背景下农村人居环境优化》,《商丘师范学院学报》2011年第4期。

盛亦男:《中国流动人口家庭化迁居》,《人口研究》2013年第4期。

盛亦男：《中国的家庭化迁居模式》，《人口研究》2014 年第 3 期。

盛亦男：《流动人口家庭化迁居水平与迁居行为决策的影响因素研究》，《人口学刊》2014 年第 3 期。

盛亦男：《中国流动人口家庭化迁居决策的个案访谈分析》，《人口与经济》2014 年第 4 期。

石智雷、杨云彦：《家庭禀赋、家庭决策与农村迁移劳动力回流》，《社会学研究》2012 年第 3 期。

孙旦：《农村男女比例失衡对农民进城务工意愿的影响》，《人口研究》2012 年第 6 期。

孙慧芳、时立荣：《农村流动家庭的夫妻关系研究——来自太原市城乡接合部 H 社区的调查》，《北京科技大学学报》（社会科学版）2007 年第 4 期。

唐灿、陈午晴：《中国城市家庭的亲属关系——基于五城市家庭结构与家庭关系调查》，《江苏社会科学》2012 年第 2 期。

唐震、张玉洁：《城镇化进程中农民迁移模式的影响因素分析——基于江苏省南京市的实证分析》，《农业技术经济》2009 年第 4 期。

田艳平：《家庭化与非家庭化农民工的城市融入比较研究》，《农业经济问题》2014 年第 12 期。

王春光：《新生代农村流动人口的社会认同与城乡融合的关系》，《社会学研究》2001 年第 3 期。

王春光：《农民工的国民待遇与社会公正问题》，《郑州大学学报》（哲学社会科学版）2004 年第 1 期。

王春光：《农村流动人口的"半城市化"问题研究》，《社会学研究》2006 年第 5 期。

王东亚、赵伦、贾东：《构建农民工和谐家庭关系研究》，《技术与市场》2007 年第 11 期。

王汉生等：《"浙江村"：中国农民进入城市的一种独特方式》，《社会学研究》1997 年第 1 期。

王开庆、刘林平：《群际交往、人际信任与社会距离——城市居民与农民工的群际关系研究》，《云南大学学报》（社会科学版）2015 年第 4 期。

王培刚、庞荣：《都市农民工家庭化流动的社会效应及其对策初探》，《湖北社会科学》2003 年第 6 期。

王冉、盛来运：《中国城市农民工社会保障影响因素实证分析》，《中国农村经济》2008 年第 9 期。

王学义、廖煜娟：《迁移模式对已婚农民工家庭功能的影响——基于家庭亲密度与适应性的视角》，《城市问题》2013 年第 6 期。

王志理、王如松：《中国流动人口带眷系数及其影响因素》，《人口与经济》2011 年第 6 期。

魏津生：《国内人口迁移和流动研究的几个基本问题》，《人口与经济》1984 年第 4 期。

文军：《从生存理性到社会理性选择：当代中国农民外出就业动因的社会学分析》，《社会学研究》2001 年第 6 期。

吴麟：《主体性表达缺失：论新生代农民工的媒介话语权》，《青年研究》2013 年第 4 期。

吴小英：《公共政策中的家庭定位》，《学术研究》2012 年第 9 期。

夏怡然：《农民工定居地选择意愿及其影响因素分析——基于温州的调查》，《中国农村经济》2010 年第 3 期。

徐艳：《家庭背景中的农民迁移行为——以湖北吴氏祠村为例》，《人口与经济》2003 年第 5 期。

续田曾：《农民工定居性迁移的意愿分析——基于北京地区的实证研究》，《经济科学》2010 年第 3 期。

杨菊华、陈传波：《流动人口家庭化的现状与特点：流动过程特征分析》，《人口与发展》2013 年第 3 期。

杨菊华、何炤华：《社会转型过程中家庭的变迁与延续》，《人口研究》2014 年第 2 期。

杨团：《中国社会政策演进、焦点与建构》，《学习与实践》2006 年第 11 期。

杨肖丽、景再方：《农民工职业类型与迁移距离的关系研究——基于沈阳市农民工的实证调查》，《农业技术经济》2010 年第 11 期。

杨一帆、李愚昊：《人群特征与制度参与：农民工参加城镇医疗保险行为的调查研究》，《社会保障研究》2013年第1期。

姚先国、来君、刘冰：《对城乡劳动力流动中举家外迁现象的理论分析——一个可行性能力的视角》，《财经研究》2009年第2期。

于学军：《中国流动人口的特征、需求和公共政策思考》，《开放导报》2005年第6期。

袁霓：《家庭迁移决策分析——基于中国农村的证据》，《人口与经济》2008年第6期。

张传红：《乡城流动对夫妻家庭性别分工的影响研究》，《中国农业大学学报》（社会科学版）2010年第3期。

张航空、李双全：《流动人口家庭化状况分析》，《南方人口》2010年第6期。

张李玺：《夫妻冲突：家庭性别分工模式重构过程中的一个必然现象》，《妇女研究论丛》1998年第3期。

张庆五：《关于人口迁移与流动人口概念问题》，《人口研究》1988年第3期。

张玮、缪艳萍、丁金宏：《大城市流动人口"带动迁移"特征分析——以上海市闵行区为例》，《人口与发展》2008年第2期。

张文娟：《流动人口的家庭结构——以北京市为例》，《北京行政学院学报》2009年第6期。

张秀梅、甘满堂：《农民工流动家庭化与城市适应性》，《福建省社会学2006年会论文》，福建厦门，2006年。

张秀兰、徐月宾：《建构中国的发展型家庭政策》，《中国社会科学》2003年第6期。

张咏梅、周亚平：《半工半农是农民家庭的最优选择吗？——对当代中国农民家庭生计的实证研究》，《兰州大学学报》（社会科学版）2011年第2期。

张玉洁、唐震、李倩：《个人迁移和家庭迁移——城镇化进程中农民迁移模式的比较分析》，《农村经济》2006年第10期。

张展新：《从城乡分割到区域分割——城市外来人口研究新视角》，《人口研究》2007年第6期。

张展新、侯亚非:《流动家庭的团聚:以北京为例》,《北京行政学院学报》2010年第6期。

张展新、杨思思:《流动人口研究中的概念、数据及议题综述》,《中国人口科学》2013年第6期。

赵艳枝:《外来人口的居留意愿与合理流动——以北京市顺义区外来人口为例》,《南京人口管理干部学院学报》2006年第4期。

赵耀辉:《中国农村劳动力流动及教育在其中的作用》,《经济研究》1997年第2期。

中国农民工问题研究总报告起草组:《中国农民工问题研究总报告》,《改革》2006年第5期。

周皓:《中国人口迁移的家庭化趋势及影响因素分析》,《人口研究》2004年第6期。

周敏慧、魏国学:《自我雇佣与已婚流动人口的家庭化迁移——基于6省12市调查数据的实证研究》,《中国人力资源开发》2014年第3期。

朱海忠:《农村留守妇女问题研究述评》,《妇女研究论丛》2008年第1期。

朱力:《中国民工潮》,福建人民出版社2002年版。

朱明芬:《农民工家庭人口迁移模式及影响因素分析》,《中国农村经济》2009年第2期。

朱宇、林李月:《流动人口的流迁模式与社会保护:从"城市融入"到"社会融入"》,《地理科学》2011年第3期。

**英文文献**

Bailey, Adrian J., Megan K. Blake, and Thomas J. Cooke. "Migration, care, and the linked lives of dual-earner households", *Environment and Planning A* 36.9 (2004): 1617–1632.

Bielby, William T., and Denise D. Bielby. "I will follow him: Family ties, gender-role beliefs, and reluctance to relocate for a better job", *American Journal of Sociology* 97.5 (1992): 1241–1267.

Borjas, George J., *Heaven's door: Immigration policy and the American economy*, Princeton: Princeton University Press, 2011.

Borjas, George J., and Stephen G. Bronars, "Immigration and the Family", *Journal of Labor Economics* 9.2 (1991): 123 – 148.

Boyd, Monica, "Family and personal networks in international migration: recent developments and new agendas", *International migration review* 23.3 (1989): 638 – 670.

Boyle, Paul, "Population geography: transnational women on the move", *Progress in Human Geography* 26.4 (2002): 531 – 543.

Boyle, Paul J., Keith H. Halfacree, and Darren Smith. "Family migration and female participation in the labour market: moving beyond individual – level analyses", *Migration and gender in developed countries* (1999): 114 – 35.

Boyle, Paul J., et al., "Moving and union dissolution", *Demography* 45.1 (2008): 209 – 222.

Bun, Chan Kwok, "A family affair: Migration, dispersal, and the emergent identity of the Chinese cosmopolitan", *Diaspora: A Journal of Transnational Studies* 6.2 (1997): 195 – 213.

Burch, Thomas K., "Household and family demography: A bibliographic essay", *Population Index* 45.2 (1979): 173 – 195.

Carrington, William J., Enrica Detragiache, and Tara Vishwanath., "Migration with endogenous moving costs", *The American Economic Review* 86 (4) (1996): 909 – 930.

Cameron, Adrian Colin, and Pravin K. Trivedi., *Microeconometrics using stata*, TX: Stata press, 2009.

Castells, Manuel., "Immigrant workers and class struggles in advanced capitalism: the Western European experience", *Politics & Society* 5.1 (1975): 33 – 66.

Castillo, Gelia., "Family and household: The microworld of the Filipino", *Department of Sociology – Anthropology*, Quezon City: Office of Research and Publications, Ateneo de Manila University, 1991, pp. 244 – 246.

Chattopadhyay, Arpita, "Family migration and the economic status of women in Malaysia", *International Migration Review* 31. 2 (1997): 338 – 352.

Child, John, "Strategic choice in the analysis of action, structure, organizations and environment: retrospect and prospect", *Organization studies* 18. 1 (1997): 43 – 76.

Choldin, Harvey M., "Kinship networks in the migration process", *The International Migration Review* 7. 2 (1973): 163 – 175.

Clark, William AV, and Youqin Huang, "Balancing move and work: women's labour market exits and entries after family migration", *Population, Space and Place* 12. 1 (2006): 31 – 44.

Lever-Tracy, Constance, and Robert Holton, "Social exchange, reciprocity and amoral familism: aspects of Italian chain migration to Australia", *Journal of Ethnic and Migration Studies* 27. 1 (2001): 81 – 99.

Cooke, Thomas J., "Family migration and the relative earnings of husbands and wives", *Annals of the Association of American Geographers* 93. 2 (2003): 338 – 349.

Cooke, Thomas J., "Migration of same-sex couples", *Population, Space and Place* 11. 5 (2005): 401 – 409.

Cooke, Thomas J., and Melanie Rapino., "The migration of partnered gays and lesbians between 1995 and 2000", *The Professional Geographer* 59. 3 (2007): 285 – 297.

Cooke, Thomas J., "Migration in a family way", *Population, Space and Place* 14. 4 (2008): 255 – 265.

Creed, Gerald W., "'Family values' and domestic economies", *Annual Review of Anthropology* 29. 1 (2000): 329 – 355.

Creese, Gillian Laura, Isabel Dyck, and Arlene Tigar McLaren., *Reconstituting the family: Negotiating immigration and settlement*. Research on Immigration and Integration in the Metropolis, 1999.

Crow, Graham, "The use of the concept of strategy in recent sociological literature", *Sociology* 23. 1 (1989): 1 – 24.

DaVanzo J., *Why Families Move: A Model of the Geographic Mobility of Mar-*

*ried Couples*, Santa Monica: Rand Corp. , 1976.

De Jong, Gordon F. , "Expectations, gender, and norms in migration decision – making", *Population studies* 54. 3 (2000): 307 – 319.

Duncan, R. Paul, and Carolyn Cummings Perrucci, "Dual occupation families and migration", *American Sociological Review* 41. 2 (1976): 252 – 261.

Fan, C. Cindy, "Migration and labor – market returns in urban China: results from a recent survey in Guangzhou", *Environment and Planning A* 33. 3 (2001): 479 – 508.

Fan, C Cindy, M. Sun, and S. Zheng, "Migration and split households: a comparison of sole, couple, and family migrants in Beijing, China", *Environment and Planning A* 43. 9 (2011): 2164 – 2185.

Fan, C. Cindy, and Wenfei Winnie Wang, "The household as security: Strategies of rural – urban migrants in China", *Migration and social protection in China* 14 (2008): 205.

Fawcett, James T. , "Networks, linkages, and migration systems", *International Migration Review* 23. 3 (1989): 671 – 680.

Fouron, Georges, and Nina Glick Schiller, "All in the family: gender, transnational migration, and the nation-state", *Identities Global Studies in Culture and Power* 7. 4 (2001): 539 – 582.

Granovetter, Mark, "Economic action and social structure: The problem of embeddedness", *American journal of sociology* 91. 3 (1985): 481 – 510.

Gurak, Douglas T. , and Fee Caces, "Migration networks and the shaping of migration systems", *International migration systems: A global approach*, edited by Mary M. K. , Lin L. L. , & Hania Z. , Oxford: Clarendon Press, 1992: 150 – 176.

Halfacree, Keith H. , "Household migration and the structuration of patriarchy: evidence from the USA", *Progress in Human Geography* 19. 2 (1995): 159 – 182.

Hare, Denise, "Women's Economic Status in Rural China: Household Contributions to Male – Female Disparities in the Wage – Labor Market", *World de-*

velopment 27. 6 (1999): 1011 - 1029.

Hechter, Michael, and Satoshi Kanazawa, "Sociological rational choice theory", *Annual review of sociology* 23. 1 (1997): 191 - 214.

Hugo, Graeme J., "Village - community ties village norms and ethnic and social networks: a review of evidence from the third world", *In Migration decision making: multidisciplinary approaches to microlevel studies in developed and developing countries*. Edited by Gordon F. & Robert W. G. New York: Pergamon Press, 1981: 186 - 224.

Hugo, Graeme, "The new international migration in Asia: challenges for population research", *Asian Population Studies* 1. 1 (2005): 93 - 120.

MacDonald, John S., and Leatrice D. MacDonald, "Chain migration ethnic neighborhood formation and social networks", *The Milbank Memorial Fund Quarterly* 42. 1 (1964): 82 - 97.

Latham, Earl, "The Group Basis of Politics: Notes for a Theory", *American Political Science Review* 46. 02 (1952): 376 - 397.

Long, Jason, "Rural - urban migration and socioeconomic mobility in Victorian Britain", *Journal of Economic History* 65. 01 (2005): 1 - 35.

Lee, Everett S., "A theory of migration", *Demography* 3. 1 (1966): 47 - 57.

Lewis, W. Arthur, "Economic development with unlimited supplies of labour", *The manchester school* 22. 2 (1954): 139 - 191.

Lichter, Daniel T., "The migration of dual - worker families: does the wife's job matter?", *Social Science Quarterly* 63. 1 (1982): 48 - 57.

Litwak, Eugene, "Geographic mobility and extended family cohesion", *American Sociological Review* 25. 3 (1960): 385 - 394.

Long, Larry H., "Women's labor force participation and the residential mobility of families", *Social Forces* 52. 3 (1973): 342 - 348.

Magdol, Lynn, "Is moving gendered? The effects of residential mobility on the psychological well - being of men and women", *Sex roles* 47. 11 (2002): 553 - 560.

Massey, Douglas S., "Social Structure, Household Strategies, and the Cumulative Causation of Migration", *Population Index* 56.1 (1990): 3–26.

Massey, Douglas S., et al., "Theories of international migration: A review and appraisal", *Population and development review* 19.3 (1993): 431–466.

Mincer, Jacob, "Family migration decisions", *Journal of Political Economy* 86.5 (1978): 749–773.

Moen, Phyllis, and Elaine Wethington, "The concept of family adaptive strategies", *Annual review of sociology* 18.1 (1992): 233–251.

Morrison, Donna Ruane, and Daniel T. Lichter, "Family migration and female employment: the problem of underemployment among migrant married women", *Journal of Marriage and the Family* 50.1 (1988): 161–172.

Odland, John, and Mark Ellis, "Household organization and the interregional variation of out-migration rates", *Demography* 25.4 (1988): 567–579.

Poncet, Sandra, "Provincial migration dynamics in China: Borders, costs and economic motivations", *Regional Science and Urban Economics* 36.3 (2006): 385–398.

Portes, Alejandro, and John Walton, *Labor, class, and the international system*, New York: ACDEMIC Press, 1981.

Portes, Alejandro, and Julia Sensenbrenner, "Embeddedness and immigration: Notes on the social determinants of economic action", *American journal of sociology* 98.6 (1993): 1320–1350.

Root, Brenda Davis, and Gordon F. De Jong, "Family migration in a developing country", *Population Studies* 45.2 (1991): 221–233.

Sana, Mariano, and Douglas S. Massey, "Household composition, family migration, and community context: Migrant remittances in four countries", *Social Science Quarterly* 86.2 (2005): 509–528.

Sandell, Steven H., "Women and the economics of family migration", *The*

*Review of Economics and Statistics* (1977): 406–414.

Shihadeh, Edward S., "The prevalence of husband-centered migration: employment consequences for married mothers", *Journal of Marriage and the Family* 53.2 (1991): 432–444.

Spitze, Glenna. "The effect of family migration on wives' employment: How long does it last?", *Social Science Quarterly* 65.1 (1984): 21.

Stark, Oded, *The Migration of Labor*, Cambridge: Basil Blackwell, 1991.

Stark, Oded, and David E. Bloom, "The new economics of labor migration", *The American Economic review* 75.2 (1985): 173–178.

Taylor J. E., "Differential Migration, Networks, Information and Risk", *Migration and Development Program*, Cambridge: Harvard University, 1984.

Tilly, Louise A., "Individual lives and family strategies in the French proletariat", *Journal of Family History* 4.2 (1979): 137–152.

Wallace, Claire, "Household strategies: their conceptual relevance and analytical scope in social research", *Sociology* 36.2 (2002): 275–292.

Wood, Charles H., "Equilibrium and historical-structural perspectives on migration", *International Migration Review* 16.2 (1982): 298–319.

Yan, Yunxiang, "The triumph of conjugality: Structural transformation of family relations in a Chinese village", *Ethnology* 36.3 (1997): 191–212.

Yeoh, Brenda SA, Elspeth Graham, and Paul J. Boyle, "Migrations and family relations in the Asia Pacific region", *Asian and Pacific Migration Journal* 11.1 (2002): 1–11.

Zhao, Yaohui, "Leaving the countryside: rural-to-urban migration decisions in China", *The American Economic Review* 89.2 (1999): 281–286.

Zhu, Nong, "The impacts of income gaps on migration decisions in China", *China Economic Review* 13.2 (2002): 213–230.

# 后　　记

　　社会科学研究不可避免的面临着研究价值的拷问，研究价值的重要起点是对研究问题的聚焦和判断。在调查过程中，我遇到了一位被调查者，他是我的老乡，他的话深深地警醒了我有关我的研究价值的思考："就是因为你是老乡，所以我才在这里浪费时间回答你的问题。你们这些调查有什么意义，整天来问这问那，打扰我的工作和生活，其实一点意思都没有，什么问题都没有解决。"躬身自省，我的研究究竟有什么价值，究竟能为他们带来什么价值，确实是一个令人心慌的问题，这的确又是在今后的所有研究中都要明确的问题。最后，我只能告诉自己，我确实是在以"关心"的态度去了解问题，但是我的学术的目的是要以"中立"的态度去理解现实，尽量使用客观的数据去发现、探讨相应的规律，以此可能为今后相关的政策认知产生影响，而不是"关怀"的态度去俯视研究，这可能是我目前所唯一能做到的。

　　但是，我做到这一点了吗？在整个研究过程中乃至初稿写成，我越来越没有自信，越来越觉得有很多不足之处。研究的过程是一个不断应对挑战的过程，同时也是一个不得不面对自己的情绪的过程。研究、写作就像过山车，有时充满希望，仿佛前面的路已经分明，但是接下来又陷入新的挑战，一时之间不知从何处着手。兴奋与深深地失落总是不期而遇。直至成文并几易成书，那份满足感和幸福感又让我拥有了作为学者的自信。

　　庆幸在每一节节点上都有陈友华老师的指导和鼓励。虽然我离他的期望总是有那么一段距离，他对待我的文章的那份细致、认真常让我自愧不如。感谢陈老师所给予的学术研究和为人处世中的楷模力量。

在这寂寞的过程里，还好有爱人的宽容鼓励，有父母的默默支持。在我修改完善书稿的过程中，孩子又来到了我们中间，给我带来欢乐和希望。他们虽然不知道我究竟在做些什么，但是支持却始终如一、全力。他们是我压力的来源，羞愧的所在，同时也是我努力的最为重要的动力。感谢他们的忍耐之爱。

最后，要感谢中国社会科学出版社赵丽编辑，从严寒到酷夏，她一直认真负责地助我校对，促我修善，没有她的辛苦，也不会有这本相对完善的书的面世，感谢她的细致和耐心！

崇维祥

2019 年 7 月